"十三五"国家重点图书出版规划项目

新版《列国志》与《国际组织志》联合编辑委员会

列国志 新版

GUIDE TO
THE WORLD
NATIONS

黄 慧 | *ALGERIA*

编著

阿尔及利亚

社会科学文献出版社

SOCIAL SCIENCES ACADEMIC PRESS (CHINA)

阿尔

6

阿比尔

7
布特莱利
艾因泰德勒
南特勒

拉巴

8

达尔贝
卡萨布兰卡
Dar el B
Casablan

塞塔特
Settat

拉巴
RAE

大

戴罗斯广
Bd de A

Ave

试验场
on of Ess

本 奈平
Bn Y

阿尔及利亚国旗

阿尔及利亚国徽

康斯坦丁大清真寺（韩旭　摄）

三叶塔（韩旭　摄）

阿尔及尔港（韩旭　摄）

沿海风光（韩旭　摄）

传统餐厅（黄慧 摄）

薄荷茶（黄慧 摄）

传统主食库斯库斯（黄慧 摄）

街景（韩旭 摄）

身穿传统服饰的阿尔及利亚女性（黄慧 摄）

放学后在操场上踢足球的孩子们（韩旭　摄）

关注大选结果的阿尔及利亚青年（韩旭　摄）

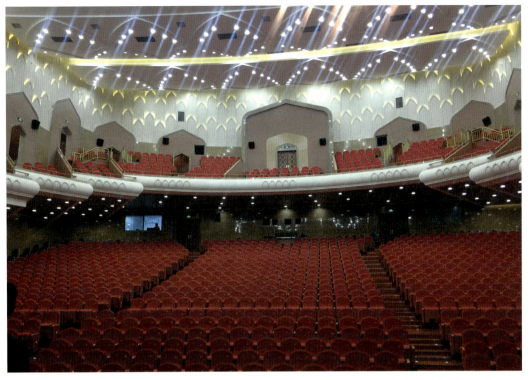

阿尔及尔歌剧院内景（黄慧 摄）

中阿友好思源亭（黄慧 摄）

邮政大楼（黄慧 摄）

外交学院（黄慧 摄）

出版说明

《列国志》编撰出版工作自 1999 年正式启动，截至目前，已出版 144 卷，涵盖世界五大洲 163 个国家和国际组织，成为中国出版史上第一套百科全书式的大型国际知识参考书。该套丛书自出版以来，受到社会各界的广泛好评，被誉为"21 世纪的《海国图志》"，中国人了解外部世界的全景式"窗口"。

这项凝聚着近千学人、出版人心血与期盼的工程，前后历时十多年，作为此项工作的组织实施者，我们为这煌煌 144 卷《列国志》的出版深感欣慰。与此同时，我们也深刻认识到当今国际形势风云变幻，国家发展日新月异，人们了解世界各国最新动态的需要也更为迫切。鉴于此，为使《列国志》丛书能够不断补充最新资料，更好地服务于社会各界，我们决定启动新版《列国志》编撰出版工作。

与已出版的 144 卷《列国志》相比，新版《列国志》无论是形式还是内容都有新的调整。国际组织卷次将单独作为一个系列编撰出版，原来合并出版的国家将独立成书，而之前尚未出版的国家都将增补齐全。新版《列国志》的封面设计、版面设计更加新颖，力求带给读者更好的阅读享受。内容上的调整主要体现在数据的更新、最新情况的增补以及章节设置的变化等方面，目的在于进一步加强该套丛书将基础研究和应用对策研究相结合，将基础研究成果应用于实践的特色。例如，增加

了各国有关资源开发、环境治理的内容；特设"社会"一章，介绍各国的国民生活情况、社会管理经验以及存在的社会问题，等等；增设"大事纪年"，方便读者在短时间内熟悉各国的发展线索；增设"索引"，便于读者根据人名、地名、关键词查找所需相关信息。

顺应时代发展的要求，新版《列国志》将以纸质书为基础，全面整合国别国际问题研究资源，构建列国志数据库。这是《列国志》在新时期发展的一个重大突破，由此形成的国别国际问题研究资讯平台，必将更好地服务于中央和地方政府部门，应对日益繁杂的国际事务的决策需要，促进国别国际问题研究领域的学术交流，拓宽中国民众的国际视野。

新版《列国志》的编撰出版工作得到了各方的支持：国家主管部门高度重视，将其列入国家"十二五"重点出版规划项目；中国社会科学院将其列为创新工程学术出版资助项目，王伟光院长亲自担任编辑委员会主任，指导相关工作的开展；国内各高校和研究机构鼎力相助，国别国际问题研究领域的知名学者相继加入编辑委员会，提供优质的学术咨询与指导。相信在各方的通力合作之下，新版《列国志》必将更上一层楼，以崭新的面貌呈现给读者，在中国改革开放的新征程中更好地发挥其作为"知识向导"、"资政参考"和"文化桥梁"的作用！

新版《列国志》编辑委员会

2013 年 9 月

前　言

　　自 1840 年前后中国被迫开关、步入世界以来，对外国舆地政情的了解即应时而起。还在第一次鸦片战争期间，受林则徐之托，1842 年魏源编辑刊刻了近代中国首部介绍当时世界主要国家舆地政情的大型志书《海国图志》。林、魏之目的是为长期生活在闭关锁国之中、对外部世界知之甚少的国人"睁眼看世界"，提供一部基本的参考资料，尤其是让当时中国的各级统治者知道"天朝上国"之外的天地，学习西方的科学技术，"师夷长技以制夷"。这部著作，在当时乃至其后相当长一段时间内，产生过巨大影响，对国人了解外部世界起到了积极的作用。

　　自那时起，中国认识世界、融入世界的步伐就再也没有停止过。中华人民共和国成立以后，尤其是 1978 年改革开放以来，中国更以积极主动的自信自强的姿态，加速融入世界的步伐。与之相适应，不同时期先后出版过相当数量的不同层次的有关国际问题、列国政情、异域风俗等方面的著作，数量之多，可谓汗牛充栋。它们对时人了解外部世界起到了积极的作用。

　　当今世界，资本与现代科技正以前所未有的速度与广度在国际流动和传播，"全球化"浪潮席卷世界各地，极大地影响着世界历史进程，对中国的发展也产生极其深刻的影响。面临不同于以往的"大变局"，中国已经并将继续以更开放的姿态、更快的步伐全面步入世界，迎接时代的挑战。不同的是，我们所

面临的已不是林则徐、魏源时代要不要"睁眼看世界"、要不要"开放"的问题，而是在新的历史条件下，在新的世界发展大势下，如何更好地步入世界，如何在融入世界的进程中更好地维护民族国家的主权与独立，积极参与国际事务，为维护世界和平，促进世界与人类共同发展做出贡献。这就要求我们对外部世界有比以往更深切、更全面的了解，我们只有更全面、更深入地了解世界，才能在更高的层次上融入世界，也才能在融入世界的进程中不迷失方向，保持自我。

与此时代要求相比，已有的种种有关介绍、论述各国史地政情的著述，无论从规模还是从内容来看，已远远不能适应我们了解外部世界的要求。人们期盼有更新颖、更系统、更权威的著作问世。

中国社会科学院作为国家哲学社会科学的最高研究机构和国际问题综合研究中心，有 11 个专门研究国际问题和外国问题的研究所，学科门类齐全，研究力量雄厚，有能力也有责任担当这一重任。早在 20 世纪 90 年代初，中国社会科学院的领导和中国社会科学出版社就提出编撰"简明国际百科全书"的设想。1993 年 3 月 11 日，时任中国社会科学院院长的胡绳先生在科研局的一份报告上批示："我想，国际片各所可考虑出一套列国志，体例类似几年前出的《简明中国百科全书》，以一国（美、日、英、法等）或几个国家（北欧各国、印支各国）为一册，请考虑可行否。"

中国社会科学院科研局根据胡绳院长的批示，在调查研究的基础上，于 1994 年 2 月 28 日发出《关于编纂〈简明国际百科全书〉和〈列国志〉立项的通报》。《列国志》和《简明国际百科全书》一起被列为中国社会科学院重点项目。按照当时的计划，首先编写《简明国际百科全书》，待这一项目完成后，再着手编写《列国志》。

1998 年，率先完成《简明国际百科全书》有关卷编写任务的研究所开始了《列国志》的编写工作。随后，其他研究所也陆续启动这一项目。为了保证《列国志》这套大型丛书的高质量，科研局和社会科学文献出版社于 1999 年 1 月 27 日召开国际学科片各研究所及世界历史研究所负责人会议，讨论了这套大型丛书的编写大纲及基本要求。根据会议精神，科研局随后印发了《关于〈列国志〉编写工作有关事项的通知》，陆续为启动项目拨付研究经费。

为了加强《列国志》项目编撰出版工作的组织协调，根据时任中国社会科学院院长的李铁映同志的提议，2002 年 8 月，成立了由分管国际学科片的陈佳贵副院长为主任的《列国志》编辑委员会。编委会成员包括国际片各研究所、科研局、研究生院及社会科学文献出版社等部门的主要领导及有关同志。科研局和社会科学文献出版社组成《列国志》项目工作组，社会科学文献出版社成立了《列国志》工作室。同年，《列国志》项目被批准为中国社会科学院重大课题，新闻出版总署将《列国志》项目列入国家重点图书出版计划。

在《列国志》编辑委员会的领导下，《列国志》各承担单位尤其是各位学者加快了编撰进度。作为一项大型研究项目和大型丛书，编委会对《列国志》提出的基本要求是：资料翔实、准确、最新，文笔流畅，学术性和可读性兼备。《列国志》之所以强调学术性，是因为这套丛书不是一般的"手册""概览"，而是在尽可能吸收前人成果的基础上，体现专家学者们的研究所得和个人见解。正因为如此，《列国志》在强调基本要求的同

时，本着文责自负的原则，没有对各卷的具体内容及学术观点强行统一。应当指出，参加这一浩繁工程的，除了中国社会科学院的专业科研人员以外，还有院外的一些在该领域颇有研究的专家学者。

现在凝聚着数百位专家学者心血，共计141卷，涵盖了当今世界151个国家和地区以及数十个主要国际组织的《列国志》丛书，将陆续出版与广大读者见面。我们希望这样一套大型丛书，能为各级干部了解、认识当代世界各国及主要国际组织的情况，了解世界发展趋势，把握时代发展脉络，提供有益的帮助；希望它能成为我国外交外事工作者、国际经贸企业及日渐增多的广大出国公民和旅游者走向世界的忠实"向导"，引领其步入更广阔的世界；希望它在帮助中国人民认识世界的同时，也能够架起世界各国人民认识中国的一座"桥梁"，一座中国走向世界、世界走向中国的"桥梁"。

《列国志》编辑委员会

2003 年 6 月

CONTENTS

目 录

CONTENTS

目　录

CONTENTS

目 录

CONTENTS
目　录

CONTENTS
目 录

CONTENTS
目 录

CONTENTS

目 录

CONTENTS
目 录

第一章
概　览

第一节　国土

阿尔及利亚是地处北非的阿拉伯、柏柏尔、伊斯兰国家。阿尔及利亚是阿拉伯马格里布的心脏，大体位于阿拉伯地理学家所称的中马格里布地区。阿尔及利亚的国名得自其首都阿尔及尔，在阿拉伯语中，其国名和首都名是同一个单词，意为"岛屿"。

一　地理位置

阿尔及利亚的地理位置非常重要，是非洲连接阿拉伯世界的重要纽带、通向地中海和欧洲的重要门户。阿尔及利亚拥有沿地中海的漫长海岸线。位于地中海西端的阿尔及利亚海域被称为阿尔沃兰海。地中海与撒哈拉沙漠之间的山川、河谷和平原是马格里布地区，阿尔及利亚处于这一地区的中部。阿尔及利亚东部与利比亚、突尼斯接壤，西部与摩洛哥、毛里塔尼亚和西撒哈拉接壤，南部与马里、尼日尔接壤，北临地中海。

阿尔及利亚位于北纬 19 度到 37 度，东经 12 度到西经 8 度。陆地国土面积为 238 万平方公里，列全球第 11 位，在非洲、阿拉伯世界、地中海地区均列第 1 位。陆地边境线总长为 6734 公里，海岸线总长约为 1200 公里。

二　地形

阿尔及利亚地形多变，从北向南各有不同，可分为四个地理区块：北部沿海平原、阿特拉斯山区、内陆高原和沙漠地区。沿海地区主要为平原，向南过渡到山区、高原和沙漠。沿海平原地区南北狭窄，因特尔阿特拉斯山脉纵横其间而不连续分布。特尔阿特拉斯山脉南麓延伸出广阔的高原，其间分布着众多咸水湖。这片高原的南部被海拔在 2000 米以上的撒哈拉阿特拉斯山脉所环绕。撒哈拉阿特拉斯山脉以南的区域为撒哈拉大沙漠。

（一）平原

北部沿海平原地区是一片狭长的区域，位于特尔阿特拉斯山脉以北的地中海沿岸，随着山脉的走向被分隔为多个不连续的平原，其中还分布着丘陵。平原的长度和宽度一般不超过 150 公里和 30 公里，最高海拔为 100 米。这些平原土壤肥沃，适宜耕作。著名的平原包括米提贾平原、安纳巴平原和奥兰平原。这片区域的面积占国土面积的比例很小。包括首都阿尔及尔在内的主要城市大多分布在这一区域。

阿尔及利亚的河谷主要集中在山川和平原之间。主要河谷包括：谢里夫河，全长 650 公里，发源于阿穆尔·弗朗戴山，在莫斯塔加纳姆附近入海；赛义格河，全长 1850 公里，发源于达巴山；赫布拉河，流域面积为 4982 平方公里，发源于达巴山和赛义德山；苏布斯河，流域面积为 5488 平方公里。阿尔及利亚的河谷受到气候、土壤和地貌的影响，随着气候的变化而变化。很多河谷在雨季时水量充沛，但在旱季便干涸了，因此不能被称为河流。

（二）山区

特尔阿特拉斯山脉和撒哈拉阿特拉斯山脉是阿尔及利亚两大主要山脉，这两大山脉贯穿东西，与海岸线平行。位于北部的是特尔阿特拉斯山脉。特尔阿特拉斯山脉的东段为苏克·阿赫拉斯山，西段为特雷姆森山。特尔阿特拉斯山脉陡峭险峻，平均海拔为 1000~2000 米。特尔阿特拉斯山脉的最高峰是朱尔朱拉山的拉拉赫底澈峰，海拔为 2308 米。特尔阿特拉斯山脉是一道天然屏障，阻隔了来自地中海的潮湿空气，防止其吹向全国大部分区域。

撒哈拉阿特拉斯山脉东起尼玛姆什山和特贝萨山，向西南方向延伸至古苏尔山。撒哈拉阿特拉斯山脉高于特尔阿特拉斯山脉，平均海拔为1200~2000米。撒哈拉阿特拉斯山脉的最高峰为奥雷斯山的西勒耶峰，海拔为2328米。撒哈拉阿特拉斯山脉延绵不绝，一方面进一步阻隔了来自地中海的潮湿气流；另一方面避免了撒哈拉沙漠对北部平原和内陆高原的不利影响。相较于两大山脉之间的内陆高原，山区的降水更为丰沛。撒哈拉阿特拉斯山脉南麓的溪流使沙漠地区北缘出现多个绿洲，如其为比斯卡拉、拉格瓦特提供水源。

（三）高原

内陆高原位于特尔阿特拉斯山脉和撒哈拉阿特拉斯山脉之间，平均海拔为700~800米，较著名的是泰伯萨高原和哈多纳高原。特尔阿特拉斯山脉的群山之间分布着一些海拔为500~800米的高原，著名的有特雷姆森高原、西迪·贝勒·阿贝斯高原、马斯卡拉高原和塞蒂夫高原。

内陆高原呈现东部狭窄、西部开阔的特征，自东向西海拔不断升高，东部地区海拔为400米左右，西部地区海拔为1100~1300米。内陆高原分布着因山体受到侵蚀而产生的冲积碎片。内陆高原干旱少雨，零星分布的山脊给单调的景色带来些许变化。

（四）沙漠

撒哈拉阿特拉斯山脉以南为广袤的撒哈拉沙漠地区，约有200万平方公里，占阿尔及利亚国土面积的84%左右，延伸至尼日尔、马里境内，其间分布着若干绿洲。阿尔及利亚的沙漠并不全是漫漫黄沙。在广袤的沙漠中，也有不少令人称奇的景观。

沙漠地区可以分为四个区块。第一区块是东北部的低地，分布着沙丘和盐湖。东北部的沙丘绵延不绝，高度为2~5米，每隔40米左右均匀分布。这一区块还有阿尔及利亚最大的湖——查特·梅尔盖伊厄湖。查特·梅尔盖伊厄湖低于海平面40米，是阿尔及利亚的最低点。查特·梅尔盖伊厄湖几乎处于半干涸状态，因而成为一座盐湖。查特·梅尔盖伊厄湖地区被《拉姆萨尔公约》列为国际重要湿地。第二区块为西北部的岩

丘。第三区块为东南部的高原沙漠。这一区块多处海拔超过2000米，主要包括塔希利山区和霍加尔山区，其中霍加尔山区的塔哈特峰为阿尔及利亚最高峰，海拔为3003米。霍加尔山区附近有许多砂岩高原和深不见底的峡谷。第四区块为西南部的沙漠。这一区块为沙石荒漠，延伸至马里。

北部沙漠地区比南部更为湿润，沙漠绿洲主要集中在北部地区，其中著名的穆扎卜绿洲是穆扎卜柏柏尔人的聚居区。南部地区干旱贫瘠，仅有霍加尔山区和附近的冲积层具备放牧的条件，是图阿雷格人生活的区域。

阿尔及利亚东北部的地形相对特殊，其间密集分布着山区、平原和盆地。这片区域的主要地形特征与阿尔及利亚西部不同。在阿尔及利亚南部，陡峭的悬崖和奥雷斯山的绵长山脊制造出一片"世外桃源"。自罗马时代起，这片区域便在马格里布历史中发挥重要作用。在北部海岸线附近的特尔阿特拉斯山脉东缘，苏马姆河将大、小卡比利亚山分隔开。东北角的海岸被群山环绕，有限的平原成为贝贾亚、斯基克达和安纳巴等港口城市的内陆腹地。东北部纵深处的一些高原主要分布在塞蒂夫和君士坦丁附近。这些高原在法国殖民时期是主要的粮食产区。君士坦丁附近的盐沼地区是牧民们的季节性牧场。

三　气候

阿尔及利亚的气候介于干燥与半干燥之间，不同区域气候不同。北部沿海地区属地中海气候，中部属热带草原气候，南部为热带沙漠气候。

北部沿海地区至撒哈拉阿特拉斯山脉北麓为地中海气候，温润宜人，但当地复杂的地形使不同小区块之间的气温和降水量不同。东部地区的平均气温相对较低。每年5～10月温暖潮湿，降水丰富。在北风的作用下，东部沿海地区的降水量多于西部，降水量呈现从东北向西南逐渐减少的趋势。东北部沿海地区的平均年降水量在1000毫米左右。特尔阿特拉斯山脉以北的平原地区，夏季平均气温为21摄氏度至24摄氏度，冬季为10

摄氏度至 12 摄氏度。尽管冬季气温并不低，但由于湿度较大，室内很少配备暖气，因此体感温度较低。

山区平均年降水量为 1000 毫米左右。内陆高原地区夏季炎热，冬季干燥寒冷，气温接近 0 摄氏度。内陆高原地区的平均年降水量为 200~400 毫米，处于半干旱状态。

撒哈拉阿特拉斯山脉以南的区域属于热带沙漠气候，终年酷热少雨。撒哈拉阿特拉斯山脉以南地区的平均年降水量低于 200 毫米。撒哈拉沙漠某些地区持续 20 年没有降水，最高气温可达 55 摄氏度。沙漠地区昼夜温差大，正午酷热，日落之后气温骤降。

阿尔及利亚夏季常刮东风或东北风，冬季则刮西风或北风。9~12 月，风势逐渐加强，冬末春初风力减弱。阿尔及利亚还有一种特殊的气候现象，即来自南部沙漠的、夹带沙石的沙尘热风有时能到达沿海地区。夏季的阿尔及利亚常出现热风。

四　行 政 区 划

阿尔及利亚的行政区划分为省和市镇两级。目前，阿尔及利亚共划分为 48 个省、553 个县和 1541 个市镇①，首都为阿尔及尔。阿尔及利亚的行政区划呈现北部密集、南部疏阔的特征，其政治、经济、文化和人口中心集中在地中海沿岸的省和市镇。

（一）省

阿尔及利亚的行政区划随着历史的变迁发生过几次调整。独立之初，阿尔及利亚沿用法国占领时期的建制，将全国划分为 15 个省。1974 年 7 月，阿尔及利亚调整行政区划，将全国划分为 31 个省（序号为 1~31）。1981 年 3 月，阿尔及利亚对各省重新进行命名。1984 年，阿尔及利亚再次调整行政区划，增加了 17 个省（序号为 32~48）。各省省长由内政部提名，总统任命，日常接受内政部领导。谢里夫省在 1980 年 10 月地震前

---

① 省与市镇中间设有县，但县仅为省的派出机构，不是一级行政单位。各省、县、市镇均以其首府的名称命名。

称阿斯南省。

阿尔及利亚各省名称、面积如表1-1所示。

表1-1　阿尔及利亚各省名称、面积

单位：平方公里

序号	中文名	面积
1	阿德拉尔	464900
2	谢里夫	4651
3	拉格瓦特	25052
4	乌姆布阿基	7638
5	巴特纳	12028
6	贝贾亚	3328
7	比斯卡拉	21671
8	贝沙尔	161400
9	布利达	1540
10	布依拉	4517
11	塔曼拉塞特	556000
12	特贝萨	13878
13	特雷姆森	9017
14	提亚雷特	20087
15	蒂齐乌祖	2993
16	阿尔及尔	273
17	杰勒法	29035
18	吉杰尔	2398
19	塞蒂夫	6504
20	赛伊达	6631
21	斯基克达	4137
22	西迪·贝勒·阿贝斯	9150
23	安纳巴	1412
24	盖尔马	3910
25	君士坦丁	2288
26	梅德阿	8700

续表

序号	中文名	面积
27	莫斯塔加纳姆	2269
28	姆西拉	18446
29	马斯卡拉	5962
30	乌尔格拉	270030
31	奥兰	2114
32	贝伊德	70539
33	伊利齐	284618
34	布尔吉·布阿雷里吉	3920
35	布迈德斯	1558
36	塔里夫	2998
37	廷杜夫	104703
38	蒂斯姆西勒特	3151
39	瓦德	80000
40	罕西拉	9810
41	苏克·阿赫拉斯	4360
42	蒂巴扎	2219
43	密拉	3407
44	艾因·德夫拉	4260
45	纳阿马	30664
46	艾因·蒂姆沈特	2630
47	格尔达亚	86105
48	赫利赞	4840

资料来源：阿拉伯世界最大的公开信息平台 Mawdoo3 网站，https：//mawdoo3.com，访问时间为 2017 年 8 月 9 日。

（二）主要市镇

首都阿尔及尔是一座山城，濒临地中海，因海湾中的 4 座小岛而得名，面积为 273 平方公里（包括郊区）。公元前 7 世纪，腓尼基人在此建立港口，后来罗马人在此建立了伊高西姆城，15 世纪，其成为奥斯曼土耳其统治下的阿尔及利亚的都城。法国殖民统治期间，阿尔及尔为首府。阿尔及利亚独立后，阿尔及尔成为首都。阿尔及尔是全国的政治、经济、文化中心，阿尔及尔港是全国最大的港口，年吞吐量达650万吨。

1997年5月，阿尔及利亚国家过渡委员会①决定设立阿尔及尔大省，将原属布利达、布迈德斯和蒂巴扎三省的24个市镇划归阿尔及尔大省，其长官由总理府部长兼任，下辖12名驻节省长，分管12个辖区。2000年2月27日，宪法委员会应总统的要求做出裁决，判定国家过渡委员会的决定违宪，予以废除。3月1日，部长会议通过总统法令，恢复阿尔及尔的普通省地位，将其重新置于内政部的领导之下，但基本保持原来的区划，只将市中心的侯赛因·德伊分为两个区，各区仍由驻节省长（共13名）领导。2018年，首都阿尔及尔的人口达到376万人。

除阿尔及尔之外，阿尔及利亚的省还包括奥兰、君士坦丁、安纳巴等。2018年，奥兰的人口达到177万人。

阿尔及利亚十大市镇如表1-2所示。

表1-2　阿尔及利亚十大市镇

序号	市镇	省
1	阿尔及尔	阿尔及尔省
2	奥兰	奥兰省
3	君士坦丁	君士坦丁省
4	塞蒂夫	塞蒂夫省
5	安纳巴	安纳巴省
6	布利达	布利达省
7	巴特纳	巴特纳省
8	谢里夫	谢里夫省
9	特雷姆森	特雷姆森省
10	西迪·贝勒·阿贝斯	西迪·贝勒·阿贝斯省

①　阿尔及利亚临时议会。

五 国旗、国徽、国歌

(一) 国旗

阿尔及利亚国旗于 1962 年 7 月 5 日首次在首都阿尔及尔升起。国旗由白色和绿色组成，左侧为绿色，右侧为白色，正中为红色新月和五角星图案。新月、五角星和绿色为伊斯兰教的传统标志。

(二) 国徽

阿尔及利亚国徽于 1976 年 11 月 1 日确立。国徽底色为白色，背景为特尔阿特拉斯山，山的前方为法蒂玛之手，这是该地区的传统标志。下方为一轮冉冉升起的旭日，代表着新时代的到来。手掌左侧的厂房、井架代表工业，手掌右侧的农作物代表农业。国徽下方还有传统伊斯兰标志，即红色新月和五角星。国徽顶部呈半圆形的文字为用阿拉伯语书写的"阿尔及利亚民主人民共和国"。

(三) 国歌

阿尔及利亚人民为了争取民族独立和自由，曾多次掀起反抗运动，都遭到殖民当局的残酷镇压。1954 年 11 月 1 日，阿尔及利亚民族解放阵线发动武装起义，打响了武装反抗殖民统治的第一枪，从此这股烈火迅速燃遍全国。经过长达七年半的民族解放战争，阿尔及利亚终于在 1962 年 7 月 3 日正式宣布独立。在这段漫长的岁月里，法国殖民主义者妄图以残酷的恐怖手段吓倒解放战士，无数爱国志士被杀害在刑场上。就在一位民族解放战士被殖民军处死的前夕，阿尔及利亚当代著名诗人穆夫迪·宰克里亚写了一首悲壮激昂的爱国诗歌，题为《誓言》：

凭着纯洁无垢的血渠，
凭着震撼大地的雷霆，
凭着迎风招展的旗帜，
它自由飞舞，满怀豪情，
我们发誓起义，不惜流血牺牲，

为了保全阿尔及利亚的生命。

天作证，天作证，天作证！

这首爱国诗歌由埃及作曲家穆罕默德·法乌齐谱曲后，在武装斗争的年代里广为传唱，独立后的 1963 年被定为阿尔及利亚国歌。

第二节　人民

一　人口

阿尔及利亚人口增长迅速。2015 年，新生儿数量为 104 万人。同样，死亡率也有所上升。2015 年，阿尔及利亚的人口自然增长率为 2.15‰。根据阿尔及利亚国家统计局的统计，2016 年 1 月，阿尔及利亚人口总数为 4040 万人。2017 年，人口总数为 4220 万人。

从人口结构看，阿尔及利亚青少年人口数占总人口数的比例很高。2015 年，0~4 岁人口数占总人口数的 11.7%，15 岁以下人口数占总人口数的 28.8%。15~59 岁的劳动力人口数占总人口数的 62.5%。15~49 岁的育龄女性人口数为 1080 万人。2015 年，死亡人口数为 18.3 万人，较 2014 年增长了 5.2%。同期，阿尔及利亚的人口净出生率达到了26.03‰。[1] 这些数据表明，阿尔及利亚社会是一个年轻型的社会。

阿尔及利亚独立以来，人口预期寿命一直呈上升趋势。2012 年，阿尔及利亚人口的预期寿命为 72 岁。[2] 2015 年，阿尔及利亚人口的预期寿

---

① 阿尔及利亚国家统计局，http://www.ons.dz/IMG/pdf/Demographie2015.pdf，访问时间为 2017 年 8 月 8 日。

② Algeria: WHO Statistical Profile (2012).

命提高到 75 岁。① 2016 年，阿尔及利亚人口的预期寿命：男性为 75 岁，女性为 77 岁。②

二 民族

阿尔及利亚的人口主要由阿拉伯人和柏柏尔人构成，占总人口的 99% 以上，另有不到 1% 的欧洲人。大多数阿尔及利亚人拥有柏柏尔血统。随着公元 7 世纪阿拉伯人征服北非，阿拉伯伊斯兰文化逐步在北非生根发芽，阿拉伯人和柏柏尔人之间发生了民族融合。时至今日，大多数阿尔及利亚人将自己认定为阿拉伯人。

阿尔及利亚柏柏尔人口数约占阿尔及利亚总人口数的 20%，联合国难民署估计，柏柏尔人口数占阿尔及利亚总人口数的 20% ~ 30%。阿尔及利亚政府在 1966 年取消人口普查中对柏柏尔人与阿拉伯人的区分，因此，我们无法从阿尔及利亚的官方统计数据中获知柏柏尔人的确切数量。柏柏尔人中的绝大多数是聚居在阿尔及利亚东北部卡比利亚地区的卡比尔人，他们是柏柏尔主义的主要主张者。除了卡比尔人以外，阿尔及利亚的其他柏柏尔人分支还有奥雷斯地区的沙维亚人、格尔达亚附近的穆扎卜人、霍加尔沙漠地区的图阿雷格人。

三 语言

阿尔及利亚的官方语言是阿拉伯语，民族语言是阿拉伯语和柏柏尔语。自 1830 年起至阿尔及利亚民族独立，法国殖民主义统治在阿尔及利亚延续了 132 年之久。这使法语成为阿尔及利亚普遍通行的语言。阿尔及利亚独立以来，政府推行阿拉伯化政策，在各级学校推广标准阿拉伯语。这一举措逐步减少了法语的历史影响，提高了标准阿拉伯语的普及程度。

---

① 世界银行，http://data.worldbank.org.cn/country/algeria?view=chart，访问时间为 2017 年 8 月 8 日。

② 世界卫生组织，http://www.who.int/countries/dza/en/，访问时间为 2018 年 7 月 20 日。

在日常生活中，阿尔及利亚通行阿尔及利亚阿拉伯语方言。相比标准阿拉伯语，阿尔及利亚阿拉伯语方言的发音和语法都更为简单，此外还有许多源自柏柏尔语、土耳其语和法语的词语。在沙漠地区的贝都因人则讲撒哈拉阿拉伯语。

柏柏尔语与腓尼基语、阿拉伯语存在亲缘关系，此外与古埃及语、科普特语以及一些非洲黑人语言存在一定联系。柏柏尔语主要是一种口头交际用语，而非书面用语。柏柏尔人中的图阿雷格人的语言是唯一可以书写的柏柏尔语，他们的文字被称为提菲纳格文。尽管这种文字传承至今，但图阿雷格人的文学作品大多为口传文学作品。20世纪60年代以来，柏柏尔主义运动的活跃分子致力于实现柏柏尔语的标准化，发明了新提菲纳格文。

柏柏尔语有多个分支，虽然各分支间存在一定差别，但具有相同的基本特征。不同部落的柏柏尔人能够进行交流。北非地区柏柏尔语的适用范围主要集中在阿尔及利亚和摩洛哥，阿尔及利亚东部是北非最大的柏柏尔语通用区。阿尔及利亚有四种柏柏尔语方言：卡比尔人的卡比尔语、沙维亚人的沙维亚语、穆扎卜人的图姆扎布特语和图阿雷格人的塔马哈格语。

阿尔及利亚的犹太人曾经讲一种被称为"犹太阿拉伯语"的方言，但法国殖民以来，他们主要讲法语。

第三节　宗教、节日

一　宗教

阿尔及利亚为伊斯兰国家。99%的国民为逊尼派穆斯林，1%的国民为基督徒和犹太教徒。伊斯兰教是凝聚阿尔及利亚社会的核心力量，在国民的文化和精神生活中占据主导地位。乡村地区居民对宗教的信仰比城市地区的居民更为虔诚。一些偏远地区仍然保留着原始的柏柏尔人信仰，一些地下的兄弟会组织仍在实施带有迷信色彩的宗教仪式。

二　节　日

阿尔及利亚的主要节日包括公历新年、圣纪节、五一国际劳动节、独立日、开斋节、宰牲节、国庆日、伊斯兰历新年和阿舒拉节。

第二章

历 史

第一节　伊斯兰征服之前：腓尼基—拜占庭

阿尔及利亚位于阿拉伯马格里布的中心，中世纪阿拉伯地理学家将这一区域命名为中马格里布。自阿拉伯人征服北非至公元 16 世纪，中马格里布这一术语通常被用来指称现代阿尔及利亚所在的区域。16 世纪以后，"阿尔及利亚"这一名称开始被广泛使用。

柏柏尔人世居阿尔及利亚，自称"自由的阿马齐格人"。柏柏尔人分布在红海至大西洋的广袤区域之间，其中包括现代阿尔及利亚的疆域。古代柏柏尔谱系学家将柏柏尔人分为巴拉尼斯人和巴特尔人。[①] 巴拉尼斯人擅长耕作，聚居在土壤肥沃的地区。巴特尔人则过着逐水草而居的生活。根据阿拉伯古籍的记载，巴尔·本·盖斯·本·伊兰很可能是巴拉尼斯人和巴特尔人共同的祖先。也有一些谱系学家认为，巴拉尼斯人的祖先是马齐格·本·迦南。

柏柏尔人的传统家庭结构十分稳固，家庭是柏柏尔社会的基本构成单位。在柏柏尔家庭中，父亲、丈夫是家长，多妻现象时有发生。一些柏柏尔部落实行母系氏族制，女性享有较高的地位。多个家庭联合组成了氏族，共同抵御外来入侵。多个氏族联合构成了部落。部落制在整个北非地

---

① 'Abdal-Raḥmān b. Muḥammad b. Khaldūn, *Tārīkh Ibn Khaldūn* al-Maktabah al-'Aṣriyyah, 2009, p. 1826.

区根深蒂固，对社会生活的方方面面有着深远的影响。

柏柏尔部落的人居住在山谷或村落中。他们居住在圆形或椭圆形的帐篷里，在居住地附近修建院落。古代柏柏尔人信仰多神教，每个房子或村落都奉有专门的神明。这一传统延续至今，在阿尔及利亚、摩洛哥的某些地区，人们在修建房屋时仍然遵照古代的规矩，以求庇护。古代柏柏尔人还认为万物有灵，山川河流、树木花草皆有灵魂，另外还崇拜动物，例如牛和羊。

一 腓尼基人建立迦太基王国

公元前 2000 年前后，腓尼基人开始了迁徙之旅。他们在地中海沿岸从事商贸活动，足迹遍布北非及伊比利亚半岛。公元前 9 世纪末至公元前 8 世纪初，腓尼基人开始在北非建造迦太基城。迦太基城位于突尼斯湾地势最佳之处，是腓尼基人在马格里布乃至整个地中海地区修建的最为宏伟和繁华的城市。

关于迦太基城修建的原委，史学界众说纷纭，无法就迦太基城的确切地理位置、修建年代及最初的修建者达成一致意见。可以肯定的是，随着迦太基城的建立，腓尼基人开创了其在北非的繁盛时代。公元前 5 世纪至公元 4 世纪，腓尼基人成功抵御了希腊人的入侵，并征服了一部分柏柏尔人的土地。到公元 3 世纪时，迦太基王国已发展成熟，疆域包括现今的突尼斯大部分地区和阿尔及利亚东部。

迦太基王国历史上有两大重要家族，分别是巴卡家族和马格家族。巴卡家族成员英勇善战，例如哈米尔卡将军。马格家族则专司经济和农耕，著有《农书》。迦太基王国设有长老院，代表统治阶级。大商人、大地主等阶层是长老院的重要支持者。此外，迦太基王国还设有平民院，代表普通人民，主要由小工商业主组成。

迦太基王国从各个民族征召雇佣军，其中包括努米底亚骑兵和伊比利亚弓箭手。巴卡家族成员担任将军，统领雇佣军作战。除雇佣军外，迦太基王国还拥有当时地中海最强大的舰队。在鼎盛时期，地中海犹如迦太基王国的内湖，船只穿梭而过，往来于沿岸的各个商业中心。

迦太基文明通过商人和士兵在阿尔及利亚境内传播开来。作为一个商业帝国，迦太基王国对柏柏尔人的诉求主要体现在经济利益方面。柏柏尔人充当迦太基人的商业伙伴，帮助迦太基商人从事地中海和跨撒哈拉沙漠的商贸活动。此外，迦太基人还与当地人通婚。商贸活动和民间交流加强了当地居民与迦太基人的关系。另外，腓尼基人的生活习惯、宗教信仰在阿尔及利亚流行起来。布匿文也传入了阿尔及利亚，努米底亚人把其作为书面文字。目前已在盖尔马、君士坦丁、安纳巴等地发现了使用布匿文书写的铭文。一些柏柏尔人给孩子起腓尼基人的名字，闪族崇拜的神也被柏柏尔人膜拜。

二 努米底亚王国

在迦太基人与罗马人争斗的时候，柏柏尔人在夹缝中求生存，在阿尔及利亚建立了自己的王国。他们在迦太基王国与摩洛哥东部的木卢亚河之间建立了努米底亚王国。

公元前 3 世纪，努米底亚地区由马赛西里亚人和马西里亚人统治。马赛西里亚人控制了现代阿尔及利亚的北部地区，主要为今天的奥兰和阿尔及尔两个省所在区域。马西里亚人占据了阿尔及利亚东北部地区，主要控制了今天的君士坦丁所在区域。此时，努米底亚地区深受迦太基王国政治制度的影响，在铸造钱币时使用布匿文。

由于地理因素的影响，马西里亚人与迦太基王国的关系更为紧密，马赛西里亚人则与罗马亲近。公元前 218 ~ 前 201 年，第二次布匿战争期间，迦太基人舍弃了马西里亚人，转而与实力相对更强的马赛西里亚人结盟，以抵御罗马人的攻势。在迦太基王国的支持下，马赛西里亚人的君主赛法克斯夺取了马西里亚人的领土。马西里亚人便投靠罗马。第二次布匿战争以罗马的胜利告终。马西里亚人在罗马的支持下，于公元前 203 年击败了马赛西里亚人。其首领马西尼萨（公元前 238 ~ 前 148 年）建立了努米底亚王国，定都塞达。在马西尼萨的领导下，努米底亚王国在迦太基王国境内不断扩张，控制了今天的阿尔及利亚中部和北部地区以及突尼斯西北部地区。

努米底亚王国建立后，马西尼萨励精图治，开展农业生产，尝试使游牧的柏柏尔人定居生活。在他的带领下，柏柏尔人开始种植小麦、大麦等农作物。努米底亚王国的农业资源得到了开发，柏柏尔人的生活也变得更有保障。

在政治上，马西尼萨突破了部落联盟首领的限制，建立了终身君主制和长子继承制。努米底亚王国成为真正意义上的王国，被后世学者认定为柏柏尔人在北非正式建立的第一个王国。对于现代阿尔及利亚而言，努米底亚王国是阿尔及利亚的雏形，是阿尔及利亚民族历史、记忆、荣誉的来源。法国学者马赛尔·艾格列多认为，"通过这一事件，就形成了阿尔及利亚国家的雏形，后来经过若干世纪，这个国家就确定地形成了"①。对于柏柏尔人而言，马西尼萨、努米底亚王国是其民族属性的重要标志。

公元前148年，马西尼萨去世，其子米齐普撒继位。在罗马人的干预下，米齐普撒不得不与他的两个兄弟共同执掌大权，三人分别管理王国的军事、行政和司法事务。这种安排削弱了马西尼萨生前确立的中央集权制度。公元前118年，米齐普撒去世。他的侄子朱古达（Jugurtha，公元前118～前105年在位）杀死了米齐普撒的两个儿子，成为努米底亚人的领袖。

朱古达骁勇善战，立志捍卫柏柏尔人的独立，使努米底亚王国摆脱罗马人的控制。公元前110～前105年，朱古达带领柏柏尔人对罗马军队发动了进攻，并一度取得胜利，但最终不敌罗马军团。此后，努米底亚王国陷入了分裂。公元前46年，努米底亚王国成为罗马帝国非洲行省的一部分。

努米底亚王国取得的经济、社会和文化成就成为现代阿尔及利亚建立的历史"积淀"。特别是朱古达领导的反抗罗马帝国的斗争，对于阿尔及利亚后来的反法殖民斗争以及民族解放运动都产生了历史影响。努米底亚王国创造的辉煌构成了阿尔及利亚人共同的记忆。马赛尔·艾格列多认为，"阿尔及利亚的稼穑，阿尔及利亚经济、社会和文化的繁荣，并不是

---

① 〔法〕马赛尔·艾格列多：《阿尔及利亚民族真相》，维泽译，世界知识出版社，1958，第10页。

始于罗马的占领，而是始于这个古老的时代"①。菲利浦·C.奈勒认为，"朱古达对罗马帝国的抵抗和他祖父的杰出统治，在阿尔及利亚人的记忆中产生了共鸣，鼓舞了20世纪反对法国殖民统治的民族主义者"②。阿尔及利亚著名诗人、散文家让·阿姆鲁什（1906～1962年）在《永恒的朱古达》（1943年）中，把朱古达与现代阿尔及利亚认同联系起来。③ 努米底亚王国作为阿尔及利亚历史上的第一个国家，是阿尔及利亚人，特别是柏柏尔人永远的光辉记忆。

三　罗马帝国的占领

公元前146年，罗马灭掉迦太基王国，罗马人统治北非的历史由此开启。罗马人的统治使马格里布脱离东方的影响达7个世纪，直到阿拉伯人征服北非。

罗马人对北非的入侵最初是试探性的，这种试探大约持续了2个世纪。在占领过程中，他们遭遇了强烈的抵抗。在占领北非之后，罗马人仍受到柏柏尔人此起彼伏的反抗。罗马占领区最初仅限于很小的范围。他们在阿尔及利亚东部的特贝萨驻扎军队，控制了布鲁凯撒里亚和卡尔特两省。在100年左右的征服开拓过程中，罗马人逐渐将势力扩展到奥雷斯山北麓，并一路向西到达奥兰，最终到达摩洛哥北部，但罗马人未能将势力范围扩展到撒哈拉沙漠以南。他们在北非建立了四个省：总督领行省（今突尼斯）、努米底亚省（今阿尔及利亚东北部）、恺撒摩尔塔尼省和丁吉塔那摩尔塔尼省（今阿尔及利亚西北至摩洛哥北部）。④ 后三个省均与当今的阿尔及利亚相关。

---

① 〔法〕马赛尔·艾格列多：《阿尔及利亚民族真相》，维泽译，世界知识出版社，1958，第11页。

② Phillip C. Naylor, *North Africa: A History from Antiquity to the Present*, University of Texas Press, Austin, 2009, p. 42.

③ Phillip C. Naylor, *North Africa: A History from Antiquity to the Present*, University of Texas Press, Austin, 2009, p. 260.

④ 〔法〕马塞尔·佩鲁东：《马格里布通史：从古代到今天的摩洛哥、阿尔及利亚、突尼斯》，上海师范大学《马格里布通史》翻译组译，上海人民出版社，1974，第53页。

罗马统治下的阿尔及利亚的最高长官是总督，对罗马皇帝负责。市镇相对独立，总督一般不干涉地方政务，只负责财政预算等重要事务。总督派出军事代表监管部落活动并执行他的命令。在地方政府的参与下，皇帝决定边界事务。皇帝还在部落中选择一些领袖，让其负责管理部落，封给他们总督、埃米尔或国王的称号。除了行政长官外，还设有长老委员会以让他们参政议政。

殖民地的开拓主要依靠军队。驻扎在北非的罗马军团由步兵、骑兵等组成，共计13000人左右。罗马人在北非进行统治后，这些士兵驻扎在沙漠附近。他们过着优越的生活，如果结婚成家，就与妻子生活在军营之外，每年获得丰厚的军饷。退役之后，他们还可获得一片土地，成为殖民者。如果他们的儿子参军，便可免除他们的所有赋税。法国殖民者入侵阿尔及利亚时也采取了类似的政策。军队的殖民据点后来逐渐发展为城市。

总体而言，罗马人对柏柏尔人和迦太基人的市镇进行了殖民统治，但没有兴建许多新的城市，向西部的拓展也比较有限。他们夺走了当地人的肥沃土地，并强迫当地人缴纳名目繁多的赋税。阿尔及利亚历史学家穆巴拉克·本·穆罕默德·希拉利·米利指出，在罗马统治之下，柏柏尔人生活的幸福程度由罗马人的势力决定。罗马统治地区的柏柏尔人过着受奴役的生活。[1] 遭受压迫的失地柏柏尔人被迫迁往北非腹地。

罗马人对柏柏尔人的压迫还体现在文化方面。罗马人致力于使柏柏尔人罗马化。罗马人大力推行拉丁语，规定在官方场合不得使用其他语言。此外，罗马当局不允许柏柏尔人信仰基督教，鼓励他们膜拜罗马皇帝。

罗马统治下的柏柏尔人在政治、经济、文化上均受到压迫。在这样的背景下，柏柏尔人不断发起反对罗马人的起义。公元253～260年，柏柏尔人掀起了大规模起义。北非的动荡动摇了罗马帝国的根基。公元395年，罗马帝国分裂，柏柏尔人开始谋求独立。

---

[1] Mubārak b. Muḥammad al-Hilālī al-Mīlī, *Tārīkh al-Jazā'ir fī al-Qadīmwa al-Ḥadīth*, Maktabah al-Nah ḍah al-Jazā'iriyyah, 1963, p. 203.

四　汪达尔人的入侵

公元 4 世纪，由鞑靼人、西西里人和日耳曼人等组成的游民向欧洲迁徙。他们一路抢夺，攻占城市、乡村，毁掉房屋、庄园。这些以劫掠为生的游民当中有汪达尔人。汪达尔人最初分布在日耳曼，公元 406 年进入高卢，控制了从阿尔卑斯山到比利牛斯山、从莱茵河到大西洋的区域。公元 409 年，汪达尔人进入西班牙。

公元 429 年，该撒里克（428～477 年在位）率汪达尔人和阿兰人从西班牙半岛渡海迁往北非，攻占了恺撒摩尔塔尼省和努米底亚省。汪达尔人到达北非之后，一路向东进军，依旧烧杀劫掠，摧毁城池。439 年，汪达尔人摆脱了罗马帝国的宗主权，占领迦太基城，并以该地为首府建立了汪达尔王国（439～534 年）。

柏柏尔人最初是汪达尔人的同盟者。他们帮助汪达尔人打败罗马人并在北非扩张领土，汪达尔人的舰队也主要由柏柏尔人组成。迦太基城陷落以后，汪达尔人统治了阿尔及利亚东部和突尼斯，阿尔及利亚西部沿海地区和整个北非腹地成了柏柏尔部落的势力范围。公元 442 年，罗马帝国正式承认汪达尔王国对迦太基城的占领，罗马人在北非的统治宣告结束。汪达尔人在北非的统治稳固后，开始压迫柏柏尔人，柏柏尔人再次走上反抗之路。

罗马统治时期，正统派基督教在北非传播。汪达尔人当政后，信仰异端阿里乌派对正统派进行了迫害。教派冲突动摇了汪达尔人在北非的统治。在混乱的局面下，柏柏尔人奋起反抗。公元 533 年，拜占庭皇帝查士丁尼趁势派兵攻打迦太基城。次年，汪达尔王国国王盖利默（530～534 年在位）被俘，汪达尔王国灭亡。

五　拜占庭人的占领

征服之初，拜占庭人向北非居民示好，试图给当地居民留下好的印象：他们到来的目的是解救受到汪达尔人暴政统治的北非人民。[①] 汪达尔

---

① 'Ammār Buḥūsh, *al-Tārīkh al-Siyāsī li al-Jazā'ir*: *Min al-Bidāyah wa li Ghāyah 1962*, Dār al-Gharb al-Islāmī, 2005, p. 23.

王国灭亡后，拜占庭帝国着手恢复对北非的控制。拜占庭人开始修建防御工事，恢复被汪达尔人毁坏的建筑。由于汪达尔人占领后的北非局势比罗马帝国统治时期更为复杂，拜占庭人不断加强对北非的控制。拜占庭帝国的政治中心与北非相距遥远，其对于北非的控制力不从心。

此外，历经几个世纪外族统治的柏柏尔人的斗争意识愈发强烈。他们并不认为拜占庭人是他们的拯救者，不断发动起义，进行了顽强的抵抗。查士丁尼决定降服具有反叛传统的柏柏尔人。柏柏尔人遭遇失败时会逃到山区或沙漠，重整旗鼓。

除了柏柏尔人的反抗之外，拜占庭帝国在北非还面临其他困难，包括由于柏柏尔人坚持多那图斯教义引发的宗教冲突、由于缺少军饷引发的军队哗变、由于北非与拜占庭帝国中央距离遥远带来的统治不便等。在多重因素的作用下，拜占庭帝国对于北非的控制远不及罗马帝国。随着时间的推移，拜占庭帝国在北非的统治日益衰落。公元 7 世纪中叶，阿拉伯人成功将拜占庭人彻底赶出北非，北非迎来了伊斯兰时代。

第二节 伊斯兰征服之后：7～16 世纪

一 阿拉伯征服北非的进程

公元 639 年，阿慕尔·本·阿绥率领阿拉伯大军取道苏伊士地峡，向拜占庭帝国统治下的非洲进军。公元 642 年，阿慕尔·本·阿绥的大军攻克埃及。公元 643 年，大军攻占巴尔卡和的黎波里。① 公元 647 年，哈里发奥斯曼派出阿卜杜拉·本·艾比·萨尔哈率领精锐部队进入北非，下令征服非洲。阿拉伯大军在突尼斯西南部的斯贝特拉重创拜占庭帝国军队。

伍麦叶王朝建立后，开始大举进军马格里布。哈里发穆阿维叶派

---

① 〔美〕菲利浦·希提：《阿拉伯通史》（第十版），马坚译，新世界出版社，2008，第 153 页。

出大军先后攻克西西里岛和突尼斯最大的岛屿杰尔巴岛。公元 670 年，欧格白·本·纳菲阿向阿尔及利亚、摩洛哥进军。值得一提的是，欧格白·本·纳菲阿不仅进行军事征服，还非常重视在北非传播伊斯兰信仰。据雅古布记载，"欧格白·本·纳菲阿召集部下并对他们说：'此地居民不晓伦理，面对利剑便皈依伊斯兰教，穆斯林一走就回到自己的传统和宗教中，我在他们之中看不到穆斯林的身影，我决定在这里建一座穆斯林居住的城市'"。① 他在突尼斯中东部地区修建了凯鲁万城，在城中修建了欧格白清真寺。凯鲁万城由此成为阿拉伯人的聚居点和北非的伊斯兰中心。凯鲁万城的修建有力地推动了柏柏尔人皈依伊斯兰教。

公元 674 年，艾布·穆哈吉尔·迪纳尔被派往北非，率军西征。他在阿尔及利亚东部遭遇了由柏柏尔部落联盟首领库塞拉·本·拉姆敦领导的激烈抵抗。柏柏尔人以阿尔及利亚西部的特雷姆森为据点与阿拉伯大军展开激战。艾布·穆哈吉尔·迪纳尔最终战胜了库塞拉·本·拉姆敦，但没有将其击杀。库塞拉·本·拉姆敦皈依伊斯兰教，继续担任部落联盟首领。柏柏尔人此后仍以游击战的形式反抗。公元 681 年，欧格白·本·纳菲阿再次担任统帅，负责征服北非。他在上任之后俘获了库塞拉·本·拉姆敦。公元 683 年，欧格白·本·纳菲阿在今阿尔及利亚比斯卡拉附近遭遇柏柏尔人的埋伏，战败被杀。

欧格白·本·纳菲阿遇害后，库塞拉·本·拉姆敦占领了凯鲁万城。由于库塞拉·本·拉姆敦领导的部落联盟发源于奥雷斯山，奥雷斯也因此获得了"柏柏尔人反抗之心"② 的地位。这一事件使阿拉伯征服北非的进程遭遇重创。此后"穆斯林征服者与柏柏尔领袖之间不再有媾和的

---

① 'Abdal-Maqṣūd 'Abdal – Ḥamīd Bāshā, *Mauqif al-Barbar min al-Fatḥ al-Islāmī li al-Shimāl al-Ifrīqī*, Maṭba 'ah al-Jablāwī, 1989, p. 51.

② 〔法〕夏尔－安德烈·朱利安：《北非史：突尼斯、阿尔及利亚、摩洛哥·第二卷》，上海新闻出版系统"五·七"干校翻译组译，上海人民出版社，1974，第 18 页。

空间，阿拉伯人坚定了以军事征服在马格里布进行伊斯兰统治的信念"①。

伍麦叶王朝派出祖海尔·本·盖斯对北非发起新一轮军事行动，为欧格白·本·纳菲阿复仇。祖海尔·本·盖斯战胜柏柏尔人凯旋东归时，也被杀害。柏柏尔人再次走上反抗之路。

公元693年，时任哈里发阿卜杜·马立克派哈桑·本·努阿曼率领四万大军穿越昔兰尼加和的黎波里。698年，哈桑·本·努阿曼占领了拜占庭帝国阿非利加省的首府迦太基城，在宾泽特击败了拜占庭人与柏柏尔人的联军。② 随后，哈桑·本·努阿曼与柏柏尔首领卡希娜女王进行决战，并取得了最终胜利。此后，哈桑·本·努阿曼"荡平"了北非的拜占庭势力，修建了突尼斯城。阿拉伯人在北非的势力范围包括利比亚西部、突尼斯和阿尔及利亚东部。伍麦叶王朝在那里建立了易弗里基叶省。

705年，穆萨·本·努赛尔就任易弗里基叶省总督。易弗里基叶省从此脱离埃及，成为独立的总督区，以凯鲁万城为首府，归大马士革的哈里发直接管辖。③ 此后，易弗里基叶省的西部边界扩展到丹吉尔（Ṭanjah）城，南部边界拓展到苏斯地区和塔菲拉勒特绿洲。④ 马格里布地区逐渐成为阿拉伯伊斯兰帝国的一部分。

二 哈瓦利吉派地方王朝

伍麦叶王朝完成对北非的征服后，对当地的柏柏尔人同时征收人丁税和土地税。加入阿拉伯军队的柏柏尔士兵不能与阿拉伯士兵享受同等待

---

① Jamil M. Abun-nasr, *A History of the Maghrib in the Islamic Period*, Cambridge University Press, 1987, p. 30.

② 〔埃及〕萨阿德·扎格卢勒·阿卜德·哈米德：《阿拉伯马格里布史·第一卷》（上册），上海外国语学院《阿拉伯马格里布史》翻译组译，上海人民出版社，1975，第248页。

③ 〔美〕菲利浦·希提：《阿拉伯通史》（第十版），马坚译，新世界出版社，2008，第196页。

④ Jamil M. Abun-nasr, *A History of the Maghrib in the Islamic Period*, Cambridge University Press, 1987, p. 32.

遇。柏柏尔人即便皈依伊斯兰教，仍然受到伍麦叶王朝的歧视，被视为"麦瓦里"。伍麦叶王朝后期，哈瓦利吉派向远离王朝中心的马格里布地区渗透。哈瓦利吉派的平等主张吸引了北非的柏柏尔人，获得了柏柏尔人的拥护。哈瓦利吉派的两个支派苏福里亚派和伊巴德派在柏柏尔人中争取了众多信徒。公元740年，北非的哈瓦利吉派发起了反对伍麦叶王朝的大起义。众多柏柏尔部落人民响应号召加入起义军。伍麦叶王朝的总督勉强保住了凯鲁万城，但阿尔及利亚大部分地区摆脱了伍麦叶王朝的控制。

　　阿拔斯王朝建立后，对于北非的控制总体有限，主要控制了凯鲁万城以东的区域。阿尔及利亚的扎卜（al-Zāb）地区是阿拔斯王朝在北非的势力范围的西部边界。在这种形势下，阿尔及利亚境内建起了伊巴德派的鲁斯塔姆王朝（776~909年）。

　　鲁斯塔姆王朝是阿尔及利亚境内建立的第一个地方性伊斯兰王朝，也是马格里布历史上最重要的哈瓦利吉派王朝。它主要位于中马格里布，即今阿尔及利亚所在的大部分区域。东部的扎卜地区处于艾格莱卜王朝的控制之下，西部重镇特雷姆森的控制权则处于鲁斯塔姆王朝与易德里斯王朝的争夺之中。

　　鲁斯塔姆王朝东部的艾格莱卜王朝的穆斯林为逊尼派穆斯林，其由阿拔斯王朝哈里发任命的易弗里基叶省总督易卜拉欣·本·艾布·阿拉伯·艾格莱卜·本·萨利姆·塔米米于公元800年建立，公元909年灭亡。西部的易德里斯王朝由易德里斯·本·阿卜杜拉于公元788年在柏柏尔欧尔巴人首领伊斯哈格·本·阿卜杜·哈米德的支持下建立，控制了西起萨累河、东至特雷姆森的地区。

　　鲁斯塔姆王朝的建立者是阿卜杜·拉赫曼·本·鲁斯塔姆。他是在凯鲁万城长大的波斯人，曾赴马什里克学习，接受了伊巴德派的思想。公元761年，阿卜杜·拉赫曼·本·鲁斯塔姆带领一批伊巴德派教徒从突尼斯前往阿尔及利亚。此后，阿尔及利亚逐渐成为伊巴德派的聚居区。

　　776年，阿尔及利亚的伊巴德派部落拥立阿卜杜·拉赫曼·本·鲁斯塔姆为伊玛目，建立了鲁斯塔姆王朝，定都塔哈尔特①。塔哈尔特由此发展成北非伊巴德派的宗教文化中心和北非重要的商贸中心。王朝分为三大区块。一是地中海沿岸的北部山区，包括塔哈尔特附近的山区和扎卜附近的奥雷斯山。二是柏柏尔人聚居区，这里居住着梅克内斯人、内富萨人、穆扎卜人等。三是沙漠地区，这里居住着伊巴德派和苏福里亚派柏柏尔人。

阿卜杜·拉赫曼·本·鲁斯塔姆自称"信士们的长官"，是政教合一的领袖。鲁斯塔姆王朝进行较为开明的统治。伊玛目对于宗教事务，会召开舒拉会议进行协商；对于社会经济事务，则与部落首领商讨。王朝设有最高司法委员会，大法官拥有最高裁决权。大法官须由伊玛目在咨询舒拉会议后任命。大法官从信仰虔诚、公正廉明的人中选择，处理司法事务。王朝设有税务迪万，其负责按照伊斯兰教法征收土地税，并将征收的天课分配给穷人。

鲁斯塔姆王朝生活着多个柏柏尔部落，王朝的城市中生活着形形色色、不同阶层、不同背景的居民。不同教派的居民，例如伊巴德派、苏福里亚派、马立克派，比邻而居；不同种族的居民，例如呼罗珊人、阿拉伯人、来自凯鲁万城的易弗里基叶人、来自的黎波里的内富萨人亦在同城居住。但混居在一起的不同群体并没有实现高度融合，各个群体仍保持独立。

鲁斯塔姆王朝时期，阿尔及利亚的思想文化获得了长足发展，达到了前所未有的高度。教派研究，特别是哈瓦利吉派支派伊巴德派的研究十分活跃，学者们常常聚在一起，探讨教派问题。最著名的伊巴德派宗教学者是艾布·雅古布·尤素福·本·赛卢斯·萨德拉提。鲁斯塔姆人还修建了一座大图书馆，收藏了大量学科的相关图书。

公元909年，鲁斯塔姆王朝被什叶派法蒂玛王朝灭亡。末代伊玛目雅古布带领一部分伊巴德派信徒逃亡乌尔格拉绿洲，寻求柏柏尔希德拉塔部

---

① 今阿尔及利亚西部城市提亚雷特附近。

落的庇护。[1] 最终他们在乌尔格拉西北的穆扎卜河谷建立了新的定居点。时至今日，穆扎卜河谷仍是阿尔及利亚伊巴德派柏柏尔人的聚居地。

三 法蒂玛王朝

法蒂玛王朝的建立与居住在阿尔及利亚小卡比利亚[2]地区的库塔马柏柏尔人有着密切的关系。892 年，什叶派宣教师艾布·阿卜杜拉·侯赛因在麦加朝觐时，结识了库塔马人的首领。在库塔马人的邀请下，艾布·阿卜杜拉·侯赛因以宣教师身份来到库塔马人居住的小卡比利亚地区。库塔马人生活的区域在逊尼派艾格莱卜王朝境内，他们受到苛政压迫。

库塔马人不满艾格莱卜王朝的苛政，意图摆脱其统治。艾布·阿卜杜拉·侯赛因趁势向他们宣传什叶派的分支伊斯马仪派教义，称伊斯马仪派的信条是"合法权威的唯一基础、穆斯林获得正义与社会公平的唯一希望"[3]。艾布·阿卜杜拉·侯赛因宣称，"作为哈里发在马格里布的代表，艾格莱卜王朝应当对公众生活中的不公正和独断负责"[4]。艾布·阿卜杜拉·侯赛因过着苦行的生活，恪守伊斯兰教法，洁身自好。对艾格莱卜王朝心怀不满的库塔马人接受了伊斯马仪派教义。艾布·阿卜杜拉·侯赛因逐渐获得了库塔马人的支持，统一了小卡比利亚的大部分地区，什叶派势力在艾格莱卜王朝境内发展壮大起来。

从 903 年开始，艾布·阿卜杜拉·侯赛因组织军队对艾格莱卜王朝发

---

[1] Jamil M. Abun-nasr, *A History of the Maghrib in the Islamic Period*, Cambridge University Press, 1987, p. 48.

[2] 法国人称贝贾亚和君士坦丁之间的山区为小卡比利亚。法国人称贝贾亚南面到阿尔及尔南面的山区为大卡比利亚。

[3] Jamil M. Abun-nasr, *A History of the Maghrib in the Islamic Period*, Cambridge University Press, 1987, p. 60.

[4] Jamil M. Abun-nasr, *A History of the Maghrib in the Islamic Period*, Cambridge University Press, 1987, p. 61.

起进攻。公元909年，什叶派大军推翻了艾格莱卜王朝。之后，艾布·阿卜杜拉·侯赛因拥立欧贝杜拉建立法蒂玛王朝（909~1171年）。910年1月，欧贝杜拉正式宣布自己为马赫迪、正道指导的救世主、信士们的长官。法蒂玛王朝建立以后，很快消灭了鲁斯塔姆王朝、易德里斯王朝。法蒂玛王朝的征服行动统一了马格里布大部分地区，在很大程度上恢复了阿拉伯人对马格里布地区的控制。

尽管崛起于马格里布，但法蒂玛王朝的战略目标并非久居此地，而是尽快发展壮大，攫取埃及，东进并回归马什里克，最终推翻阿拔斯王朝哈里发。为了筹集东进军费，法蒂玛王朝对马格里布地区的居民和商队课以重税。除了经济上的剥削外，法蒂玛王朝还以高压政策在马格里布地区推行什叶派信仰。

在法蒂玛王朝之前，阿尔及利亚的柏柏尔人已经接受了哈瓦利吉派信仰。法蒂玛王朝建立后，强制推行什叶派信仰，遭到了柏柏尔人的抵制。在信仰哈瓦利吉派的柏柏尔人遭到压制的同时，法蒂玛王朝境内的马立克派也因为坚持逊尼派信仰、拒绝改信什叶派而遭到当局迫害。马立克派因此持有同情柏柏尔人的态度。在马立克派学者的鼓动下，马格里布地区的柏柏尔人发动了多次起义，反对法蒂玛王朝。其中最大的一次起义由扎纳塔人艾布·叶齐德（885~947年）领导。

从公元935年开始，信仰伊巴德派的扎纳塔人艾布·叶齐德在中马格里布地区进行相关宣传，号召柏柏尔人驱逐法蒂玛王朝统治者，恢复伊巴德派的统治。艾布·叶齐德的宣传在奥雷斯山区获得响应。943年，艾布·叶齐德在奥雷斯山区组织柏柏尔人发起了伊巴德派起义。946年，艾布·叶齐德领导起义军与法蒂玛王朝的军队在凯鲁万城郊进行决战，结果起义军战败，起义遭到镇压。经此一役，马格里布地区的伊巴德派彻底衰落，伊巴德派在北非的势力大大削弱。

法蒂玛王朝的宗教高压政策导致多数柏柏尔人不愿皈依什叶派，而哈瓦利吉派在艾布·叶齐德起义失败后也失去了影响力，这两点为柏柏尔人最终选择逊尼派信仰埋下伏笔。在艾布·叶齐德发动起义时，柏柏尔人与马立克派学者的密切关系为马立克派在马格里布地区实现伊斯兰教义的统一做了必要的铺垫。公元 973 年，法蒂玛王朝迁都开罗，形成与阿拔斯王朝并立的局面。随着法蒂玛王朝的东迁，阿拉伯人对马格里布地区的控制减弱。这给柏柏尔人伊斯兰王朝的兴起创造了机遇。

四　齐里王朝、哈马德王朝

桑哈贾人是马格里布地区柏柏尔人中实力强大的一支。据称，桑哈贾人领袖穆纳德·本·曼库斯曾被艾格莱卜王朝任命为扎卜总督。他的儿子齐里·本·马纳德则追随什叶派法蒂玛王朝，曾率部协助法蒂玛王朝平定艾布·叶齐德起义，因此获得了法蒂玛王朝的嘉赏。在法蒂玛王朝的支持下，齐里·本·马纳德在阿尔及利亚中东部建立了阿希尔城。法蒂玛王朝东迁之际，任命齐里·本·马纳德之子布卢金·本·齐里（Bulūjīn b. Zīrī）为马格里布埃米尔。公元 973 年，齐里王朝（973～1148 年）建立，名义上效忠法蒂玛王朝。

齐里王朝建立后，开始向西扩张，逐渐掌控了中马格里布。984 年，布卢金·本·齐里之子曼苏尔·本·布卢金继位。齐里王朝进而击败库塔马人，夺取了塞蒂夫，成为马格里布强国。

曼苏尔·本·布卢金之子巴迪斯继位后，与自己的叔父哈马德·本·布卢金分治齐里王朝。1015 年，哈马德·本·布卢金在平定了西部的扎纳塔人后建立了哈马德王朝（1015～1152 年）。由于与巴迪斯存在竞争关系，哈马德·本·布卢金选择效忠阿拔斯王朝，改投逊尼派。齐里王朝由此分为东部的巴迪斯王朝和西部的哈马德王朝。巴迪斯王朝的主体在突尼斯，哈马德王朝则主要在阿尔及利亚，包括阿尔及利亚和摩洛哥、突尼斯的一小部分。哈马德王朝有两大都城：其一是位于距离今姆西拉省 36 公里的马迪德山附近的卡勒阿城，其二是贝贾亚。

齐里王朝至哈马德王朝时期，阿尔及利亚的经济、文化都取得了较大进步。阿尔及利亚形成了地域和政治上的共同体。从一定程度上讲，这两个王朝在鲁斯塔姆王朝的基础上进一步提高了阿尔及利亚的主体性。这些王朝的建立和发展为阿尔及利亚的构建提供了历史依据。特别是在哈马德王朝时代，阿尔及利亚首次掌握了马格里布地区的主权，彰显了其海上实力。哈马德王朝盛极一时，是阿尔及利亚进入伊斯兰时期成就斐然的时代。

哈马德王朝时期，阿尔及利亚的民族融合进一步加快。在柏柏尔人内部，桑哈贾人、库塔马人和扎纳塔人发生了融合。这一时期，阿拉伯希拉勒人入侵阿尔及利亚。希拉勒人的到来提高了阿尔及利亚的阿拉伯人比例，阿拉伯人与当地柏柏尔人也发生了融合。在伍麦叶王朝日渐衰弱后，不少居民迁往阿尔及利亚。这一时期的阿拉伯人和柏柏尔人不仅在人种上发生了融合，其思想文化的交融也大大加强。阿拉伯人与柏柏尔人的融合促进了阿尔及利亚的伊斯兰化和阿拉伯化，为后来带有阿拉伯伊斯兰性质的阿尔及利亚地方王朝——泽扬王朝（1236～1550 年）的兴起做好了历史铺垫。

五　穆拉比兑王朝和穆瓦希德王朝

穆拉比兑王朝的建立基于一场由马立克派指导、依托桑哈贾人的宗教建国运动。桑哈贾人原本在毛里塔尼亚到霍加尔山之间的撒哈拉沙漠地带从事游牧活动。公元 1035 年，桑哈贾人阿卜杜拉·本·雅辛来到桑哈贾库达拉部落宣传马立克派的学说。宣教活动没有得到库达拉部落的广泛响应。阿卜杜拉·本·雅辛便带领少数信徒隐退到塞内加尔的一个岛上，建立了宗教、军事合一的"拉巴特"①，穆拉比兑人由此得名。1042 年，拉姆图纳部落首领叶海亚·本·欧麦尔与阿卜杜拉·本·雅辛结成同盟，穆拉比兑运动正式开启。

1090 年，穆拉比兑人攻克格拉纳达，横跨非欧两洲的柏柏尔帝国穆拉比兑王朝（1090～1147 年）建立起来。尤素福·本·塔什芬为开国君主，被称为"穆斯林的长官"。王朝的政治中心在摩洛哥。建立之时，阿

---

① 马坚在《阿拉伯通史》中把 Ribāṭ 译为"里巴兑"，将其解释为一种设防的修道院。

尔及利亚仍处于哈马德王朝统治之下。尤素福·本·塔什芬曾想征服中马格里布地区，但哈马德王朝抵挡了他的攻势。

之后，马格里布地区迎来了柏柏尔人建立的第一个，也是唯一一个大一统的伊斯兰王朝——穆瓦希德王朝（Al-Muwahhidun，1130～1276 年）。穆瓦希德王朝的奠基者是艾布·阿卜杜拉·穆罕默德·本·图马尔特。艾布·阿卜杜拉·穆罕默德·本·图马尔特是马斯穆达人，家乡在摩洛哥苏斯地区。艾布·阿卜杜拉·穆罕默德·本·图马尔特曾前往马什里克学习宗教知识。他在借鉴艾什尔里派教义学、安萨里神秘主义以及什叶派马赫迪思想的基础上，形成了一套以信主独一为核心的宗教思想，穆瓦希德派由此得名。

公元 1117～1121 年，艾布·阿卜杜拉·穆罕默德·本·图马尔特回到家乡，立志开展一场宗教政治改革运动。他自东向西，一路传播自己的宗教学说，直到穆拉比兑王朝的首都马拉喀什。马立克派教法学家认为艾布·阿卜杜拉·穆罕默德·本·图马尔特的思想对王朝的统治构成了挑战。艾布·阿卜杜拉·穆罕默德·本·图马尔特因此遭到了穆拉比兑王朝的驱逐。

最终，艾布·阿卜杜拉·穆罕默德·本·图马尔特回到了家乡苏斯，获得了马斯穆达人哈尔卡部落联盟首领艾布·哈夫斯·欧麦尔的支持。公元 1122 年，艾布·阿卜杜拉·穆罕默德·本·图马尔特自称"马赫迪"。1125 年，他率领追随者来到廷迈勒山。他在廷迈勒山建立了穆瓦希德派乌玛，修建清真寺，进行宗教政治改革，并以那里为基地发起了推翻穆拉比兑王朝的运动。

1130 年 8 月，艾布·阿卜杜拉·穆罕默德·本·图马尔特去世。扎纳塔部落的阿卜杜·穆敏·本·阿里（1094～1163 年）继任。1145 年，阿卜杜·穆敏·本·阿里率军攻克马拉喀什，穆拉比兑王朝灭亡。穆瓦希德王朝以马拉喀什为都建立起来。在接下来的 20 余年时间里，穆瓦希德人荡平了整个马格里布地区，建立了包含马格里布全境、辐射安达卢西亚的柏柏尔人北非伊斯兰帝国。

美国学者希提认为，穆瓦希德王朝在"非洲编年史上是最大的帝国"①。穆瓦希德王朝是阿拉伯人征服北非以来与柏柏尔人民族融合、伊斯兰教不断传播的产物。穆瓦希德王朝建立后，阿拉伯人与柏柏尔人进一步融合，他们以伊斯兰信仰为根基，形成了统一的乌玛。

六　泽扬王朝

13 世纪初期，穆瓦希德王朝开始陷入分裂。公元 1235 年，中马格里布地区的阿卜杜·瓦德部落夺取了特雷姆森的控制权，并以此为中心发展自己的势力。他们在周边地区建立据点，其分支广泛分布在阿尔及利亚的沙漠、山区和丘陵地区。

阿卜杜·瓦德部落生活着扎纳塔人，他们分布在穆扎卜绿洲至塔菲拉勒特绿洲之间的广阔区域。在穆瓦希德人到来之前，他们在这片区域生活了近半个世纪。穆瓦希德人进行征服时，阿卜杜·瓦德部落曾进行抵抗，但最终归顺。归顺后，穆瓦希德王朝给予阿卜杜·瓦德部落较大的自主权。公元 1230 年，扎比尔·本·尤素福建立了从属于穆瓦希德王朝的王国。1236 年，叶格米拉斯宣布脱离穆瓦希德王朝，正式建立了阿卜杜·瓦德王朝。由于叶格米拉斯是泽扬人，阿卜杜·瓦德王朝也被称为泽扬王朝。

泽扬王朝的疆域与今天的阿尔及利亚大致相当，其东部与哈夫斯王朝（1227～1574 年）在扎卜交界，西部与马林王朝（1244～1465 年）在特雷姆森交界。泽扬王朝在首都特雷姆森建造大清真寺及宗教学校，聘请各地宗教学者前来讲学，伊斯兰文化开始繁荣发展。不少诗人曾写诗赞美特雷姆森的繁盛景象。

泽扬王朝的君主自称信士们的长官、哈里发，效法易德里斯王朝的君主，自诩为圣裔。他们在着装、生活方式和管理方式上都着力模仿当时著名的哈里发。泽扬王朝的大臣分为武官和文官两个序列。武官为"剑

---

① 〔美〕菲利浦·希提：《阿拉伯通史》（第十版），马坚译，新世界出版社，2008，第498 页。

士"，负责军事事务；文官为"笔士"，负责行政事务。王朝还设有工商大臣、法官，工商大臣负责财政事务；法官分三等：第一等为大法官，是王朝司法事务的最高负责人；第二等为王室法官，负责宫廷司法事务；第三等为军事法官，负责军队司法事务。王朝的军队分为柏柏尔军和阿拉伯军两支。总体而言，泽扬王朝的建制与东边的哈夫斯王朝、西边的马林王朝基本一致，但国力不及周边的两个王朝。

公元 1335～1337 年，马林王朝占领了特雷姆森及周边多个城市。泽扬王朝丧失了全部主权。1359 年，艾布·穆萨·哈姆二世起兵，夺回了特雷姆森。泽扬王朝迎来了一次中兴。泽扬王朝恢复独立后，艾布·穆萨·哈姆二世着手维护王朝安全，平定了境内的叛乱，增强对外防御力量。特雷姆森的宗教、文化活动开始丰富起来。

艾布·穆萨·哈姆二世去世后，泽扬王朝国力日渐衰落，向周边两个王朝称臣纳贡。公元 15 世纪初，泽扬王朝沦为哈夫斯王朝的附属国，并直至奥斯曼土耳其时代到来。

第三节　近现代：16 世纪至民族独立

一　奥斯曼土耳其统治时期的阿尔及利亚

自公元 7 世纪阿拉伯征服北非至奥斯曼土耳其人到来，在大约 9 个世纪的时间里，北非的柏柏尔人基本被伊斯兰化。从血统上讲，阿拉伯—柏柏尔人成为北非的主体人种；从文化上讲，柏柏尔人已经成为穆斯林。阿拉伯伊斯兰文化成为北非文化的核心。

奥斯曼土耳其人到来之前，阿尔及利亚曾建立起鲁斯塔姆、齐里、哈马德、泽扬等王朝。这些伊斯兰王朝与努米底亚王朝虽非一脉相承，与现代意义上的"阿尔及利亚"也没有直接关系，但给现代阿尔及利亚的构建提供了历史样本。

16 世纪初，泽扬王朝分崩离析，中马格里布陷入混乱。西班牙人于1505～1510 年占领了奥兰、贝贾亚等沿海港口城市。君士坦丁落入哈夫斯王朝之手。当时地中海地区活跃着穆斯林海盗兄弟阿鲁吉（1473～1518 年）和海伊尔丁（1466～1546 年）。他们最初与哈夫斯王朝签订协议，协助其维护沿海地区的安定。他们以突尼斯杰尔巴（Jarbah）岛为根据地。1514 年，阿鲁吉从西班牙人手中夺取了阿尔及利亚东北部城市吉杰勒。之后，阿鲁吉在那里建立了一个独立的海盗国。

库塔马部落趁势加入，协助阿鲁吉向贝贾亚发动进攻，以驱逐西班牙势力。1516 年，阿鲁吉和海伊尔丁控制了阿尔及尔，之后攻克了梅德阿、特雷姆森和乌季达。在东征西讨的过程中，阿鲁吉意识到地方首领支持他是为了摆脱西班牙的控制，一旦达到目的就会试图摆脱他。[①] 这些四分五裂的城市的人没有统一的意志，也缺乏一致对抗西班牙的决心。[②] 1518 年，阿鲁吉自立门户，宣布自己为阿尔及利亚苏丹。

同年，阿鲁吉战死，海伊尔丁继任。海伊尔丁审时度势，决定向奥斯曼土耳其帝国称臣。1519 年，奥斯曼土耳其苏丹塞利姆一世授予海伊尔丁贝勒贝伊称号，派出包含 6000 名士兵的军队帮助其增强实力，同时授予他铸币的权力，海伊尔丁由此成为奥斯曼土耳其帝国的一个地方总督，阿尔及利亚则成为奥斯曼土耳其帝国的一部分。

奥斯曼土耳其人在阿尔及利亚建省，使阿尔及利亚有了明确的边界，以区别于突尼斯和摩洛哥。中马格里布人从此开始以阿尔及利亚人自居。奥斯曼土耳其人到来之前，阿尔及利亚所在区域的地理名称为中马格里布；奥斯曼土耳其人到来后，阿尔及利亚这一名称开始被广泛使用。夏尔－安德烈·朱利安指出："土耳其人在同欧洲人打交道时习惯于采用一些马格里布各王朝所不知道的政治概念。土耳其人用确切的边界概念来代替他们以前使一般人都满足的大致的边界概念。"[③]

---

① 'Ammār Buḥūsh, *al-Tārīkh al-Siyāsī li al-Jazā' ir：Min al-Bidāyah wa li Ghāyah 1962*, Dār al-Gharb al-Islāmī, 2005, p. 53.

② Shauqī 'Aṭ āllah al-Jamal, *al-Maghrib al-'Arabī al-Kabīr：Min al-Fatḥal-Islāmī ilā al-Waqt al-Ḥāḍir*, Maktabah al-Anjlū al-Miṣ riyyah, 2009, p. 96.

③ 〔法〕夏尔－安德烈·朱利安：《北非史：突尼斯、阿尔及利亚、摩洛哥·第二卷》（下册），上海新闻出版系统"五·七"干校翻译组译，上海人民出版社，1974，第 507 页。

　　阿尔及利亚归附奥斯曼土耳其帝国后，都城从特雷姆森迁往阿尔及尔。阿尔及尔原本是一个破陋的柏柏尔人小渔村，原名"阿尔格勒"，迦太基人曾在此建立商业据点和港口。他们借用希腊人的说法，称之为伊克苏斯。拜占庭人稍做改动，称之为伊克苏尤姆。这个小渔村逐渐发展为马格里布地区的罗马名城之一。

　　阿尔及尔居民利用该城的地理优势，开展贸易活动，产品远销安达卢西亚。阿尔及尔之名得于城中的一块巨岩，其形似岛屿。在阿拉伯语中，阿尔及尔是"岛屿"的复数。齐里王朝时期，布卢金·本·齐里曾对阿尔及尔进行大规模的修缮。

　　归属奥斯曼土耳其帝国的阿尔及利亚高度自治。当时的阿尔及利亚分为三个部分：阿尔及尔、奥兰和君士坦丁。奥斯曼土耳其帝国对阿尔及利亚的统治分为三个阶段：贝勒贝伊时期（1519～1587年）、帕夏时期（1587～1671年）、德伊时期（1671～1830年）。

　　奥斯曼土耳其帝国对贝勒贝伊的管理十分松散，没有规定任期，也没有特殊的约束。或者说，当时奥斯曼土耳其帝国对阿尔及利亚的统治仅仅是名义上的。这种宽松的管理促使阿尔及利亚人的前现代国家认同逐渐形成。贝勒贝伊时期的阿尔及利亚的政治架构由中央迪万和三个地方政府组成。这三个地方政府为东部贝伊，首府在君士坦丁；西部贝伊，首府起初在马斯卡拉，后来在奥兰；提特利贝伊，首府在梅德阿。

　　贝勒贝伊的军队是奥斯曼土耳其帝国海军的主力，代表奥斯曼土耳其帝国与西班牙帝国作战，以捍卫奥斯曼土耳其帝国对北非的主权。出于这一原因，奥斯曼土耳其帝国给予贝勒贝伊高度自治权。1580年，奥斯曼土耳其帝国与西班牙帝国休战。此后，奥斯曼土耳其帝国开始加强对阿尔及利亚的控制，直接向阿尔及利亚派出帕夏（作为最高长官），取消了贝勒贝伊。

　　尽管帕夏由奥斯曼土耳其帝国中央政府直接派驻，但奥斯曼土耳其帝国对阿尔及利亚的控制并没有因此而增强。帕夏统治时期的阿尔及利亚的独立性和自主性不断提高。这是因为帕夏并非出自本地，与阿尔及利亚的联系很弱，缺少乡土情结，且任期只有3年，甚至不到3

年就被替换。帕夏到任后，不思地方建设，只顾搜刮钱财，压榨百姓。帕夏制度的缺陷导致阿尔及利亚民怨沸腾，百姓造反时有发生。

此外，奥斯曼土耳其帝国在成为阿尔及利亚的宗主国之初派至此地的6000名军人，逐渐在阿尔及利亚形成一股政治势力——近卫军。近卫军掌握军权，并享有特权。由于忙于敛财的帕夏无法保证近卫军的收入，"1659年，驻阿尔及尔近卫军阿噶①篡夺了最高权力，理由是伊斯坦布尔派来的帕夏大多贪腐，其行为有碍阿尔及利亚与欧洲国家的贸易"。②

阿噶政变后，帕夏的实际权力被剥夺，其仅作为奥斯曼土耳其帝国的象征，领取俸禄。阿噶成为阿尔及利亚的实际控制者。阿尔及利亚因此陷入了更大的混乱。为了角逐最高权力，近卫军首领之间常常发生冲突、暗杀。另外，帕夏为了夺回权力，联合部落力量遏制军队。阿尔及利亚乱象丛生。

1671年，海盗首领发动叛乱，暗杀了执政的阿噶，另立"德伊"。奥斯曼土耳其帝国对阿尔及利亚鞭长莫及，只得顺势承认德伊为阿尔及利亚最高领导人。德伊的地位确立后，奥斯曼土耳其帝国无法再对阿尔及利亚施加直接影响。德伊时期，阿尔及利亚的疆域、行政区划、人口构成都逐渐固定下来，阿尔及利亚开始向现代国家过渡。此时，奥斯曼土耳其帝国只是每年收取贡赋，阿尔及利亚实际上已经是独立国家，如在外交领域，阿尔及利亚以独立主体的身份与别国签订条约。

德伊制度实际上是一种君主制。德伊与奥斯曼土耳其帝国的唯一联系是：德伊必须由本土土耳其人担任。德伊的推选完全在阿尔及利亚本土完成。1711年，奥斯曼土耳其帝国授予德伊帕夏头衔，以彰显其对阿尔及利亚的宗主权。

德伊时期，阿尔及利亚的最高权力机构是迪万，由60人组成，成员包括近卫军首领、宗教领袖和名流。18世纪，迪万成为由4名大臣组成

---

① 即近卫军司令。

② Jamil M. Abun-nasr, *A History of the Maghrib in the Islamic Period*, Cambridge University Press, 1987, pp. 159 – 160.

的内阁：首席大臣为财政大臣；第二大臣为近卫军阿噶，同时担任阿尔及尔及周边地区总督；骑兵指挥官，负责征税和军需事务；外务大臣，统领海军并负责外交事务。德伊去世后，财政大臣作为第一顺位继承人继位，其他大臣按序晋升一级。这套相对稳定的继承制度保证了阿尔及利亚政治活动的运转。

德伊时期，阿尔及利亚下设 4 个贝伊辖区：阿尔及尔及其周边沿地中海的平原地区和米提贾平原为苏丹辖区；面积最大的是东方辖区，首府为君士坦丁；首府为梅德阿的提特利辖区；首府为马斯卡拉的西方辖区。贝伊辖区下设分区，为第二级行政区划。贝伊由德伊任命，任期 3年，对德伊负责，定期向德伊缴纳贡赋，享受高度自治权。分区长官为卡伊德。

柏柏尔人聚居的卡比利亚山区、奥雷斯山区和撒哈拉沙漠主要由柏柏尔部落领袖控制，保持了较强的独立性，德伊对这些地区的影响力很小。这些地区的柏柏尔人与阿拉伯人的融合程度较低。

奥斯曼土耳其统治时期，在阿尔及利亚政治、地理共同体力量不断增强的同时，种族的构成也日益多元化。社会地位最高的是土耳其人。大多数土耳其人重视保持血统纯正，但一部分土耳其人与当地人通婚，他们的后代是库鲁格鲁人。库鲁格鲁人地位不及血统纯正的土耳其人，主要分布在阿尔及尔、特雷姆森、梅德阿、君士坦丁等城市。他们的地位高于本地人，虽然他们不能进入最高领导层，但可以担任地方长官，如贝伊或卡伊德。

来自安达卢西亚的穆斯林后代，以及西西里人、南欧人也融入了阿尔及利亚，他们被称为摩尔人。摩尔人居住在商业重镇，擅长经商。摩尔人是土耳其人在阿尔及利亚的盟友，他们尊重土耳其人的社会习俗和生活方式。从事商业活动的还有从西班牙迁来的犹太人。

绝大多数阿尔及利亚本地人为混血的阿拉伯—柏柏尔穆斯林。经历了奥斯曼土耳其帝国的统治，柏柏尔人自古以来的大部落联盟如桑哈贾、扎纳塔等几近瓦解。血统纯正的柏柏尔人只在卡比利亚山区、奥雷斯山区、穆扎卜绿洲和撒哈拉沙漠地带存续，即卡比利亚山区的卡比尔

人、奥雷斯山区的沙维亚人、穆扎卜绿洲的穆扎卜人以及撒哈拉沙漠地带的图阿雷格人。

二 法国殖民者入侵阿尔及利亚

法国入侵阿尔及利亚与法国国内的政治社会危机有着密切的关系，是一系列矛盾和冲突作用的结果。大革命之后，法国经济陷入巨大危机，政府无法保证国民的粮食供给。法国政府遂向阿尔及利亚德伊寻求帮助，以获得小麦，之后又向阿尔及利亚借得 100 万法郎（为无息贷款）。截至 1815 年，法国政府对阿尔及利亚的欠款已高达 1800 万法郎。1819 年，法国在巴黎成立了专门委员会，单方面将债务减少到 700 万法郎。阿尔及利亚德伊侯赛因（1765~1838 年）因此要求法国立即偿还债务，并驱逐驻阿尔及利亚的法国领事。然而，法国政府不仅没有偿还债务，还向阿尔及利亚提出了赔偿要求，原因是阿尔及利亚海军对法国舰队造成了破坏。

1827 年 4 月 29 日，驻阿尔及利亚的法国领事皮埃尔·德瓦尔参加德伊举办的节日庆典活动。侯赛因向皮埃尔·德瓦尔询问债务问题。皮埃尔·德瓦尔态度傲慢，回答道："我国政府事务繁忙，没空回复你。"于是德伊下逐客令，要求皮埃尔离开，但皮埃尔竟岿然不动，振振有词。受到羞辱的德伊用扇子拍打了他。

从 1815 年拿破仑政权倒台到 1830 年七月革命，法国复辟王朝一直处于国内政治危机之中。查理十世迫切需要博得国民的好感。当时的阿尔及利亚德伊政权在政治、经济和军事等方面均较弱。法国领事受到弱国挑衅，成为入侵阿尔及利亚的借口。从 1827 年开始，法国对阿尔及利亚实施了为期 3 年的封锁。

事实上，法国入侵阿尔及利亚的图谋由来已久。早在 1808 年，拿破仑就曾对入侵阿尔及利亚做过计划。1830 年 2 月，法国启动园中计划。5 月 25 日，包括 7000 名士兵的法国军队远征阿尔及利亚。6 月 14 日，法军登陆西迪·费鲁希港。这一登陆地点正是当年拿破仑曾经计划过的。7 月 4 日，德伊侯赛因投降，法军占领阿尔及尔。之后侯赛因流亡那不勒斯，土耳其近卫军撤回小亚细亚，奥斯曼土耳其统治下的阿尔及利亚省不复存在。

三　法国殖民统治与阿尔及利亚人民的反抗斗争

1830 年之后长达 132 年的时间里，阿尔及利亚成为法国殖民地。其间，阿尔及利亚各阶层人民进行了长期的、顽强的反抗，开展了艰苦卓绝的反抗法国殖民主义的斗争。1849 年、1851 年、1852 年、1853 年、1857 年、1864 年、1871 年以及 1881 年，均发生过大规模的反抗法国殖民统治的战争。阿尔及利亚人民为了捍卫自由和独立，自愿献身，前赴后继。1830 年法国入侵时，阿尔及利亚人口约为 300 万人，20 年后降到 200 万人。1867 年大饥荒爆发后，仅剩 60 万人。因力量悬殊，起义屡次遭到镇压，法国的殖民主义统治不断强化。19 世纪末期，阿尔及利亚民族觉醒，阿尔及利亚民族主义兴起。1954 年 11 月，阿尔及利亚民族解放运动打响了第一枪。在阿尔及利亚民族解放阵线的领导下，阿尔及利亚人民经过近 8 年浴血奋战，终于在 1962 年获得了民族独立。

从 1832 年起，阿尔及利亚人民进行了长期的抗法斗争。其中，阿卜杜·卡德尔·本·穆哈伊丁在阿尔及利亚西部领导的斗争是最著名的一场反抗法国殖民主义者入侵的行动。

阿卜杜·卡德尔·本·穆哈伊丁出身格底林耶苏非教团，是哈希姆家族后裔。1832 年，他在阿尔及利亚西部地区人民的拥戴下成为埃米尔，埃米尔国旋即成立。埃米尔国下设 8 个省区。埃米尔国成为德伊政府倒台后阿尔及利亚的实际代表。身为埃米尔的阿卜杜·卡德尔·本·穆哈伊丁建立统一战线，领导阿尔及利亚人民开展了长达 15 年的抗击法国殖民主义者入侵的行动。1834 年，法国方面与他签署停火协议，在一定程度上承认了埃米尔国的主权。1837 年 5 月 20 日，双方签订《塔夫纳条约》，条约承认了阿尔及利亚埃米尔国。1840 年，阿卜杜·卡德尔·本·穆哈伊丁统一了国土上 2/3 的部落。埃米尔国的壮大促使法国下定决心剿灭阿卜杜·卡德尔·本·穆哈伊丁的势力。在法军的猛烈打击下，阿卜杜·卡德尔·本·穆哈伊丁最终于 1847 年年底在摩洛哥与阿尔及利亚边境被法

军彻底击败。

阿卜杜·卡德尔·本·穆哈伊丁失败后，卡比尔人成为反对法国殖民主义者侵略的主力军，他们的反抗持续了20多年。1846年，法军开始远征卡比利亚。1851年，卡比利亚山区的部落爆发了反法起义。起义从1851年持续到1857年。在1857年的卡比利亚战役中，法军阵亡3500人，这是法国发动殖民侵略战争以来阵亡人数最多的一场战役。1871年3月，穆罕默德·穆格拉尼在君士坦丁起义。起义军的主力是卡比尔人，约有15万人。起义最初集中在卡比利亚山区，之后很快波及整个阿尔及利亚东部，最后席卷了西部并延伸至撒哈拉沙漠。1872年初，法国抓住起义军战线过长、兵力分散的缺点镇压了起义。卡比利亚大起义的失败，标志着19世纪阿尔及利亚反法抵抗运动的结束。

1830年入侵阿尔及利亚后，法国军方和殖民者（以民事官员为代表）围绕阿尔及利亚的管辖权展开了长期的博弈。阿尔及利亚的管理体系最初是在军队的主导下建立起来的。1830～1845年，阿尔及利亚完全处于军管之下。1830～1833年，法国在阿尔及利亚建立了一套由军方主导的管理体系。这套体系中重要的三个部分为：民政长官，全权负责阿尔及利亚的财政、民政事务；非洲占领区总司令，全权负责军事事务，负责保卫法国在非洲殖民地的安全与财产；管理委员会，由非洲占领区总司令任主席，民事、行政及金融长官任副主席，还包括其他来自军队和民事部门的官员。殖民早期，军队的权力较大，对民事官员介入阿尔及利亚事务进行阻挠。管理委员会的构成随着军队和民事单位之间的博弈而不断调整。在地方层面，法国在其占领的主要城市建立了市政委员会。1834年，法国政府进一步完善了阿尔及利亚的城市体系，决定在阿尔及尔、奥兰、安纳巴、贝贾亚、莫斯塔加纳姆建市，各市建立市政委员会，委员会成员由总督任命，总督则是在法国军政部推荐的基础上，由法国内阁任命。

1845年以后，阿尔及利亚进入军管和民管双轨时期。当年，法国同意在欧洲殖民者聚居的区域建立地方民事政府，同时建立三个省：阿尔及尔、奥兰和君士坦丁。法国在这三个省划分了民管区、军管区和混合区。这种分配方式意味着军队需要向殖民者让渡权力，因此遭到了由法国军政部管理的殖民总督毕若的抵制。1847 年毕若辞职，1848 年法国大革命爆发，法国的政治环境发生了变化，阿尔及利亚的民事政府开始获得发展。

1847 年，法国宣布，所有"未被使用"的阿尔及利亚领土均可向法国殖民者开放。1848 年，阿尔及利亚被认定为法国的一个部分，向欧洲殖民者开放。法国殖民者涌入阿尔及利亚后，开始谋求对阿尔及利亚事务的管理权，希望扩展民事政府的管辖范围。1848 年 9 月，法国政府应殖民者的要求，决定在阿尔及利亚实施与法国本土相同的政治体制。阿尔及利亚建立起类似于法国本土的省区制，省内设有省长、省议会。民事政府的权力逐步向军事领域延伸，势力不断扩大。阿尔及尔、奥兰和君士坦丁三省议会的议员均包括两名阿尔及利亚穆斯林、1 名犹太人，由法国国家元首任命，任期 3 年，每年更新 1/3。1848 年后，法国政府试图改变地方议会议员的任命制，改用选举制，但遭到了军方的抵制。1857 年，拿破仑三世建立了阿尔及利亚殖民地部。该部的主要职责是统一管理所有在阿尔及利亚运转的政府机构，保证法国中央政府的利益。

欧洲殖民者主要在民事政府辖区内生活，居住在其中的土著穆斯林没有公民权。拿破仑三世上台后，一度想与土著穆斯林实现"和解"。1865年，法国元老院颁布法令，给予阿尔及利亚穆斯林法国公民资格，但阿尔及利亚穆斯林并没有因此获得完整的公民权。

大多数土著穆斯林生活在"阿拉伯人区"，由军队下属的阿拉伯局管理。1833 年，法军开始筹建一个专门负责联系阿尔及利亚人的部门，阿拉伯迪万由此建立。1844 年，阿拉伯迪万更名为阿拉伯局，直接对军队负责。1848 年，阿拉伯局在各省设立分支机构——阿拉伯处。截至 1865年，君士坦丁省设立了 15 个阿拉伯处，阿尔及尔有 14 个，奥兰有 12个。① 阿拉伯局的存在制约了欧洲殖民者在阿尔及利亚的利益的扩张。

1870 年，权力格局发生了改变。法兰西第二帝国倒台后，阿尔及利亚的控制权从军方及其下属的阿拉伯局移交至民事政府。从 1871 年开始，

① 'Ammār Buḥūsh, *al-Tārīkh al-Siyāsī li al-Jazā'ir*: *Min al-Bidāyah wa li Ghāyah 1962*, Dār al-Gharb al-Islāmī, 2005, p. 130.

殖民者谋求摆脱法国政府对阿尔及利亚的干涉。通过在议会中的活动，他们成功地限制了作为法国政府代表的阿尔及利亚总督的权力，实权被下放到由他们掌握的地方政府。1871 年以后，民事政府管区的阿尔及利亚市镇被分成两类：一类是殖民者居多的普通市镇，另一类是穆斯林居多的混合市镇。根据 1879~1891 年的统计数据，普通市镇的数量远远多于混合市镇。1881 年，法国将阿尔及尔、奥兰和君士坦丁纳入法国本土。1902 年，阿尔及利亚的疆界确立。

四 阿尔及利亚民族觉醒

19 世纪末至 20 世纪初，阿尔及利亚的法国殖民者已经在很大程度上控制了阿尔及利亚，并获得了相当大的自治权。同样是在这段时间，阿尔及利亚民族觉醒也发生了。阿尔及利亚人最初的努力是争取与法国殖民者同等的公民身份。1892 年，阿尔及利亚青年改革运动开始与法方接触，提出政治主张。他们通过兴办报纸等方式传递阿尔及利亚民众的声音。1908 年，该运动抗议法国当局针对阿尔及利亚青年的征兵计划，要求实现阿尔及利亚穆斯林的合法权利，提高穆斯林在本地议会中的比例。

20 世纪 20 年代以来，阿尔及利亚建立了多个民族主义党派，探索获得民族独立的道路。阿尔及利亚民族解放运动的指导思想并非一种单一的意识形态，而是以阿拉伯民族主义为主轴，包含社会主义、伊斯兰主义等思潮的混合思想。阿尔及利亚民族主义兴起时的各个党派代表不同思潮。

（一）本土议员联合会

本土议员联合会由阿尔及利亚青年改革运动发展而来，代表了阿尔及利亚受过较好教育的知识精英阶层，成员包括医生、律师、教师和政府官员。该组织可被视为阿尔及利亚民族主义政党的雏形，其主张是在法国统治下争取阿尔及利亚穆斯林的法国公民身份和国民待遇，并没有明确提出阿尔及利亚独立的要求。

自 1908 年提出提高穆斯林在本土议会中的比例这一要求后，该组织在 1911 年提出了提高本土精英待遇、实行公平税率、扩大选举范围等要求。在该组织的压力下，法国政府做出了让步。1919 年 2 月，《乔纳特法》颁布，拥有选举权的穆斯林数扩大到 42.5 万人。[①] 根据这项新的法令，年满 25 岁并服过兵役的穆斯林、企业主、商人等都有选举权和被选举权，穆斯林可以担任公职。

1926 年，阿尔及利亚青年改革运动宣布建立本土议员联合会。本土议员联合会于 1927 年 9 月召开了第一次代表大会，共有 150 人参会。[②] 这次会议提出了实现穆斯林与法国人在政府机构、军队中同等待遇，废除种族隔离，加强文教等要求。本土议员联合会成员的社会地位高于普通阿尔及利亚人，他们的核心诉求包括在维持穆斯林身份的同时，完全享有法国公民权。对于这个群体而言，个人的前途和命运是关注的焦点，其诉求没有提升到民族独立的层次。

本土议员联合会的代表人物包括穆罕默德·萨利赫·本·杰卢勒和费尔哈特·阿巴斯。前者出生于君士坦丁的中产家庭，后者出生于小卡比利亚的传统穆斯林家庭。两人都曾接受大学教育，并成功进入殖民地政府担任职务。他们的共同特征是主张与法国同化，否定阿尔及利亚的民族性。费尔哈特·阿巴斯曾表示，"我不为阿尔及利亚祖国而死，因为这个祖国并不存在"[③]。

该组织鼓吹成为法国人的主张不得人心，其影响很快消退。1938 年，费尔哈特·阿巴斯亦放弃了将阿尔及利亚同化进法国的想法，开始主张阿尔及利亚的独立性。虽然如此，该组织为争取阿尔及利亚人与法国人平等权利的努力仍有可取之处。在它之后，阿尔及利亚民族主义运动逐步走向高潮。

---

① Helen Chapan Metz, ed., *Algeria: A Country Study*, GPO for the Library of Congress, Washington, 1994, http://countrystudies.us/algeria/25.htm，访问时间为 2011 年 3 月 9 日。

② John Ruedy, *Modern Algeria: The Origins and Development of a Nation*, Indiana University Press, 2005, p.132.

③ 〔法〕马赛尔·艾格列多：《阿尔及利亚民族真相》，维泽译，世界知识出版社，1958，第 143 页。

（二）北非之星

1926 年，北非之星在法国建立。北非之星提出了关注阿尔及利亚农民境遇、反对资本主义、要求阿尔及利亚独立三大主张，这些主张成为阿尔及利亚民族主义革命的重要理念。

北非之星以在法国工作的阿尔及利亚工人为主体，群众基础扎实。北非之星起初曾受法国共产党的支持，但最终摆脱了法国共产党的影响，以阿尔及利亚的民族解放事业为奋斗目标。北非之星的建立标志着阿尔及利亚民族主义运动正式开始。

（三）乌莱玛协会

1931 年，阿尔及利亚的伊斯兰改革派建立了乌莱玛协会。该协会效法埃及改革派的行动，号召通过回到《古兰经》的根本和先知《圣训》来纯洁伊斯兰教，同时强调伊斯兰乌莱玛应当接受现代科学精神。该协会反对本土议员联合会所推崇的阿尔及利亚穆斯林的未来在于融入法国之中的理念。该协会通过编写历史的方式，寻找阿尔及利亚的民族根源，促进民族觉醒。该派的主张得到广大穆斯林的拥护。

乌莱玛协会的著名领袖包括阿卜杜·哈米德·本·穆罕默德·本·马基·本·巴迪斯和巴希尔·易卜拉希米。阿卜杜·哈米德·本·穆罕默德·本·马基·本·巴迪斯是威望最高的领袖，他的家族成员均在殖民地政府任职，但他选择了不同的人生道路。他曾在突尼斯的宰图纳清真寺求学，是一名虔诚的穆斯林，立志恢复阿尔及利亚的伊斯兰属性和独立。巴希尔·易卜拉希米也有深厚的宗教教育背景，受到瓦哈比派的影响，立志在阿尔及利亚实现伊斯兰教复兴。

乌莱玛协会通过编纂阿尔及利亚史书的方式宣传阿尔及利亚的伊斯兰属性，赞颂阿尔及利亚的民族英雄，寻找阿尔及利亚独立的历史依据。通过建立学校，推行阿拉伯语教育和伊斯兰教宗教教育。乌莱玛协会主张穆斯林将伊斯兰教与西方技术结合，以便使其能与西方文化和思想并驾齐驱。阿卜杜·哈米德·本·穆罕默德·本·马基·本·巴迪斯的名言——"伊斯兰是我们的宗教，阿拉伯语是我们的语言，阿尔及利亚是我们的祖国"成为阿尔及利亚民族主义者最经典的口号之一，独立后一直被官方沿用。

与本土议员联合会相比，乌莱玛协会明确了阿尔及利亚的民族属性，为阿尔及利亚民族认同构建提出了核心要素——阿拉伯语和伊斯兰文化。乌莱玛协会的主张正是阿拉伯民族解放运动的思想核心，其革命性明显强于本土议员联合会。

五 阿尔及利亚民族解放战争

1937 年，北非之星遭到法国殖民当局解散，其领导人梅萨利·哈吉建立了阿尔及利亚人民党。1946 年，梅萨利组建争取民主自由胜利党。这三个党派一脉相承，都以梅萨利为领导核心，在阿尔及利亚民族解放阵线建立之前，是阿尔及利亚民族主义运动的核心。

1943 年，阿尔及利亚人民党发布了由费尔哈特·阿巴斯起草的《阿尔及利亚人民宣言》，提出了阿尔及利亚独立的主张。二战结束后，阿尔及利亚民族独立的愿望变得更为强烈。1945 年 5 月 8 日，在阿尔及利亚举行庆祝反法西斯战争胜利活动之际，穆斯林走上街头，要求释放梅萨利，实现阿尔及利亚独立。法国殖民当局镇压了这次活动，制造了君士坦丁大屠杀，导致 1 万余人死亡。这一事件之后，阿尔及利亚民族独立武装斗争开始酝酿。

1947 年，阿尔及利亚人民党部分成员秘密组建了"专门机构"，为发动武装起义做准备。1953 年，本·贝拉、穆罕默德·布迪亚夫和侯赛因·阿亚特·艾哈迈德等"专门机构"的骨干，组建了团结与行动委员会。1954 年夏天，团结与行动委员会成立了"22 人委员会"，武装斗争的准备日臻成熟。

1954 年 11 月 1 日，阿尔及利亚独立战争的第一枪在奥雷斯山区打响。与此同时，团结与行动委员会改名为民族解放阵线。11 月 1 日，民族解放阵线发表《告阿尔及利亚人民和阿尔及利亚民族事业战士宣言》（简称《宣言》），《宣言》提到"在伊斯兰教原则的范围内，重建民主的和社会的阿尔及利亚主权国家；不分种族和信仰，尊重一切基本自由……聚集和组织阿尔及利亚人民的一切健康力量来消灭殖民制度……在阿拉伯－穆斯林的天然的范围内，实现北非统一"① 等目标。

在阿尔及利亚民族解放阵线的领导下，阿尔及利亚人民进行了艰苦卓绝的武装斗争，近 100 万人献出了生命。1958 年 9 月 19 日，阿尔及利亚全国革命委员会在开罗举行会议，宣布成立阿尔及利亚共和国。阿尔及利亚共和国临时政府同时宣告成立。1961 年 8 月，本·赫达出任临时政府总理。本·赫达推动了与法国的谈判。1962 年 3 月 18 日，阿尔及利亚与法国签署了《埃维昂协议》，双方同意停火。1962 年 6 月 3 日，在阿尔及利亚人民的欢呼中，本·赫达作为国家元首回国。1962 年 7 月 3 日，阿尔及利亚宣告独立。民族解放阵线作为当时阿尔及利亚唯一的政党成为国家的执政党。

但是阿尔及利亚独立后，本·赫达并没有成为首任总统。民族解放军总参谋长胡阿里·布迈丁与临时政府之间存在分歧。布迈丁支持民族解放阵线创始人之一本·贝拉建立政治局，以取代临时政府。最终，本·赫达在权力斗争中失败，本·贝拉成为阿尔及利亚首任总统。

第四节　著名历史人物

一　阿卜杜·卡德尔·本·穆哈伊丁

阿卜杜·卡德尔·本·穆哈伊丁（1807～1883 年）是阿尔及利亚民族主义的先驱者。阿卜杜·卡德尔·本·穆哈伊丁是格底林耶苏非教团领袖穆哈伊丁·本·穆斯塔法之子。1807 年，阿卜杜·卡德尔·本·穆哈伊丁出生在奥兰省盖塔纳村。他的祖上可追溯到侯赛因·本·阿里·本·艾布·塔里卜，乃圣门后裔。他的一位祖辈曾参与易德里斯王朝的建立。阿卜杜·卡德尔·本·穆哈伊丁为人谦逊，并不宣扬自己的

---

① 《阿尔及利亚民族解放阵线党第一次代表大会文件集（1964 年 4 月 16 日至 21 日）》，世界知识出版社，1965，第 144～145 页。

血统。

阿卜杜·卡德尔·本·穆哈伊丁在父亲穆哈伊丁·本·穆斯塔法的教导下学习《古兰经》及宗教知识。14 岁的阿卜杜·卡德尔·本·穆哈伊丁获得了"哈菲兹"称号，开始在清真寺授课。此后，阿卜杜·卡德尔·本·穆哈伊丁前往奥兰继续求学。在那里，他师从多位名师，积累了教法学、哲学、历史学、数学、文学、天文学、医学等多学科的知识。

1825 年，阿卜杜·卡德尔·本·穆哈伊丁陪伴父亲前往麦加朝觐。朝觐途中，他走访了突尼斯、开罗、希贾兹、大马士革、巴格达，瞻仰了格底林耶派创始人阿卜杜·卡德尔·吉拉尼的陵墓。这次经历开阔了阿卜杜·卡德尔的视野，使其政治和军事眼光发生了变化，并深化了其对有关伊斯兰精神问题的理解。[①]

1832 年，马斯卡拉居民请求穆哈伊丁·本·穆斯塔法领导反抗外国侵略者的斗争。因年事过高，他建议他们追随自己的儿子阿卜杜·卡德尔·本·穆哈伊丁。阿卜杜·卡德尔·本·穆哈伊丁勇敢地承担起历史责任，建立了阿尔及利亚埃米尔国，定都马斯卡拉，填补了德伊政权倒台后阿尔及利亚的政治真空。

阿卜杜·卡德尔·本·穆哈伊丁高举伊斯兰旗帜，建立了广泛的阿尔及利亚人民统一战线，发起了抵抗法国殖民入侵的圣战。阿卜杜·卡德尔·本·穆哈伊丁领导的反抗运动很快取得了成效。1833 年，他的进攻迫使法国将军德米歇尔与他签署了《法国驻奥兰军事长官和阿布杜·卡德尔·本·穆哈伊丁签订的和平友好条约》。条约规定，欧洲人必须获得埃米尔国签证和法国将军的承认方能进入阿尔及利亚。

1837 年，双方签订《塔夫纳条约》，条约承认了阿尔及利亚埃米尔国，确定了奥兰、提特利、阿尔及利亚部分地区属于埃米尔国的主权

---

① Allan Christelow, *Algerians without Borders: The Making of a Global Frontier Society*, University Press of Florida, 2012, p. 56.

范围。

不久之后，法国便撕毁了协议。法军司令毕若采取骇人听闻的"焦土政策"，对支持埃米尔国的区域进行了大屠杀，并将这些地区焚毁。1844 年，马斯卡拉陷落。1847 年 12 月，阿卜杜·卡德尔·本·穆哈伊丁被迫投降，之后被法国囚禁。

1852 年，拿破仑三世决定释放阿卜杜·卡德尔·本·穆哈伊丁。阿卜杜·卡德尔·本·穆哈伊丁取道土耳其，于 1855 年来到了青年时代曾经游历的叙利亚大马士革，任教于伍麦叶清真寺。他在大马士革度过了余生，直至 1883 年 5 月 26 日逝世。1965 年，他的遗体被迁回阿尔及利亚安葬。

二　阿卜杜·哈米德·本·穆罕默德·本·马基·本·巴迪斯

阿卜杜·哈米德·本·穆罕默德·本·马基·本·巴迪斯（1889 ~ 1940 年）是阿尔及利亚伊斯兰改革运动的先驱者，是阿尔及利亚乌莱玛协会的创始人。他是一位革命家、诗人、宗教学者、教育家、作家。阿尔及利亚将阿卜杜·哈米德·本·穆罕默德·本·马基·本·巴迪斯视为知识的象征。

1889 年 12 月 4 日，阿卜杜·哈米德·本·穆罕默德·本·马基·本·巴迪斯出生在阿尔及利亚君士坦丁的一个显赫家庭。他的父亲穆罕默德·穆斯塔法·本·巴迪斯是一名"哈菲兹"，在殖民地政府任高级官员。

从 1903 年起，阿卜杜·哈米德·本·穆罕默德·本·马基·本·巴迪斯开始在家乡的西迪·穆罕默德·纳杰尔清真寺接受宗教和语言教育，师从哈马德·瓦尼斯谢赫。之后，又师从君士坦丁最著名的《古兰经》背诵者穆罕默德·本·马达斯谢赫。13 岁时，阿卜杜·哈米德·本·穆罕默德·本·马基·本·巴迪斯便能够背诵《古兰经》。1910 年，阿卜杜·哈米德·本·穆罕默德·本·马基·本·巴迪斯前往突尼斯宰图纳清真寺求学。

1913 年，阿卜杜·哈米德·本·穆罕默德·本·马基·本·巴迪斯完成了朝觐。朝觐期间，他结识了一批当时颇具声望的宗教学者。完成朝觐后，他回到了阿尔及利亚，致力于阿尔及利亚的宗教改革。

1926 年，阿卜杜·哈米德·本·穆罕默德·本·马基·本·巴迪斯创建了基础教育中心。1930 年，阿卜杜·哈米德·本·穆罕默德·本·马基·本·巴迪斯以基础教育中心为基础，创办了伊斯兰教育协会，其在阿尔及利亚全境共开设了 170 家分会。

1931 年，阿卜杜·哈米德·本·穆罕默德·本·马基·本·巴迪斯会同 72 名阿尔及利亚宗教学者建立了阿尔及利亚乌莱玛协会，并当选主席。阿卜杜·哈米德·本·穆罕默德·本·马基·本·巴迪斯提出了"伊斯兰是我们的宗教，阿拉伯语是我们的语言，阿尔及利亚是我们的祖国"，这句名言成为阿尔及利亚民族主义的经典口号。1936 年，阿卜杜·哈米德·本·穆罕默德·本·马基·本·巴迪斯发起召开了阿尔及利亚伊斯兰大会，抵制将阿尔及利亚融入法国的主张。

阿卜杜·哈米德·本·穆罕默德·本·马基·本·巴迪斯终身致力于恢复阿尔及利亚的伊斯兰属性，唤起阿尔及利亚人的民族认同。1940 年 4 月 16 日，阿卜杜·哈米德·本·穆罕默德·本·马基·本·巴迪斯在家乡君士坦丁逝世。来自阿尔及利亚各地的上万名群众参加了他的葬礼。为纪念他的历史贡献，阿尔及利亚将 4 月 16 日定为知识节。

三　梅萨利·哈吉

梅萨利·哈吉（1898～1974 年）是阿尔及利亚民族解放运动的早期领袖、杰出的民族主义者。1898 年 5 月 16 日，梅萨利·哈吉出生在特雷姆森的一个中下层家庭。他在接受了伊斯兰经堂教育后，进入特雷姆森的法国私立学校学习。法国学校的教育旨在同化阿尔及利亚人，使其忘记本民族的历史。梅萨利感到，学校向他们灌输的法国伟大的历史与现实中法国殖民主义者对阿尔及利亚人民的压迫和剥削大相径庭，因而常常愤懑不平。1916 年，桀骜不驯的梅萨利被法国学校开除。

因为家境贫寒，童年时代的梅萨利在学习之余，不得不做工贴补家用。不到 10 岁时，他已做过剃头匠、小商贩，还在卷烟厂做过糊烟盒的工作。

1918 年，他被殖民当局征召入伍。在法军服役期间，他先后来到奥兰和法国波尔多。在法国期间，梅萨利的伊斯兰信仰变得愈发坚定。

1921 年 2 月，梅萨利退役返回特雷姆森。在求职过程中，梅萨利遭遇了各种不公正的待遇。殖民者开办的工厂压榨工人，工时长、薪水少的现象十分普遍，因此，梅萨利决定返回法国本土，谋求更好的工作待遇。当时，大批阿尔及利亚人赴法国打工谋生，梅萨利正是其中一员。

再次来到法国后，梅萨利先后在纺织厂、钢铁厂工作，也做过兜售帽子、袜子的流动商贩等。在打工之余，梅萨利努力学习，去高等院校旁听政治、历史、经济等方面的课程。梅萨利的妻子是一位活跃的法国共产党党员，他在妻子的影响下加入了法国共产党。

1926 年，梅萨利在法国建立了北非之星。北非之星是以阿尔及利亚、摩洛哥、突尼斯在法国的工人为基础建立的，成立之初受到法国共产党的支持。梅萨利建立北非之星的目标是实现阿尔及利亚的民族独立。20 世纪 30 年代，梅萨利将北非之星的活动中心转移到阿尔及利亚，北非之星逐渐与国际共产主义运动脱离，梅萨利也成为 20 世纪 30 ~ 40 年代阿尔及利亚民族解放运动的领袖。

1937 年，梅萨利建立阿尔及利亚人民党。1946 年，梅萨利建立争取民主自由胜利党。这两个党与之前的北非之星一脉相承，是当时阿尔及利亚民族解放运动的领导者。梅萨利在作为民族解放运动领导核心期间，未能将柏柏尔政治精英的诉求与阿拉伯民族主义有效结合，导致领导集体内部分裂。在革命道路上，梅萨利的武装起义决心不足。这两点因素最终导致争取民主自由胜利党陷入内讧，无法扮演民族解放运动领导者的角色。1954 年民族解放阵线建立后，梅萨利彻底失去了民族解放运动领袖的地位。

晚年的梅萨利·哈吉流亡海外，再也没有踏上故土。1974 年 6 月 3 日，梅萨利逝世。死后，他被葬在家乡特雷姆森。

四　费尔哈特·阿巴斯

费尔哈特·阿巴斯（1899～1985 年）是阿尔及利亚民族解放运动的领袖之一。1899 年 10 月 24 日，费尔哈特·阿巴斯出生在吉杰尔省塔希尔的一个农民家庭。他的父亲是 1871 年卡比利亚大起义的烈士。他在家乡塔希尔上完小学，在吉杰尔和斯基克达上完中学，之后到首都阿尔及尔上大学，获得药理学博士学位。1932 年，他在塞蒂夫开办了一家诊所。

费尔哈特·阿巴斯是受过法式教育的阿尔及利亚知识精英的代表。早年的费尔哈特·阿巴斯主张阿尔及利亚并入法国。1924 年，他在阿尔及尔大学组建了穆斯林学生会，到 1932 年为止，他一直担任学生会主席。1927～1931 年，他被推选为北非穆斯林学生会主席。1930 年，他加入本土议员联合会，主张阿尔及利亚成为法国的一个省。1935 年，费尔哈特·阿巴斯当选塞蒂夫市议员，1936 年当选财政代表团议员。他曾公开表示，"我不为阿尔及利亚祖国而死，因为这个祖国并不存在。我试图在历史中寻找它，尝试在活着的或死去的人们中寻找它，我走访了陵墓，徒劳无获"。

1938 年，费尔哈特·阿巴斯组建阿尔及利亚人民联盟，开始追求阿尔及利亚独立。1943 年 2 月 10 日，费尔哈特·阿巴斯发布《阿尔及利亚人民宣言》，谴责法国的殖民主义政策，呼吁阿尔及利亚各政治派别参加阿尔及利亚宪法的制定。《阿尔及利亚人民宣言》没有得到回应。1945 年阿尔及利亚独立大游行遭到镇压后，费尔哈特·阿巴斯被捕入狱。1946 年，他建立阿尔及利亚宣言民主联盟，主张在法国联盟内建立阿尔及利亚独立国家。

1956 年，费尔哈特·阿巴斯解散了阿尔及利亚宣言民主联盟，在开罗加入了民族解放阵线。在苏马姆会议上，他成为阿尔及利亚全国革命委员会成员。1958 年阿尔及利亚共和国临时政府成立，费尔哈特·阿巴斯出任第一任总理，1961 年离任。

阿尔及利亚独立后，费尔哈特·阿巴斯在政治上再无作为。1985 年12 月 23 日，费尔哈特·阿巴斯逝世。

五　本·尤素福·本·赫达

本·尤素福·本·赫达（1923～2003年）是阿尔及利亚民族解放运动的领袖之一。1923年4月23日，本·尤素福·本·赫达出生在阿尔及尔以西麦迪亚的贝鲁瓦吉耶。他在家乡上完了小学，在布利达上完中学，之后在首都阿尔及尔上大学，并获得药理学博士学位。

青年时代的本·尤素福·本·赫达与北非之星成员来往密切。1943年，殖民当局以扰乱征兵的罪名将其逮捕，8个月后将其释放。1947年，本·尤素福·本·赫达当选争取民主自由胜利党中央委员，1951～1954年任该党中央秘书长。

1954年阿尔及利亚民族解放武装斗争开始后，本·尤素福·本·赫达被法国殖民当局逮捕入狱。1955年获释后，本·尤素福·本·赫达成为民族解放阵线领导人阿班·拉马丹的心腹。在1956年的苏马姆会议上，他当选民族解放阵线最高领导机构协调与执行委员会委员。1957年2月，本·尤素福·本·赫达前往突尼斯、埃及。1958～1961年，本·尤素福·本·赫达走访了许多国家，为民族解放运动争取国际支持，其间他被踢出协调与执行委员会，但仍是阿尔及利亚全国革命委员会成员。

1958年阿尔及利亚共和国临时政府成立时，本·尤素福·本·赫达出任社会事务部部长。1961年接替费尔哈特·阿巴斯出任临时政府总理。1962年阿尔及利亚独立后，本·尤素福·本·赫达曾与本·贝拉角逐最高领导人，结果败北。此后，本·尤素福·本·赫达远离政坛，一直从事药剂师工作，直至2003年2月4日逝世。

六　侯赛因·阿亚特·艾哈迈德

侯赛因·阿亚特·艾哈迈德（1926～2015年）是阿尔及利亚民族解放阵线的创始人之一，也是阿尔及利亚柏柏尔主义运动的领袖，1926年8月26日出生于卡比利亚提济乌祖的艾因·哈马姆。

侯赛因·阿亚特·艾哈迈德的祖父是一名苏非教团"穆拉比兑"。4岁时，他进入私塾接受宗教启蒙教育。6岁进入法国殖民学校学习。他在蒂齐乌祖上完中学后升入大学,获得大学学士学位。1975 年,获法国南锡大学博士学位。

高中时代,侯赛因·阿亚特·艾哈迈德便投身革命,加入了阿尔及利亚人民党。他是武装斗争的坚定主张者。他是 1947 年人民党"专门机构"的骨干成员,也是民族解放阵线的创始人之一。

1955 年,侯赛因·阿亚特·艾哈迈德参加了万隆会议,之后赴联合国总部为阿尔及利亚民族解放事业奔走呼号。在 1956 年的苏马姆会议上,他成为阿尔及利亚全国革命委员会成员。1956 年 10 月,侯赛因·阿亚特·艾哈迈德与本·贝拉、穆罕默德·布迪亚夫、穆罕默德·海达尔等民族解放运动领导人同机从拉巴特飞往突尼斯。飞机在途中被法国空军截获。侯赛因·阿亚特·艾哈迈德入狱,直至《埃维昂协议》签订才被释放。1958 年,阿尔及利亚共和国临时政府成立时,仍在狱中的侯赛因·阿亚特·艾哈迈德被任命为国务部部长。

阿尔及利亚独立后,侯赛因·阿亚特·艾哈迈德不认可本·贝拉的执政理念,特别是本·贝拉对阿尔及利亚柏柏尔人问题的态度。侯赛因·阿亚特·艾哈迈德拒绝加入政治局,并辞去议会代表职务。他回到家乡卡比利亚,在那里组织抵制宪法公投和只有本·贝拉一名候选人的总统选举。

1963 年 9 月,侯赛因·阿亚特·艾哈迈德建立了阿尔及利亚第一个柏柏尔主义政党——社会主义力量阵线,并发起了推翻本·贝拉的行动。1964 年,行动失败,侯赛因·阿亚特·艾哈迈德被捕入狱。1966 年,侯赛因·阿亚特·艾哈迈德流亡欧洲。

1989 年,阿尔及利亚开始公开化改革后,侯赛因·阿亚特·艾哈迈德回国。此后,他领导社会主义力量阵线参与阿尔及利亚政治。他一直活跃于政坛,致力于促进阿尔及利亚的民主化进程,提高阿尔及利亚柏柏尔人的政治、经济、社会地位,2015 年 9 月 23 日逝世。

七 艾哈迈德·本·贝拉

艾哈迈德·本·贝拉(1916～2012 年)是阿尔及利亚民族解放阵线

的创始人之一，阿尔及利亚民族解放运动的早期领导人，阿尔及利亚独立后首任总统。

1916 年 12 月 25 日，艾哈迈德·本·贝拉出生在阿尔及利亚西部城市马基尼亚的一个贫寒家庭。他的祖辈从摩洛哥马拉喀什迁到阿尔及利亚马基尼亚定居。他从法国开办的殖民地小学毕业后升入了特雷姆森的中学。他最初的伊斯兰宗教知识来自父亲。

1937 年，艾哈迈德·本·贝拉被法国殖民当局征召入伍。其间，他参加了第二次世界大战，并获战功。1940 年，法国战败，艾哈迈德·本·贝拉退伍返回了阿尔及利亚。1942 年，艾哈迈德·本·贝拉再次应召入伍，参与盟军抵抗意大利和德国的反法西斯战争。他作为敢死队成员参加了战斗，作战英勇，屡立战功。1944 年，戴高乐授予他法国最高战斗勋章。

艾哈迈德·本·贝拉是阿尔及利亚民族解放运动的领袖之一。1954 年，阿尔及利亚民族解放阵线成立，艾哈迈德·本·贝拉是该党的初创成员之一。阿尔及利亚独立后，艾哈迈德·本·贝拉出任首任总统。1965 年，其政府被胡阿里·布迈丁发动政变推翻。

艾哈迈德·本·贝拉是阿尔及利亚卓越的政治领袖，为阿尔及利亚的独立和发展做出了巨大贡献。

八 胡阿里·布迈丁

胡阿里·布迈丁（1932 ~ 1978 年）是阿尔及利亚民族解放运动领袖之一，是阿尔及利亚第二任总统。在他任内，阿尔及利亚的经济发展取得了巨大成绩，国际影响力也大大提升，他本人也成为不结盟运动的领袖之一。

胡阿里·布迈丁于 1932 年 8 月 23 日出生在盖尔马的贫苦农家。他的家人是虔诚的穆斯林，日常生活中使用阿拉伯语而不讲法语。他曾在君士坦丁伊斯兰学院学习。1955 年加入阿尔及利亚民族解放阵线。在民族解放战争期间，他负责西部战区，逐步晋升。1960 年 3 月 15 日，胡阿里·布迈丁晋升上校，并被任命为民族解放军总参谋长，成为民族解放军最高领导人。1965 年 6 月 19 日，胡阿里·布迈丁发动政变，推翻了艾哈迈德·本·贝拉政府，成为阿尔及利亚第二任总统。

胡阿里·布迈丁主政时期，是阿尔及利亚社会主义建设获得巨大成就的时期。20 世纪 70 年代，阿尔及利亚的工业体系逐渐完备。1971 年，胡阿里·布迈丁领导阿尔及利亚实现了油气产业的国有化。在油气收入的支撑下，阿尔及利亚的工业稳步发展。在外交上，胡阿里·布迈丁时期的阿尔及利亚奉行不结盟政策，与东西方两大阵营均保持了良好的关系，同时积极推动与第三世界国家的合作，为巴勒斯坦解放组织、非洲民族议会、西南非洲统一组织等提供了支持和援助。

1978 年，胡阿里·布迈丁因身患罕见血液病逝世。

九 沙德利·本·杰迪德

沙德利·本·杰迪德（1929～2012 年）出生于 1929 年 4 月 14 日。青年时代曾在法军服役。1954 年，阿尔及利亚民族解放战争开始后，沙德利·本·杰迪德加入了阿尔及利亚民族解放阵线。战争期间，沙德利·本·杰迪德是胡阿里·布迈丁的部下。1964～1978 年，沙德利·本·杰迪德一直担任奥兰军区司令。1978 年 11 月，胡阿里·布迈丁任命沙德利·本·杰迪德为阿尔及利亚国防部部长。当年 12 月，胡阿里·布迈丁逝世，沙德利成为其继任者。1979 年 2 月，沙德利·本·杰迪德出任阿尔及利亚第三任总统。

沙德利·本·杰迪德上台后，开始进行经济领域的改革，减少了政府对经济生活的干预。20 世纪 80 年代，受到国际石油价格暴跌的影响，阿尔及利亚陷入经济社会危机。沙德利·本·杰迪德的经济改革未能消除阿尔及利亚经济结构不合理的弊端，社会矛盾也愈发尖锐。1980 年，柏柏尔人聚居区爆发了群众游行示威活动。

1988 年，阿尔及利亚爆发了全国性示威活动，最终迫使沙德利·本·杰迪德开启了政治上的公开化改革。在沙德利·本·杰迪德的主导下，阿尔及利亚开放了党禁，并很快举行了民主选举。在 1991 年的议会选举中，伊斯兰拯救阵线胜出，沙德利·本·杰迪德被迫辞职，民族解放

阵线丧失了执政党地位。军方采取果断行动，中止了选举。此后阿尔及利亚陷入了长达 8 年的内战。

内战期间，沙德利·本·杰迪德被软禁在奥兰。1999 年，布特弗利卡当选阿尔及利亚总统，沙德利·本·杰迪德随后获释。此后他零星参与了一些政治活动，但影响有限。2012 年 10 月，沙德利·本·杰迪德因癌症逝世。

第三章

政　治

第一节　政治发展简述

阿尔及利亚建国以来，政治发展可划分为三个历史时期：建设阿拉伯社会主义时期（1962～1988年）；公开化改革及内战时期（1988～1999年）；多党制民主时期（1999年至今）。

一　建设阿拉伯社会主义时期（1962～1988年）

阿尔及利亚民族解放运动的指导思想不是一种单一的意识形态，而是以阿拉伯民族主义为主轴，包含社会主义、伊斯兰主义等诸多思潮。阿尔及利亚民族主义兴起时的各个党派代表了各种思潮。1954年11月，阿尔及利亚民族解放运动打响第一枪，民族解放阵线诞生。民族解放阵线是阿尔及利亚各个阶层、各种思潮和流派以民族独立为目标而结成的统一战线。1962年6月，民族解放阵线发表《的黎波里纲领》，认为工人和农民是社会主义运动的活跃基础，正是他们要走社会主义道路。

本·贝拉作为阿尔及利亚首任总统，推动了具有阿尔及利亚特色的社会主义制度——自管社会主义，阿尔及利亚由此成为进行阿拉伯社会主义实践的国家之一。本·贝拉的政治思想受到欧洲左翼社会主义的影响。一些托洛茨基主义者盼望在阿尔及利亚实现其理想中的共产主义。

工人自管是阿尔及利亚建设社会主义制度的一种尝试。这种尝试是实践先行于理论的一个例证。工人自管的核心理念是一种理想主义的状态，

即由工人民主管理自己的企业，不受国家干涉。这些企业作为经济自主单位，代表了一种脱离官僚主义和权威主义的分散体系。工人不再受任何形式的奴役，完全掌握劳动获得的利润，并在他们之间分配。这种理论的主张是由草根阶层自发建立社会主义，而不是由国家官僚机构来推行社会主义制度。

独立后的阿尔及利亚百废待兴。战争造成了严重破坏，村庄被摧毁，森林遭焚烧。200多万名阿尔及利亚人生活在难民中心，50万名阿尔及利亚难民返回国内。法国人开始撤出阿尔及利亚，留下了大量空置产业。由于殖民时代的二元经济体系，法国殖民者掌握着阿尔及利亚的农场和工厂，85%的穆斯林是文盲，只能从事传统的生产活动，因此法国人的撤走意味着经济运行的瘫痪。

法国人撤出后，流离失所的阿尔及利亚农民和工人接管了农场和工厂、店铺等殖民者留下的产业。在阿尔及利亚工农的自主生产下，农场和工厂再次运作起来。本·贝拉对此表示支持和鼓励，自管运动很快在全国范围内掀起高潮。《三月法令》的颁布是一个标志性事件。群众自发接管的农场和工厂获得了国家的认可。经过1年的实践，阿尔及利亚的现代生产行业从殖民地时期的私有经济转化为以工人自管为基础的社会主义经济。

《三月法令》确定了以自管单位接收为主的国有化方式。工农群众被组织起来，组建劳工大会，由劳工大会选举产生劳工委员会，劳工委员会负责选择管理委员会，并设主席一名。国家利益由一名指导员代表，负责会计及文书工作。生产利润除分配给工人外，一部分作为折旧费，另一部分进入社保基金、失业基金和国家投资基金。作为自管社会主义的推动者，本·贝拉在1962年12月甚至表示，国家对公司利润将分文不取。

1964年4月，民阵大会发布了《阿尔及尔宪章》（Charter of Algiers），这是阿尔及利亚在后殖民时代的纲领性文件。这份文件阐释了苏马姆会议和《的黎波里纲领》的思想。《阿尔及尔宪章》概述了阿尔及利亚未来的发展方向，指明了民阵在后殖民时代的角色定位。宪章确认，阿尔及利亚将寻求诸如自管之类的社会主义政策。宪章还承诺追求系统的阿拉伯化。

宪章深受马克思主义者话语的影响，但也确认了阿尔及利亚与伊斯兰信仰之间强有力的联系。民阵作为唯一的先锋政党，控制着国家的政治、经济和社会事务。对民阵领导的中央集权体制而言，《阿尔及尔宪章》是一个根本性的蓝图，是独立后阿尔及利亚的根本性文件之一。

本·贝拉时代，阿尔及利亚的政局不稳，发生多次派系斗争。1965年，本·贝拉被军方代表人物布迈丁推翻。布迈丁时代，高层权力斗争平息，阿尔及利亚的政局稳定下来。民族解放阵线的绝对领导地位也稳固下来。阿尔及利亚进入了社会主义制度建设的新阶段。这段时期的主要特征是中央计划下的快速工业化和农业社会主义改造。1970~1973年第一个四年计划期间，一半的石油企业完成国有化，天然气企业完全实现国有化；1974~1977年执行了第二个四年计划；1978年执行了一年发展计划。在这9年时间里，国家石油公司、国家钢铁公司、国家化工公司、国家机械工程公司和国家社会主义建设公司陆续建立。农业方面，政府于1971年出台了农业改革计划，对国有土地和大地主所有的土地进行土改，并尝试建立生产合作社，以实现农产品自给自足。

在文化层面，阿拉伯化大举推进。政府致力于推广阿拉伯伊斯兰文化，消除法国文化的影响，围绕阿拉伯和伊斯兰两个核心构建独立的阿尔及利亚。阿拉伯化政策最直接的体现就是推广阿拉伯语教育。布迈丁时期，阿拉伯语成为小学教学用语，各级学校的阿拉伯语课时大大增加。柏柏尔语、柏柏尔文化被视为不利于民族国家统一的地方性因素遭到排斥。

过快的工业化导致产业结构不合理，农业社会主义改造也收效甚微。大力推进阿拉伯化政策缺乏对阿尔及利亚柏柏尔属性的全盘考虑。1978年，布迈丁逝世。1979年，对社会主义制度特别是计划经济持否定态度的沙德利·本·杰迪德成为新任总统。

布迈丁时期经济、文化政策中的不足所导致的矛盾在沙德利上台之初爆发。1980年4月，阿尔及尔和卡比利亚地区爆发了大规模游行示威，要求政府承认阿尔及利亚的柏柏尔属性。这一事件被称为"柏柏尔之春"①。

---

① 也被称为"提济乌祖之春"。

它是阿尔及利亚建国后柏柏尔主义运动的一次标志性事件，对于周边国家的柏柏尔民族意识觉醒也产生了影响。政府不得不以强力手段镇压这次示威活动，同时对柏柏尔人的要求做出了一定让步。

1980 年 6 月，沙德利政府出台了新的五年计划，强调私有经济在国家经济生活中的重要作用。政府首先着手改革作为国民经济支柱产业的石油工业，对国家石油公司进行重组。20 世纪 80 年代初期，政府开始允许民营资本投资工业、服务业，并对社会主义农场进行改造，提高农业的私营率。但是，这一系列改革措施并未取得预期效果。在国际油价暴跌的背景下，阿尔及利亚的经济、社会危机逐渐凸显。1988 年，长期积累的矛盾爆发，全国各地发生了大规模群众示威活动和动乱，史称"黑色十月"事件。伊斯兰主义政治力量开始在阿尔及利亚抬头。与此同时，柏柏尔人问题也成为影响阿尔及利亚政治稳定的重要因素。

二　公开化改革及内战时期（1988～1999 年）

1988 年的"黑色十月"事件直接导致了阿尔及利亚政局的重大转变。事件平息后，阿尔及利亚开始了公开化改革，开放党禁。1989～1990 年，阿尔及利亚建立了 44 个政党。人权组织、女性运动及各类文化组织纷纷涌现。在改革的势头下，民族解放阵线虽然仍是国内第一大党，但其权威大大下降，各派政治力量依次登场，准备角逐政治主导权。公开化改革的高潮是 1990～1991 年的地方选举和议会选举，这是阿尔及利亚独立以来的首次多党制选举。开放党禁后成立的伊斯兰拯救阵线赢得了选举的胜利。

在这种形势下，军方中断了选举进程，宣布取消选举结果。沙德利被迫辞职，并宣布解散议会。在军方的主导下，阿尔及利亚建立了最高国务委员会，由穆罕默德·布迪亚夫出任主席。1992 年 2 月 9 日，军方宣布国家进入紧急状态，3 月 4 日取缔伊斯兰拯救阵线，对其主要领袖实施抓捕。至此，公开化改革以失败告终。阿尔及利亚自 1992 年起陷入内战。伊斯兰拯救阵线成为非法组织后，衍生出多个极端组织。军方组织多次清剿行动，打击极端势力。阿尔及利亚国内陷入持续动乱。

布迪亚夫出任最高国务委员会主席后，致力于整合分散的世俗派阵营，共同打击极端势力。他提倡讲阿尔及利亚阿拉伯语方言，呼吁民众"跨越人为的文明、宗教、族群的鸿沟"①。布迪亚夫主导建立了全国爱国联盟，呼吁新建的世俗党派加入这一联盟。布迪亚夫还开启了反腐败进程，对前民阵官员和在任的民阵领导人施加压力。布迪亚夫的反腐败举措为他招来杀身之祸。1992 年 6 月 29 日，在给安纳巴文化宫剪彩时，布迪亚夫遇刺身亡。阿里·卡菲出任第二届最高国务委员会主席，反腐败计划被取消。

布迪亚夫整合世俗阵营的努力随着他的遇刺而流产。与此同时，伊斯兰武装势力针对政府、警察甚至平民的暴力事件不断升级。政府军与伊斯兰武装分子之间旷日持久的内战拉开序幕。武装冲突初起，政府军迅速清除了城市中的伊斯兰武装力量。伊斯兰武装力量向腹地、山区发展。内战开始后组建的伊斯兰武装力量主要有：伊斯兰武装运动（MIA）、伊斯兰国家运动、伊斯兰武装集团和伊斯兰拯救军。

1995 年，阿尔及利亚举行总统大选，泽鲁阿勒成为首位民选总统。阿尔及利亚的民主化进程在其任内重启。但 1995 年的总统选举并没有囊括所有党派，伊斯兰主义问题仍悬而未决，内战并没有因大选而平息，伊斯兰武装力量与政府之间的冲突仍在继续。为了巩固地位，泽鲁阿勒在 1996 年提出一份宪法修正案，强调伊斯兰教、阿拉伯语和 1954 年 11 月起义的重要作用，希望以此使各方达成共识。尽管修正案强调阿尔及利亚的伊斯兰属性，但这与伊斯兰主义者的目标相去甚远。尽管修正案承认了阿尔及利亚的柏柏尔属性，但柏柏尔主义政党仍因其没有承认柏柏尔语的官方地位而感到不满。最终在宪法公投时，只有民阵支持这一修正案。政府宣布的公投结果显示，85.8% 的选民支持这一修正案。

1997 年，阿尔及利亚举行了新一轮地方选举和议会选举。当年 1 月，

---

① John Ruedy, *Morden Algeria: The Origins and Development of a Nation*, Indiana University Press, 2005, p. 260.

阿尔及利亚民族民主联盟（简称民盟）建立。该党后来发展成为民族解放阵线之外的另一大党。尽管泽鲁阿勒努力恢复国内秩序，但军方与伊斯兰武装分子之间的冲突仍未结束。内战一直延续至1999年，共造成16万人丧生。

三 多党制民主时期（1999年至今）

进入多党制民主时期后，阿尔及利亚的政治局势基本上稳定下来。1999年4月，阿尔及利亚资深政治家、外交家布特弗利卡当选新一任总统。布特弗利卡上台后，推动通过了《民族和解法》，内战逐渐平息。此后，阿尔及利亚的伊斯兰武装分子分化为两部分，一些愿意放弃极端主义的人员放下了武器；另一些顽固不化的极端主义分子逐渐与中东地区、萨赫勒地区的极端组织合流。由于经历了长达8年的内战，阿尔及利亚民心思定，极端主义组织不得人心。2004年、2009年、2014年，布特弗利卡均成功连任阿尔及利亚总统。民族解放阵线、民族民主联盟和争取和平社会运动三者组成的执政联盟保证了阿尔及利亚的政治稳定。

2010年年底，中东地区多个国家爆发政治动荡，阿尔及利亚也发生了群众游行示威。政府采取有力措施，很快平息了动乱，保证了政局稳定。动乱平息后，布特弗利卡政府开启了政治改革的进程。2012年2月9日，布特弗利卡宣布于当年5月10日举行新一轮议会选举。柏柏尔主义政治力量表达了对新一轮议会选举的疑虑。布特弗利卡承诺在选举过程中邀请国际观察员，并给予选举产生的新议会在修订宪法方面更大的权力，侯赛因·阿亚特·艾哈迈德领导的柏柏尔主义政党社会主义力量阵线决定参加新一轮议会选举。这体现了部分柏柏尔主义者对布特弗利卡政府改革的信心。选举结果是民阵胜出。2014年4月，布特弗利卡再次当选阿尔及利亚总统，开始了其第四个总统任期。之后政府改组，大部分部长更换。2017年5月，政府再次改组。8月，乌叶海亚被任命为总理。2019年2月以来，阿局势发生重大变化。3月31日，布特弗利卡总统宣布辞职前成立新政府。3月，努尔丁·贝都依被任命为总理。4月，阿卜杜勒－卡德尔·本萨拉赫被议会两院全会任命为临时总统。11 月 2 日，阿独立选举监督委员会宣布，5 名候选人通过审核将参加 12 月 12 日举行的总统选举。

第二节 政体、国民宪章、宪法

一 政体

根据阿尔及利亚宪法，阿尔及利亚是民主共和国。具体而言，阿尔及利亚的政体可以 1989 年为界，分为两个阶段。从 1962 年国家独立至 1989 年，阿尔及利亚是一党制的人民民主共和国，是民族解放阵线领导下的社会主义国家。1989 年之后，阿尔及利亚过渡到西方民主制，是多党制、半总统制的议会民主共和国。

（一） 1962 ~ 1989 年

1962 年 6 月初，阿尔及利亚全国革命委员会在的黎波里召开会议，讨论阿尔及利亚的发展道路问题。本·贝拉提出建立政治局，并由政治局统筹阿尔及利亚建国的各项事宜。根据的黎波里会议的精神，独立后的阿尔及利亚提出以社会主义准则开展国家建设，以保障人民的权力得到充分行使。

1963 年，本·贝拉着手加强对政府的控制。民族解放阵线被打造成国家政治机构的运转核心和调动人民群众建设社会主义的领导者。1963 年宪法明确规定了一党制，其中规定：民族解放阵线是阿尔及利亚唯一的先锋政党；民族解放阵线将决定国家政策，领导国家行动；典型的总统议会体制无法保证稳定，但以卓越的人民主权和一党制为基础的体制能够保证稳定；民族解放阵线负责监督议会和政府。1963 年 9 月，本·贝拉当选总统，任期 5 年。由此，本·贝拉全面掌握了阿尔及利亚的主导权，成为党、政、军的最高领导人。他竭力排除政治对手，以铁腕手段控制国家。

1965 年布迈丁发动政变推翻本·贝拉政权后，阿尔及利亚的政治体制和政党制度没有发生实质性变化。1976 年宪法规定：阿尔及利亚的政治体制建立在一党制的原则之上；民族解放阵线是阿尔及利亚唯一的政党，是一个由最先进的公民组成的先锋政党；民族解放阵线的党员由工人、农民和青年组成，为实现社会主义目标而奋斗。宪法还规定：国家的领导权体现为党和国家政治领导的统一，党的领导集体全面负责国家的政治；国家的关键领导岗位应由党员领导干部担任，国家元首的候选人由党推荐。

（二）1989 年至今

1979 年沙德利上台后，开始逐步对社会主义计划经济模式进行改革，政治领域的自由化倾向也不断明显。20 世纪 80 年代中期，阿尔及利亚的社会、经济矛盾日益激化。1987 年 7 月 21 日，阿尔及利亚颁布了首部《结社法》。长期以来，除了体育俱乐部之外，阿尔及利亚不允许任何社团合法存在。但 1987 年《结社法》的改革力度是保守而有限的，主要规定了限制性和惩罚性措施。这部法律的出台并没有缓解国内要求对政治、经济全面改革的压力。

1988 年，阿尔及利亚爆发了波及全国的大动荡，民族解放阵线的领导地位岌岌可危。此后，阿尔及利亚的政治体制进行了改革，其中最显著的变化是开放党禁，实行多党制和议会民主制。1988 年 10 月 10 日，政府宣布修改 1976 年宪法，提出了三项政治改革措施：实现民阵与国家分离、放开地方选举和议会选举中对候选人的限制、实现群众组织独立。[①] 1989 年 2 月阿尔及利亚颁布宪法修正案，删去了所有关于社会主义的内容，允许公民选举自己的代表，组建政党，为开启多党制提供了法律保障。2 月 23 日，全民公决通过新宪法。各种新政党如雨后春笋般涌现。1989 年 3 月，军队高层集体退出民阵中央委员会。民族解放阵线不再是与国家绑定在一起的共同体，阿尔及利亚的一党制瓦解。1990 年 12 月 4 日，阿尔及利亚颁布了第二部《结社法》。

---

① Benjamin Stora, *Algeria, 1830 – 2000：A Short History*, Translated by Jane Marie Todd, Cornell University Press, 2001, p. 197.

在 1991~1992 年的选举中，阿尔及利亚伊斯兰拯救阵线的胜出使民主改革戛然而止。军方宣布取消选举结果，建立最高国务委员会，由穆罕默德·布迪亚夫出任主席，并宣布逮捕伊阵领导人阿卜杜·卡迪尔·哈沙尼。2 月 9 日，军方宣布国家进入紧急状态。

1995 年泽鲁阿勒当选总统后，重启了民主化进程。1997 年，新一轮的地方选举和议会选举拉开帷幕。1999 年，布特弗利卡当选总统，国内政治局势开始缓和。时至今日，阿尔及利亚的政体已稳定下来。

二　国民宪章

阿尔及利亚独立以来，先后颁布了两部国民宪章，分别是 1976 年国民宪章、1986 年国民宪章。国民宪章与宪法一样，均是国家的根本大法。

1976 年国民宪章（National Charter 1976）是定义阿尔及利亚国家属性并展望其未来发展道路的一份文件。在经过公开辩论之后，民阵在 1976 年发布了国民宪章。宪章把阿尔及利亚的未来定义为社会主义的伊斯兰国家。宪章认为，在阿尔及利亚，社会主义是不可逆转的运动。宪章明确断言阿尔及利亚是一个伊斯兰国家，并把社会主义的国家建设与阿尔及利亚人民人格中的基础构成元素——伊斯兰价值相联系，而不是与其他国外概念相联系。宪章重申清除形形色色的帝国主义和新殖民主义的影响，以巩固国家独立的目标。宪章再次确认了胡阿里·布迈丁 10 年统治的方向。此外，宪章还表述了若干原则，这些原则在 1976 年宪法中确定下来。1976 年国民宪章定义了阿尔及利亚后殖民时代早期的国家属性。

1986 年，沙德利总统批准了 1976 年宪章的修订版，即 1986 年国民宪章。1986 年国民宪章的内容更为丰富，语言更加简练，但变化更多的是文体风格上的，而不是实质内容上的。尤为显著的是，宪章概述的阿尔及利亚历史，包括梅萨利·哈吉和费尔哈特·阿巴斯等民族主义者的贡献。在 1976 年宪章修改之前，梅萨利·哈吉和费尔哈特·阿巴斯这两位争取阿尔及利亚民族独立的伟人，均被官方禁止提及。宪章没有反映阿尔及利亚社会主义体制中发展的自由化，但它初步提到了在私人部门和公共

部门之间进行合作的必要性。宪章还强调了伊斯兰教在国家发展中的领导角色。

三　宪法

阿尔及利亚独立以来，一共颁布了 3 部宪法。首部宪法是 1963 年宪法。现行有效的宪法于 1989 年 2 月颁布，于 1996 年 11 月经全民公投修订。

（一）1963 年宪法

1963 年 9 月，阿尔及利亚举行独立之后的首次全民公决，通过了首部宪法。1963 年宪法的主要内容包括：规定阿尔及利亚是人民民主共和国；再次确认了反帝斗争、自管社会主义的革命承诺；宣布民族解放阵线为唯一合法政党；宣布阿拉伯语为官方语言，伊斯兰教为官方宗教；赋予总统优势地位；规定议会从属于总统。1963 年宪法反映了阿尔及利亚不断增长的威权主义，特别是本·贝拉的雄心。民族解放阵线党主席本·贝拉当选阿尔及利亚首任总统。

1965 年 6 月，胡阿里·布迈丁发动政变，史称"1965 年 6 月 19 日政变"。政变推翻了本·贝拉政府。胡阿里·布迈丁上台执政，并宣布中止1963 年宪法。此后，由 26 名军人组成的革命委员会作为国家最高权力机构制定相关法律。

（二）1976 年宪法

1976 年 11 月，阿尔及利亚经全民公决，通过了第二部宪法。1976 年宪法的主要内容包括：再次确认了阿尔及利亚是一个伊斯兰国家和社会主义国家，走社会主义道路；确认民阵作为唯一合法政党，是社会主义革命的唯一指导、规划和鼓动机关，是社会的领导力量；民阵政治局和中央委员会负责筹备立法，以建立一个新的代表机构，名为国民议会，该机构由261 名成员组成，成员由民阵负责挑选；国民议会有法定的权力；总统的内阁不对国民议会负责；总统可以通过法令实施统治。

虽然 1976 年宪法保证了民事和政治方面的自由，但实际上，阿尔及利亚仍是一个威权国家，具有强有力的行政机构。真实的政治权力仍属于总统。与此同时，总统也是民阵的总书记。1976 年宪法赋予了通过政变上台的胡阿里·布迈丁总统合法性。

（三）1989 年宪法

1989 年宪法是 1988 年 10 月暴乱的直接产物。1988 年 10 月，阿尔及利亚发生全国性暴乱事件。1988 年 11 月，摇摇欲坠的沙德利政府修改了 1976 年宪法的相关条款，宣布内阁对国民议会负责。但此举并未平息暴乱。政府宣布全国处于紧急状态，之后进行政治改革，最终促成了修宪。1989 年 2 月 23 日，全民公决通过新宪法，当月，阿尔及利亚颁布了宪法修正案。与 1963 年宪法、1976 年宪法相比，1989 年宪法具有深刻的不同之处，是实施重大变革的工具。

1989 年宪法的主要内容包括：阿尔及利亚是民主的、人民的共和国，而不再是社会主义国家；明确规定保护人权和公民的民事权利，扩大了公民的自由和权利范围；进一步明确了伊斯兰教及军队的地位和作用；确定建立宪法委员会。新宪法删去了所有关于社会主义和民族解放阵线的内容，也没有像 1976 年宪法那样特别提到女性的权利。

1989 年宪法为开启多党制、实现政治多元化提供了法律保障。宪法颁布之后，各种新政党纷纷组建。与此同时，军方选择了自保。1989 年 3 月，军队高层集体退出民阵中央委员会。1992 年 1 月 11 日政变导致沙德利总统被免职，军队宣布国家进入紧急状态，解散国民议会，中止 1989 年宪法的实施。

（四）1996 年对宪法的修订

1995 年，泽鲁阿勒当选总统。1996 年 11 月，阿尔及利亚举行全民公决，再次修改宪法。1996 年宪法的主要内容包括：宣布基于宗教信仰、地方主义、性别、语言而建立的政党是非法的；恢复了更多的威权色彩，删除了立法机关的大量权力；总统获得了广泛的权力，包括通过法令实施统治；总统保留了其他特权，包括更换总理，这一权力在 1989 年宪法中就有规定；确立了新的两院制议会，国民议会作为议会下院重生，民族院作为议会上院开创；总统被授权指定 1/3 的民族院成员。1996 年宪法实际上反映了内战的需要和国内政治的发展。此后，1996 年宪法经过了

2002 年、2008 年、2016 年三次修订。

1999 年，布特弗利卡当选总统。2001 年卡比利亚地区发生了严重骚乱，史称"黑色春天"事件，当地民众要求在宪法中确立柏柏尔语的官方地位。布特弗利卡在随后向全国发表的电视讲话中，承诺通过修宪来满足柏柏尔人的要求。2002 年的议会两院联席会议审议并通过了布特弗利卡提出的宪法修正案，确定柏柏尔语（塔马齐格特语）为民族语言之一，而非官方语言。

2006 年，布特弗利卡在独立日发表演讲，表示将修改 1996 年宪法。2008 年，议会两院投票赞成修宪。此次修宪遵循宪法第 176 条规定的修宪程序，即根据宪法委员会的合理意见，宪法修正案草案没有侵犯阿尔及利亚社会的普遍原则、男性和其他公民的权利和自由，也没有以任何方式改变权力和各机构的基本平衡，总统可以在得到议会两院成员 3/4 多数批准的情况下，直接颁布含有该修正案的法律，而不必提交公民投票（全民公决）。此次修宪以保持政策连续性、维护国家安全为由删除了宪法第 74 条关于总统任期的限制。

2016 年 2 月，阿尔及利亚再次通过宪法修正案，规定总统只能连任一届，恢复了总统的任期限制，即两个五年。

第三节　国家机构

根据阿尔及利亚现行宪法，国家机构包括行政机构、立法机构、司法机构、监督和咨询机构等，其中行政机构、立法机构、司法机构属于国家权力机构。

一　行政机构

（一）总统

总统是国家元首，是民族统一的象征。宪法规定，总统应当是宪法的守护者，在国内外代表国家，直接对民族负责。

总统由普遍的、直接的、无记名投票产生。总统应当以投票的绝对多数当选。总统选举的其他形式由法令决定。总统职位的合格候选人须满足以下条件：有且仅有阿尔及利亚本土公民资格；具有穆斯林信仰；在选举日已年满 40 周岁；享有完全的民事和政治权利；配偶证实有阿尔及利亚国籍；1942 年 7 月之前出生的候选人，须提供参与 1954 年 11 月 1 日革命的证据；1942 年 7 月之后出生的候选人，须提供其父母没有参与反对 1954 年 11 月 1 日革命的敌对行动的证据；制作一份在阿尔及利亚及海外的动产、不动产的声明；满足法令规定的其他条件。

总统任期为 5 年，可连任一次。年满 18 周岁的阿尔及利亚公民拥有选举权。在 2008 年之前，宪法规定总统可连任一届。2008 年的宪法修正案删除了关于总统任期的限制，但 2016 年的宪法修正案又恢复了关于总统任期的限制。

总统当选之后，应当在所有高级官员出席的场合下，向人民宣誓。总统应当按誓言履职。宪法明确了誓词的具体内容。

总统在宪法的范围内行使最高权力。除了宪法明确赋予的权力之外，总统还享有以下权力：担任共和国武装部队总司令；负责国防；决定和执行外交政策；统领政府，主持部长会议；任命和解职总理；按照宪法第 87 条之规定，总统可以将部分权力授予总理并由其主持政府会议；任命副总理协助总理行使职权，并解职副总理；签署总统法令；进行大赦，减轻或改判刑罚；以全民公决的方式向人民阐述国家的一切重大问题；签署和批准国际条约；授予勋章和荣誉头衔。

总统可以任命如下职位：宪法规定的职位和相关委员会的职位；国家的民事和军事职位；部长会议决定的其他职位；行政法院院长；政府秘书长；中央银行行长；法官和检察官；安全机构官员；省长。另外，总统还可任命和召回驻外大使和特使。在咨商总理之后，总统任命政府成员（部长）；总理应当执行总统的计划，并协调政府的行动以达到效果。

在任何情况下，总统都不能将其权力让渡给总理、政府成员或宪法没有明定的机构的主席或成员。

总统可按法定程序宣布国家进入紧急状态，也可以按法定程序宣布总

动员，可以按法定程序宣战。战争期间，宪法暂停实施，总统行使所有权力，其任期可延长至战争结束。

总统如由于死亡、辞职或其他原因无力履职，则分别由民族院主席、宪法委员会主席按宪法规定的程序行使国家元首的职能，直至合法选出下任总统。

总统可签署停战协定与和平条约。在条约上，应当听取宪法委员会的意见。总统应当将条约尽快提交议会两院，以获得批准。

（二）总理

总理应当向国民议会提出行动计划，并求得批准，国民议会将开展一般性辩论；总理根据辩论，经总统同意后修改行动计划；在国民议会批准行动计划之后，总理应当向民族院提交有关行动计划的报告。民族院可以通过一个决议。

如果总理的行动计划无法获得国民议会的批准，那么总理应当向总统提出政府辞职。总统应当按相同程序任命一位新总理。如果经过新的努力之后，还是无法获得国民议会的批准，那么应当解散国民议会。现政府应当留任处理当下事务，直到选举产生新的国民议会，新的国民议会最长须在3个月内产生。

总理应当执行和协调国民议会通过的计划。政府每年应当向国民议会提交关于总方针的声明。关于政府行为的辩论，应当以总方针为基础展开。辩论可以做出一个决议，也可按照宪法的相关条款，形成对政府的谴责动议。

总理可以要求国民议会进行信任投票。如果信任动议未获投票支持，总理应当提出政府辞职。

总理也可以向国民议会提出总方针的声明。

除了宪法其他条款赋予的权力之外，总理还行使以下职权：按照宪法条款，在政府成员（部长）中分派权限；监督法律和规章的执行；在获得总统批准之后，签署行政法令；任命国家雇员；监督公共行政的良好运转。

总理可以向总统提出政府辞职。

（三）政府组织机构

政府组织机构由首脑办事机构与内阁部门组成。其中，首脑办事机构包括总统办公室、总理办公室。内阁部门随着政体的变更、政治的发展和经济体制改革的推进，经历了多次调整与重组，目前的组成如下：

（1）国防部；（2）外交部；（3）内政、地方行政和土地整治部；（4）司法、掌玺部；（5）财政部；（6）能源部；（7）环境与水资源部；（8）宗教与募捐事务部；（9）圣战者部；（10）交通运输部；（11）国民教育部；（12）农业与农村发展、渔业部；（13）公共工程部；（14）民族团结与家庭、女性事务部；（15）文化部；（16）商务部；（17）高等教育与科学研究部；（18）议会事务部；（19）职业教育与培训部；（20）住房与城市发展部；（21）劳动就业与社会保障部；（22）卫生、人口与医疗机构改革部；（23）青年与体育部；（24）工业与矿业部；（25）邮政与信息、通信技术部；（26）通讯部；（27）旅游与手工业部。

除了上述部门外，内阁还设有若干负责有关方面事务的部长级代表，以及政府秘书长。

二 立法机构

（一）议会的组成与权力

立法权由两院组成的议会行使。议会自主准备和通过法律。议会应当按宪法的相关规定控制政府的行动。在宪法规定的权限范围内，议会应当忠诚于人民的委托，与人民保持经常性的联系。

国民议会的成员称为代表，应当通过普遍的、直接的、无记名投票选举产生。国民议会代表的数量为462席，其中包括海外阿尔及利亚代表8席。国民议会每5年选举一次。大会主席的任期为5年。国民议会类似于众议院或下院。

民族院2/3的成员由省、市议会的成员以间接、无记名投票的方式互选产生，称为代表。1/3的成员由总统指定，从科学、文化、专业、经济和社会领域的精英中产生。民族院代表的数量为144席，最多可为国民议会代表数量的一半。民族院的任期为 6 年，每 3 年改选一半。国民议会主席每 3 年选举一次。民族院类似于参议院或上院。

议员的任期与其任职机构一致。议员职务是全国性的、专属的，与公共领域的其他职务不相容。

议员如果不再符合任职条件，应该免职。免职应当由其所属议院的多数成员决定。

议员有豁免权。议员豁免权可根据宪法规定被剥夺。

议会应当建立相关的局、委员会。

议员的名额由法令决定。

议会的会议应当公开，保留会议记录并向公众公开。议会也可应其主席的要求，在大多数成员到场或总理到场的情况下，召开闭门会议。

议会应当在其程序框架内建立常设委员会。

（二）法律体系的构成及立法程序

除了国际条约之外，阿尔及利亚的国内法律体系按照位阶与效力的不同，可以分为宪法、机构法、法律、总统法令、行政法令、规章 6 种渊源，其中法律、总统法令、行政法令可泛称为法令。从总体上看，阿尔及利亚实行大陆法与伊斯兰法混合的法律制度。

1. 宪法

宪法是国家的基本法，具有最高法律效力。宪法的修改有严格的程序规范和内容限制。宪法的修改由总统提出，由议会两院通过。通过之后 50 日内，以全民公决的形式提交人民，以获得人民的批准。人民批准后的宪法修改案，由总统颁布。包含宪法修改的法律，如被人民否决，将无效。在同一立法机关的存续期间，不能再提交给人民。

如果根据宪法委员会的合理意见，宪法修正案草案没有侵犯阿尔及利亚社会的普遍原则、男性和其他公民的权利和自由，也没有以任何方式改变权力和各机构的基本平衡，则总统可以在得到议会两院成员的 3/4 多数批准的情况下，直接颁布含有该修正案的法律，而不必提交公民投票（全民公决）。

议会两院成员的3/4多数，可以在联席会议上提出宪法修正案，并提交总统。总统可以将其提交全民公决。如果全民公决批准，宪法修正案就将颁布。

下列事项不能成为宪法修正案的目标：国家的共和国属性、基于多党制的民主秩序、伊斯兰教作为国家宗教的地位、阿拉伯语作为民族语言和官方语言的地位、男性和其他公民的基本自由和权利、国家领土的完整和统一、作为革命和共和国象征的国徽和国歌。

2. 法律

法律是最为典型的规范性文件，由议会或总理提出的法案，经过法定程序之后变成法律，可称之为法定立法。

总理和议会代表有权立法。议会代表提出的法案，须有 20 名以上代表提出，方可被接受。总理提出的法案（政府法案），先须听取行政法院的意见，之后提交部长会议，再由总理转交国民议会的相关局。

政府法案通过之前，应由议会两院讨论。国民议会投票通过之后，民族院讨论其文本，并以3/4多数通过。如果两院有分歧，就应在总理要求下，召集由两院成员组成的联合委员会，提出有关争议条款的文本。文本应当由总理提交议会两院，以获得批准。如果争议仍然存在，文本就应当撤回。

议会应当在 75 日内通过财政法案。如果在规定的期限内没有通过，总统就将通过法令颁布政府法案。

除了宪法指定的权限之外，议会还可在如下领域立法：人的基本权利和义务，特别是公共自由制度、个人自由的保护、公民的义务；关于个人地位和家庭法的一般规则，尤其是结婚、离婚、亲子关系、法律能力和继承；法人的地位；关于国籍的基本法；有关外国人地位的一般规则；关于司法组织的规则、新类型法庭的创建；刑事法和刑事程序的一般规则，尤其是重罪和轻罪的认定、相应的刑罚机构、赦免、引渡和监狱制度；民事程序的一般规则和司法裁判的执行；民商事债务和财产制度；国家的行政区划；国家计划的通过；国家预算的投票；税收的基数和比率、捐款、关税和各种费用；海关制度；关于货币发行、银行制度、信用和保险的一般规则；有关教育和科学研究的一般规则；有关公共卫生和人口的一般规则；有关工作权利、社会保障、建立工会权利的一般规则；有关环境、生活标准和土地管理的一般规则；有关动物和植物保护的一般规则；文化和历史遗产的保护与维护；有关森林和牧场的一般制度；基本的水制度；矿产和碳氢化合物的基本制度；不动产；给予公职人员的基本保证，公共服务的基本法令；财产从公共机构向私营部门转移的管理规则；法人种类的设立；勋章和国家荣誉称号的创建。

3. 机构法

机构法的效力仅次于宪法，实质为宪法性法律。机构法规定的事项均为较为重大的事项，一般在宪法中有原则性、总纲性的规定，机构法将其具体化。比如，宣布国家进入紧急状态的法律，以及议会成员的选举或任命、资格标准、辞职等，由机构法规定。

除了宪法保留的以机构法管理的事项之外，下列事务由机构法管理：公共机构的组织和运作；选举制度；政党法；新闻法；法官、检察官的地位和司法组织；财政法案的立法框架；国家安全法。机构法应当由国民议会代表的绝对多数和民族院成员的3/4多数通过。在颁布之前，机构法应提交宪法委员会复审。

4. 总统法令

如果国民议会失去功能，或者议会处于休会期间，总统就可以通过总统法令立法。在下次会议期间，总统应当向两院提交立法文本，以获得议会批准。如果议会没有通过，则法令无效。在出现宪法第93条规定的紧急状态时，总统可以通过总统法令立法。总统法令应当在部长会议上通过。比如，总统在听取最高安全委员会的意见，并咨询议会两院主席之后，可以在部长会议上颁布总动员的法令。

5. 行政法令

在获得总统批准后，总理可签署行政法令。

6. 规章

法律（法定立法）保留事项之外的事项，属于总统的监管权力范围。法律的执行属于总理的监管权力范围。总统、总理在各自的监管权力范围之内，可以制定规范性文件。这种规范性文件，可称为法规、规章、条例（一般称为规章）。在实际运行中，规章一般是由总统、总理授权政府的主管部门制定的。

（三）议会立法与总统、总理的关系

议会立法须由总统颁布。议会通过的法律，总统可以要求其重新讨论。如果总统要求议会重新讨论，那么国民议会再次通过该法需要 2/3 以上多数。总统可以向议会指示信息。

在咨询两院主席和总理后，总统可以解散国民议会，或提前进行立法选举。

应总统或两院主席之一要求，议会可以讨论外交政策。讨论可以在两院的联席会议上做出一个决议，并通知总统。

停战协定、和平条约、联盟条约、关于国家边界的条约、有关人的地位、有关国家预算中未预见的开支的条约须经总统批准，但之前须获得议会两院的明确批准。阿尔及利亚尚未提交国际法院管辖权的声明，也不是国际刑事法院的缔约方。但是，符合宪法规定的、总统批准的条约，其效力优于议会立法。

议会成员可以要求政府解释有关当下关心的事件的行动。议会委员会可以听证政府成员。议会成员可以书面或口头方式对政府的任何成员致函任何问题。书面问题须在 30 日内收到书面答复。口头问题应在会议期间得到回应。

在讨论一般政策声明的场合，国民议会可以通过谴责动议来要求政府负责。1/7 的议会代表可以发起谴责动议投票。谴责动议必须获得2/3以上国民议会代表的投票支持。如果谴责动议获得国民议会批准，总理须向总统提出政府辞职。

三 司法机构

(一) 司法的基本原则

司法独立原则。司法机构是独立的,在法律框架内运作。

保护原则。司法机构应当保护社会和自由,应当向所有人即每一个人保证保护他们的基本权利。

正义原则。正义应在合法性原则和平等原则中实现。正义对所有人都是平等的、可获得的。正义将在尊重法律中获得表达。

合法性原则和个人责任原则。法律制裁将以人民的名义被表达。刑事制裁应当符合合法性原则和个人责任原则。

司法审查原则。因行政机关的非法措施引发的上诉,法官应当进行裁判。

司法裁判原则。司法裁判应当给出理由,并公开宣布。国家的一切主管机关应当保证随时、随地、在任何条件下都执行司法裁判。

法官独立原则。法律制裁应当由法官来表达。在符合法令规定的条件下,法官可由人民陪审员协助。法官只服从法律。法官应受到保护。法官和检察官对最高司法委员会负责。法律应当保证双方进入司法程序,防止法官的权力滥用或不当行为。

辩护原则。辩护的权利应当被尊重。在刑事事项中,辩护的权利应当被保证。

(二) 司法组织

最高法院负责管理法院和法庭的活动。行政法院是管理行政法院活动的管理机构。最高法院和行政法院应当保证全国法学的统一发展,并监督对法律的遵循。最高法院和行政法院的管辖权冲突,由专门建立的冲突法庭解决。最高法院、行政法院、冲突法庭的组织、运行及其他功能,由机构法决定。

最高法院法官的员额为 150 名,组成 8 个法庭,管辖民事、商事、海事案件。最高法院的下属法院包括省法院、县法庭。省法院为上诉法院,县法庭为一审法院。

最高司法委员会的主席由总统担任。委员会在法律规定的条件下，决定法官和检察官的任命、调动和晋升。委员会在最高法院院长的主持下，监督尊重司法机构的条款，监督法官和检察官遵守纪律。委员会在总统行使赦免权之前，应当提供咨询意见。委员会的组成、功能和其他属性由机构法规定。

对于总统的叛国行为，总理行使职能时的重罪和轻罪，应当设立一个特别的高级法庭予以审查。该法庭的组成、组织、运作以及适用程序由机构法确定。

四 其他机构

(一) 控制机构

议会在大众层面上承担控制职能。政府应向议会两院说明其投票支持的每个预算期间预算额的使用情况。在任何时候，任一议院都可在其权限范围内，就任何有关公共利益的事务组建调查委员会。

宪法委员会负责监督宪法的实施。宪法委员会由 9 人组成：3 人由总统指定；2 人由国民议会选举；2 人由民族院选举；1 人由最高法院选举；1 人由行政法院选举。一旦被选举或任命，宪法委员会的成员须停止其他任何委任、职能、任务。宪法委员会主席由总统任命，成员每届的任期为 6 年，成员资格每 3 年更新一半。

宪法委员会的主要职能，一是监督总统选举与立法选举中公民投票行动的正当性，并公布这些程序的结果；二是进行合宪性审查，宪法委员会可以就条约、法令、规章的合宪性进行裁决，应总统要求，宪法委员会可以就议会通过的机构法的合宪性发表有约束力的意见。总统、议会两院主席可以向宪法委员会提交问题。宪法委员会应当举行闭门会议，在收到提交的问题之后 20 日内，给出其意见或决定。宪法委员会应当建立自己的程序规则。如果宪法委员会裁定条约、协议或公约违宪，则该条约、协议或公约不应被批准。如果宪法委员会裁定法令条款或规章条款违宪，则该条款的效力终止。

会计法庭负责事后的会计处理，控制国家财政、地方社区和公法实

体。会计法庭应当准备一份报告以提交总统。会计法庭的权限、组织和运作，账户及调查之处分，由法令确定。

（二）咨询机构

最高伊斯兰委员会在总统的支持下建立，其职能包括：鼓励和提升伊智提哈德（ijtihad）、对提交给其的有关宗教规则的事务提供意见、定期向总统提交自身活动的报告。最高伊斯兰委员会由 15 名成员组成，其中包括总统，由总统从不同科学领域的国家精英中遴选。

最高安全委员会由总统担任主席。这个机构负责在所有有关国家安全的问题上向总统提供建议。最高安全委员会的组织和运作方式由总统决定。

第四节　重要政党

阿尔及利亚党派众多。随着历史的发展，新的党派不断出现，旧有的政党或者分化、重组，或者解散、消失，各种党派分分合合、林林总总。在众多党派中，较具有代表性、较为重要的政党，为以下 3 个政党，它们代表了阿尔及利亚独立以来的主要政治派别，对阿尔及利亚民族国家的发展方向和道路有着不同的设计。

民族解放阵线是阿尔及利亚阿拉伯民族主义的代表政党，是阿尔及利亚民族独立的领导者，也是独立之后的主要执政党。伊斯兰拯救阵线是阿尔及利亚伊斯兰主义的代表政党，其主张在阿尔及利亚建立伊斯兰国家，走伊斯兰道路，是阿尔及利亚的主要反对党。社会主义力量阵线是阿尔及利亚柏柏尔主义的代表政党，也是柏柏尔人的反对党，其核心价值观是提倡建立多元化的阿尔及利亚，并热心保护柏柏尔人的权利和文化。

一　民族解放阵线

民族解放阵线（简称民阵）源自1954年的团结与行动委员会。团结与行动委员会建立之后，民阵希望所有的民族主义者都参加独立战争。在 1954 年 11 月 1 日宣言中，民阵宣布武装革命开始，革命的目标是恢复完全独立的阿尔及利亚民族国家。到 1956 年，除了梅萨利领导的阿尔及利亚民族运动以外，所有的民族主义团体都加入了民阵。民阵的支持者包括下列组织的前成员：争取民主自由胜利党－阿尔及利亚人民党、阿尔及利亚宣言民主联盟、乌莱玛协会、阿尔及利亚共产党。

在 1956 年 8 月的苏马姆会议上，民阵宣布自己为阿尔及利亚人民的唯一代表。民阵创设了对法作战的机构——协调与执行委员会和阿尔及利亚全国革命委员会。1958 年，民阵宣布阿尔及利亚共和国临时政府成立。之后，民阵组织了与法国的谈判，双方达成了《埃维昂协议》。

战时的民阵常常因未能有效动员阿尔及利亚人民而受到批评。尽管如此，民阵还是能够以各种理由保持政治上的独立。民阵成员在政治上、社会上、经济上、族群上的多样性和异质化，导致了精英之间的不和与分歧，这阻止了一种综合的、包容的意识形态的明确表达，但所有人在一点上都是相同的，那就是根除法国殖民主义。

1962 年 3 月《埃维昂协议》签订时，民阵内部已经产生了严重的不和。7 月宣告独立之后，党内领导人之间的权力斗争接踵而至，结果本·贝拉和布迈丁获胜。通过党的政治局和中央委员会，民阵在阿尔及利亚政府中具有重要地位。民阵还发布了《的黎波里纲领》和《阿尔及尔宪章》，这两个文件共同确立了独立后阿尔及利亚的社会主义方向。1963 年，除民阵之外的所有政党被宣布为非法。这一行动和 1965 年 6 月 17 日政变导致了党的政治停滞和腐败。布迈丁上台之后，进行了一些体制改革，包括设立党的书记处、开展公共动员、就国民宪章进行公开辩论等，但未能使这个日益官僚化的政党获得新生。沙德利当权后，通过操控政治局和中央委员会的成员资格，清除了潜在的竞争者。民阵逐渐变成了一个特权化的官僚机构，而不再是体察人民需求的先锋政党。

1988 年 10 月暴乱之后，民阵主席沙德利对民阵中央委员会进行了改革，撤换了书记处总书记，改选了中央委员会，扩充了中央委员会的人数。1989 年宪法颁布之后，反对党合法化，由此终结了民阵对权力的垄断。随着反对党的出现和经济的不断恶化，民阵开始摇摇欲坠。

伊阵在 1990 年 6 月选举中的成功，证明了公众对民阵的不满程度。民阵控制的国民议会操纵原定的 1991 年 6 月选举，这一行动使人们对民阵不再抱有幻想。沙德利也辞去了党主席的职务，远离民阵。伊阵在 1991 年 12 月议会选举中的非凡成功，主要是以民阵的失败为代价而获得的。

1992 年 1 月 11 日政变证明了民阵分裂的状态。多数成员支持政变，但少数成员，包括党的总书记却反对政变。在官方表态上，民阵对取消议会选举表示谴责。尽管该党的贝勒阿德·阿卜杜·萨拉姆担任了最高国务委员会的总理职务，但在总书记阿卜杜·哈米德·麦赫里的领导下，民阵变成了反对派的一部分。麦赫里在 1995 年 1 月签署了圣·艾智德国民契约与纲领，这一行动进一步加剧了民阵的分裂。

1996 年，麦赫里下台，民阵开始与政府接近。在 1997 年 6 月、12 月和 2000 年 12 月的议会选举，以及 1997 年 10 月的地方选举中，民阵的得票数均不及受到政府支持的民族民主联盟，但民阵也开始复苏。

民阵的老党员布特弗利卡把自己打扮为独立候选人，并在 1999 年 4 月选举中当选总统。2001 年，阿里·本·弗利斯成为民阵总书记，这标志着民阵领导层的代际变化。在 2002 年 5 月的议会选举和当年 10 月的地方选举中，民阵取得了巨大的成功。但是，阿里·本·弗利斯在 2000～2003 年担任总理期间，与布特弗利卡产生了嫌隙，这影响了民阵的团结。2004 年，阿里·本·弗利斯成为民阵的总统候选人。布特弗利卡在党内的支持者以外交部长阿卜杜·阿齐兹·贝克哈迪姆为首，坚称此举在程序上有违法之处。2003 年 12 月，法庭冻结了民阵的所有资产和活动，民阵再次遭遇内部危机。布特弗利卡在 2004 年 4 月的选举中获得巨大成功，阿里·本·弗利斯不得不辞去总书记职务。

2005 年 2 月，贝克哈迪姆担任重组之后的民阵总书记。民阵也成立了由 121 名成员组成的执行委员会，成员由全国委员会选举产生。执行委员会代替了之前的中央委员会。布特弗利卡总统目前担任民阵的荣誉主席之职。由此，民阵再次与总统职务密切相连。阿里·本·弗利斯的支持者认为，民阵将成为总统的工具而失去独立性。2005 年 5 月，贝克哈迪姆离任外交部长，专注于民阵事务。2006 年，贝克哈迪姆担任总理，这标志着民阵内部的权力交接开始。

二　伊斯兰拯救阵线

1989 年，阿尔及利亚不同的伊斯兰主义流派联合起来，建立了伊斯兰拯救阵线（简称伊阵）。伊阵的成立，得益于埃及穆兄会提供的组织范例，也得益于伊朗伊斯兰共和国提供的精神激励，但主要还是阿尔及利亚国内政治、经济局势发展的结果。此外，谢赫苏尔坦尼、艾哈迈德·萨赫努的教育吸引了许多心怀不满的年轻人，这也有助于伊阵的成立。阿尔及尔大学社会学教授阿巴西·马达尼、魅力型的伊玛目阿里·本·哈迪吉是伊阵的主要创始人。作为 1988 年 10 月动乱之后政治自由化的结果，伊阵在 1989 年 9 月合法化。

伊阵批评民阵的腐败和世俗化。伊阵的民粹主义讲坛虽然是伊斯兰的，但是温和的，在全国范围内引起了广泛共鸣。在 1990 年的地方选举中，伊阵获得了惊人的成功。伊阵声称自己是战时民阵的真正继承者，革命党的目前变种（民阵）已经堕落。伊阵吸引了对民阵不满的人，尤其是那些失业的、被疏远的年轻人。当时，伊阵内部大体上有两种主要趋势：阿尔及利亚主义者寻求创建一个阿尔及利亚伊斯兰国家，萨拉非主义者则在泛伊斯兰背景下看待阿尔及利亚的斗争。阿尔及利亚主义者认同马达尼，萨拉非主义者认同阿里·本·哈迪吉。对于马达尼对伊阵的控制，伊阵内部有潜在的反对者。但是，党内的

派系和争议并非伊阵的焦点，伊阵专注于从民阵手中夺取权力。在议会选举临近时，伊阵领导人大胆而自信地要求提前进行总统选举。当民阵控制的国民议会通过不公正的选区划分的立法后，伊阵的反应非常激烈，抗议由此暴力化。政府推迟了 1991 年 6 月的议会选举，逮捕了马达尼和本·哈迪吉。

哈沙尼带领伊阵进入重新组织的 1991 年 12 月选举的第一轮投票，结果获得大胜。伊阵的成功引发了 1992 年 1 月 11 日政变，这次政变旨在阻止伊斯兰政府的上台。1989 年宪法暂停实施，最高国务委员会建立，哈沙尼、伊阵的著名成员和其他伊斯兰主义者被逮捕或监禁。最高国务委员会在 2 月宣布伊阵为非法政党，3 月予以公开查禁。1992 年 7 月，马达尼、本·哈迪吉因煽动叛乱的罪名被判刑 12 年。与此同时，国内冲突逐步升级，并导致内战。伊阵组织伊斯兰拯救军对抗政府，并与竞争对手伊斯兰武装集团产生了争议和冲突。伊斯兰拯救军在 1997 年与政府签署了停战协议，2000 年正式解散。

伊阵虽然在国内被查禁，不被允许参加阿尔及利亚的重新民主化和宪制化，但其仍然保持着在国际上的存在。拉班·克比尔领导伊阵国外执行局，安瓦尔·哈达姆主持伊阵国外议会代表团，两人都签署了圣·艾智德国民契约与纲领。

值得注意的是，虽然伊阵获得了巨大关注，但并非所有的伊斯兰主义者都赞成伊阵。其他一些知名的伊斯兰主义者也提供了替代性的计划和党派。此外，本·贝拉和本·赫达等人强烈反对伊阵的立场。女性主义者尤其拒绝接受伊阵。知识分子把伊阵视为潜在的专制主义者。世俗主义者，如赛义德·萨阿迪，也表现出不赞同伊阵的立场。事实上，与马什里克的极端什叶派伊斯兰主义者或阿拉伯半岛的瓦哈比主义者相比，伊阵是相当温和的，也愿意在民主体制内运作。但即便如此，当伊阵在地方掌权之后，在 1 月政变发生之前，在地方层面上也发生了一些事件，包括伊阵的"伊斯兰警察"，它监控穆斯林的行为，引起了人们的忧虑。

伊阵虽然是一个非法政党，但仍旧是一股政治力量。2003 年 5 月，阿尔及利亚一些著名的政治领导人呼吁，在马达尼和本·哈迪吉的刑期届满时释放他们。伊阵和伊斯兰主义在阿尔及利亚政治和社会中的角色仍然有待确定。2003 年 7 月，马达尼和本·哈迪吉被释放。2005 年，本·哈迪吉再次被监禁，因为他发表评论支持伊拉克的叛乱。2006 年 3 月本·哈迪吉再次获释。

三 社会主义力量阵线

社会主义力量阵线（简称社阵）于 1963 年建立，主要领导人是侯赛因·阿亚特·艾哈迈德。社阵反对艾哈迈德·本·贝拉的威权主义，在 1963 年晚些时候鼓动了一场反对中央政府的卡比尔人暴动。但因受到与摩洛哥的边界战争的影响，社阵的另一重要领导人穆罕德·哈吉与本·贝拉和解，社阵和卡比尔人暴动均受到了重大打击。侯赛因·阿亚特·艾哈迈德被捕，并被判处死刑，后来减刑为终身监禁。1966 年 7 月，侯赛因·阿亚特·艾哈迈德越狱，之后流亡法国和瑞士。

1989 年 11 月，社阵被承认为合法政党，12 月，侯赛因·阿亚特·艾哈迈德返回阿尔及利亚。社阵在 1990 年 6 月的地方选举中失败，之后在 1991 年 6 月和 12 月的全国选举中进行了动员。在 12 月的第一轮选举中，伊阵获得了惊人成功，社阵仅获得议会中的 26 席。在第二轮选举之前，侯赛因·阿亚特·艾哈迈德试图集结民主力量，以阻止伊阵获得议会的大多数席位。

社阵随后反对 1992 年 1 月推翻沙德利总统的政变以及最高国务委员会的建立，拒绝与最高国务委员会合作。社阵支持圣·艾智德国民契约与纲领。自 20 世纪 90 年代中期阿尔及利亚重启民主进程以来，社阵参与了大多数选举。2001 年 4 月，一名卡比尔少年死于警察羁押，此事引发了卡比利亚地区的暴力行动，社阵与其他柏柏尔人政党一起参加了抗议。

虽然社阵的支持者主要在卡比利亚，但社阵的纲领是全国性的，其并非地方性政党，侯赛因·阿亚特·艾哈迈德的声誉在国内和国际也广受认

可。另一个卡比尔人政党文化与民主联盟（简称文民盟）是社阵最大的地区政治竞争者。除了文民盟以外，社阵还面临卡比利亚自治运动等组织的竞争。卡比利亚的政治由此碎片化。2006年以来，社阵不断呼吁举行立法选举，以改革阿尔及利亚的政治体制。

第四章

经 济

第一节　概述

阿尔及利亚属于发展中国家，总体而言经济不发达。独立前，经济命脉被法国殖民主义者控制。独立以后，由于国内政局尚未稳定，加之法国移民大批撤离，阿尔及利亚的经济处于瘫痪状态。政府由此建立了一种新的经济发展模式，对国内的各经济部门进行重新安排，经济发展逐步进入正轨。

经济体制方面，阿尔及利亚起初实行计划经济体制，后来经过逐步改革，自 1980 年开始向市场经济体制过渡，1990 年以后全面实行市场经济体制。经济体制改革的核心，是培育市场主体，重塑政府与市场的关系。改革之后，国有企业在经济领域虽然仍是战略部门，但不再是唯一的市场主体，私人、外资企业也是重要的市场主体。政府作为经济政策的制定者和宏观经济的管理者减少了对经济的直接干预。

经济发展战略方面，起初的战略由国有化主导，优先发展重工业，在此基础上发展轻工业、农业等产业。但这一战略在实际执行过程中，造成了产业结构的严重失衡，对经济发展造成了不利影响。在开启向市场经济体制的过渡进程后，政府采取工农业并举、重工业与轻工业并举的战略，努力使国民经济协调发展。

经过多年的发展，阿尔及利亚的经济仍由国家主导，这是社会主义发展模式的遗产之一。近年来，政府停止了国有工业的私有化，限制进口和外国资本参与本国经济，并采取明确的进口替代政策。

一 计划经济体制时期

1962~1980 年前后是计划经济体制时期。在这段时间，阿尔及利亚在政治稳定后，先后执行了 4 个经济发展计划：1 个三年计划（1967~1969 年）、2 个四年计划（1970~1973 年、1974~1977 年）、1 个一年计划（1978 年）。阿尔及利亚的计划经济体制具有如下特点。一是国家垄断经济生活。国家是经济发展的主要参与者和主要投资人，国营企业占据国民经济的主导地位。1972 年，私人资本仅占投资总额的 5% 左右。1975 年，国营企业的产值占工农业生产总值的 80% 左右。近百家垄断性的国营大中型企业控制了国民经济的主要部门。国营工业企业成为工业化的主力军。二是高积累和高投资。第 1 个四年计划期间的积累率平均超过 35%，第 2 个四年计划期间的积累率平均在 50% 以上。[①] 三年计划及两个四年计划的投资额直线上升，分别为 76.51 亿第纳尔、359 亿第纳尔、1106 亿第纳尔。[②] 在计划经济体制时期，阿尔及利亚的经济发展围绕国有化、工业化和农业社会主义改造展开。

国有化即把生产资料收归国有，把国民经济的命脉掌握在国家手里。1963 年，政府对金融实行国有化，建立了中央银行。当年，政府成立了国家石油公司（全称国家石油调查、生产、运输、加工和销售公司）。1964 年实现了对进出口贸易和批发商业的控制。1968 年，政府把英美资本的石油公司国有化。1971 年 2 月，政府把天然气生产和油气运输管道收归国有，取消石油生产的租让制，石油股份的 51% 以上归国家所有。当年年底，政府控制了 80% 的石油生产和销售、所有的天然气生产和销售以及所有的管道运输。政府还把矿山、铁路等资产收归国有，陆续建立了国家钢铁公司、国家化工公司、国家机械制造公司和国家社会主义建设公司等大型国营工业企业。

---

① 《阿尔及利亚的经济发展 1962—1982》，法国巴黎经济出版社，1982，第 46 页，转引自赵慧杰编著《阿尔及利亚》，社会科学文献出版社，2006，第 171~172 页。
② 《1981 年世界经济年鉴》，经济科学出版社，1982，第 469 页，转引自赵慧杰编著《阿尔及利亚》，社会科学文献出版社，2006，第 172 页。

工业化战略即建立国营工业企业，优先发展以石油化工为主的重工业，在此基础上促进轻工业和农业发展。工业化战略在独立后不久提出，在布迈丁时期成型并得以贯彻。布迈丁指明了工业化战略的必要性和可行性。必要性在于，农产品的生产和原料的出口无法使阿尔及利亚在经济上独立、摆脱落后状态，只能依附于人；农业得不到工业的支持就不能迅速提高产量。可行性在于，丰富的油气资源可以作为发展重工业的基础，也可以保证资金的迅速积累，此外，国有化为工业化提供了有利条件。

执行工业化战略之后，油气产量迅速增加。石油产量从 1965 年的 2000 万吨增加到 1979 年的 5690 万吨；天然气产量在 1979 年达到 214 亿立方米，阿尔及利亚成为当时天然气出口第一大国。1967 ~ 1978 年，阿尔及利亚 GDP 的平均增长率达到了 7.2%。[1] 这一骄人的发展数据主要依赖油气部门的收入。特别是 1973 年中东战争以来，国际油价在近 10 年时间里一路走高，阿尔及利亚因此赚得盆满钵满。石油收入换取了社会稳定，保证了基本生活用品的供应，每年创造 17.5 万个就业机会。[2]

高经济增长率背后是严重的产业发展不平衡，表 4 - 1 表明 1967 ~ 1977 年各产业计划投资和实际投资占总投资份额的对比情况。

表 4 - 1 1967 ~ 1997 年各产业计划投资和实际投资占总投资份额的对比情况

单位：%

产业	1967 ~ 1969 年		1970 ~ 1973 年		1974 ~ 1977 年	
	计划	实际	计划	实际	计划	实际
石化产业	41.9	50.9	36.9	47.1	40.6	48.6
资本财货和中间产品	47.0	40.6	48.9	46.2	47.6	44.5
消费品	11.1	8.5	14.2	6.7	11.8	6.9

[1] John Ruedy, *Morden Algeria：The Origins and Development of a Nation*, Indiana University Press, 2005, p. 220.

[2] Martin Evans, John Philips, *Algeria：Anger of the Dispossessed*, Yale University Press, 2007, p. 87.

续表

产业	1967~1969 年		1970~1973 年		1974~1977 年	
	计划	实际	计划	实际	计划	实际
工业	48.7	55.3	44.7	57.0	43.6	62.0
农业	16.9	16.4	14.9	13.0	13.2	4.7
基础设施	34.4	28.3	40.4	30.0	43.2	33.3

资料来源：Richard I. Lawless，"Algeria：The Contradictions of Rapid Industrialization," in *North Africa：Contemporary Politics and Economic Development*，St. Martin's Press，1984，p.165。

表 4-1 中数据说明，石化产业的计划投资份额在 40% 左右，但获得的实际投资最多，几乎占据了总投资的一半。资本财货[①]和中间产品[②]在计划投资中份额最多，实际投资略少于石化产业。消费品的计划投资严重不足，实际投资更是少得可怜。

从产业角度看，工业获得的投资份额远远大于农业。工业发展的重点是石化产业和基础工业。为了实现快速工业化的目标，国民收入的大部分被用于工业投资。但是，主要依赖石化产业获得的收入不足以满足不断加速的工业化需求。一些国营企业因此与外国公司签署了交钥匙工程协议。这种工程表面上看是由投资方完成整个工程的设计、建造，顺利运转后即将该工厂或项目所有权和管理权的"钥匙"依合同完整地交给对方经营，但由于技术、管理水平落后，这种工程反而增加了成本，同时造成了对国外企业零部件、技术和人员的依赖。除了交钥匙工程协议以外，政府还大规模举借外债，填补投资缺口。"到 1980 年，阿尔及利亚的外债达到 163 亿美元，外汇收入的 25% 都要用于偿付利息。"[③]

工农业之间的发展不平衡更为严重。政府对农业的计划投资最高时仅

---

① 资本财货指企业用来生产产品的任何货品，又称生产货物或投资货物，此类货物不直接用于满足消费的需要，而是用来生产其他用于消费的货物，例如机器设备、工厂原材料等。

② 中间产品指继续投入生产过程的初级产品和工业制成品，是经过一些制造或加工过程，但还没有进入最终阶段的产品，例如钢铁和棉纱。

③ John Ruedy，*Morden Algeria：The Origins and Development of a Nation*，Indiana University Press，2005，p.220。

占总投资的 16.9%，实际投资比例远远低于这个数字。投资不足导致农业发展乏力。国营农场仍然延续了殖民地时期的种植品种，主要是一些用于出口的经济作物。另外，75% 的土地是私有土地，大多比较贫瘠，且被划分成小块，生产效率低下。国营农场和私有土地的二元农业生产模式，到 20 世纪 70 年代初期已经不能满足国内的粮食需求，大量外汇被用于购买粮食。在这样的形势下，政府于 1971 年出台了农业改革计划。计划的经济目标是增加贫困农民生产收入、实现农产品多样化以满足国内需求、提高阿尔及利亚在国际农产品出口中的地位等。政治目标则是打破部落结构，把乡村纳入国家管理之中，以伊斯兰和社会主义结合的一种混合的价值替代部落血亲关系。[①]

为了实现上述目标，政府开始对国有土地和大地主所有的土地进行改革，并尝试建立生产合作社。土地改革改变了农村原有的土地所有制。1972 年 1 月至 1973 年 6 月，大约 70 万公顷的国有土地被分配给 54 万名农民，64 万公顷地主的土地被分配给 60 万名农民，获得土地的农民成为自给自足的社会主义农庄的农民。[②] 然而土地改革并没有获得预期的效果。1977 年，2064360 公顷土地仍然属于国营农场，4472220 公顷土地在地主手中，只有 1000600 公顷土地完成了改革。[③] 在合作社建设方面，截至 1975 年，共建成 5261 个大大小小的农业合作社，涉及 9 万名农民和 17 万名自管农场工人。[④] 当时阿尔及利亚农民大约有 700 万人，绝大多数农民并没有参与到农业改革之中。不彻底、不全面的农业改革未能挽救阿尔及利亚的农业，1978 年阿尔及利亚的粮食自给率降到了 35%。

---

① Martin Evans, John Philips, *Algeria*: *Anger of the Dispossessed*, Yale University Press, 2007, p. 90.

② Martin Evans, John Philips, *Algeria*: *Anger of the Dispossessed*, Yale University Press, 2007, p. 90.

③ Martin Evans, John Philips, *Algeria*: *Anger of the Dispossessed*, Yale University Press, 2007, p. 223.

④ Benjamin Stora, *Algeria 1830 – 2000*: *A Short History*, Translated by Jane Marie Todd, Cornell University Press, 2001, pp. 156 – 157.

二 经济体制过渡时期

计划经济体制造成了国民经济的结构、比例严重失调，包括工业和农业的比例失调、重工业和轻工业的比例失调、积累和消费的比例失调、地区之间的发展失调等。政府开始对计划经济体制进行改革，并相应地调整了经济发展战略。1980～1989年，是阿尔及利亚从计划经济体制向市场经济体制过渡的时期，政府在计划经济的基础上逐步引入市场机制。在这段时间，政府先后执行了两个五年计划（1980～1984年、1985～1989年）。

沙德利总统对计划经济持否定态度，决心对经济体制进行全面改革。改革的核心着力点是调整产业结构，大力发展私人经济，使国民经济协调发展。1980年6月，政府出台五年计划，试图扭转过去快速工业化带来的产业发展不平衡情况。[①] 政府把农业、水利、住房和教育作为优先发展部门，并特别强调了发展农业的重要性。与此同时，政府调整了工业化战略，提出建立科学的工业体系，改变重视重工业而轻视轻工业的做法。政府还着手改革油气部门，标志性举措是1980年国家石油公司重组为四家企业。

五年计划强调私人经济在国家经济生活中的重要作用。为打破国家对经济的垄断，政府提出私人经济是国营经济的补充。1980年3月颁布《私人投资法》，鼓励私人向中小企业投资。1982年4月颁布《合资企业法》。1982～1983年，政府开始向民间工业企业、服务业和农民发放贷款，允许私营企业进口零部件。由于政府的鼓励，私人经济的比重迅速提高，在商业领域占据了重要地位。到1983年底，私营企业的从业人员数占全国就业人口数的1/3。农业的私营率从1980年的55%上升到1985年62%。

1987年，政府对国营农场进行改革，解散国营农场，将170万公顷

---

① Benjamin Stora, *Algeria 1830 - 2000: A Short History*, Translated by Jane Marie Todd, Cornell University Press, 2001, p. 184.

社会主义农场的土地分配给农民经营使用。到 20 世纪 80 年代末，社会主义农场被私人农场取代。1988 年，政府开始推行企业股份制改造，将政企分开。

五年计划的目标是调整产业结构，发展私人经济，生产足够的消费品，创造就业机会。但结果令人大失所望。私人经济没能创造更多的就业机会。1980～1981 年，新增就业机会为 28 万个，与 1976 年的 25 万个相比，并没有实现质的飞跃。与之相对的是，每年有 20 万名青壮年劳动力涌入职场。[①] 工业领域的产业结构调整刚刚起步，改革需要的资金仍然主要来自油气出口收入。1982 年，油气出口收入占出口产品收入的 92%，而在 1972 年时，这一比例是 88%。1983 年，国际油价下跌，阿尔及利亚经济遭到重创，改革更加艰难。农业也没有因为土地的分配而获得长足发展。1984 年，粮油产品、奶制品、糖等生活基本农产品大部分仍然依靠进口。雄心勃勃的五年计划未能改变过去基本定型的产业结构。

此外，到了 20 世纪 80 年代，70 年代为发展重工业举借的外债给阿尔及利亚带来了沉重的财政负担。但因产业结构调整没有达到预期效果，加之国际油价暴跌，阿尔及利亚仍然不得不继续举借外债，以至于到 1988 年时，阿尔及利亚已债台高筑，外债达到 249 亿美元[②]。

三 市场经济体制时期

1990 年以后，阿尔及利亚开始全面实行市场经济体制，推出了一系列改革措施。当年，除少数生活必需品外，政府放开了市场与价格，4 月颁布了《货币和信贷法》。1993 年颁布的《投资法》允许个人或集体在国家限定的战略部门以外进行自由投资；鼓励和吸引外资开办合资或独资企业。当年 10 月颁布了《投资促进法》。1994 年颁布的《投资法》对鼓励和吸引外资、减免税收等做出了新规定，当年 10 月成立了国家投资促

① Benjamin Stora, *Algeria 1830 – 2000*: *A Short History*, Translated by Jane Marie Todd, Cornell University Press, 2001, p. 186.

② William Zartman, William Mark Habeeb, *Polity and Society in Contemporary North Africa*, Westview Press, 1993, p. 157.

进、支持和后续工作局。

1995 年，政府正式推出经济私有化和贸易自由化政策。私有化方面，通过了《私有化法令》，决定将油气等战略部门除外的 1300 家国营中小型企业向私人出售，农村土地实行私有化，鼓励私人参与经济活动。贸易自由化方面，进一步放开对外贸易，除一些战略物资外，取消外贸垄断。政府在推进改革的同时，还大力对外开放，积极争取美国、法国等国家以及国际组织的援助。截至 2016 年 6 月底，世界银行向阿尔及利亚发放的贷款金额为 1042 万美元。①

虽然在市场经济体制改革和私有化改革方面取得了一些进步，但是，建立一个完善的、成熟的市场经济体制仍然是十分艰巨的任务。为了保持经济的可持续发展，阿尔及利亚还需要进行有效的、透明的改革。

2005～2017 年阿尔及利亚的实际 GDP 增长率如表 4 – 2 所示。

表 4 – 2 2005～2017 年阿尔及利亚的实际 GDP 增长率

单位：%

年份	实际 GDP 增长率	年份	实际 GDP 增长率
2005	5.90	2012	3.30
2006	1.70	2013	2.80
2007	3.40	2014	3.80
2008	2.40	2015	3.90
2009	1.60	2016	3.60
2010	3.60	2017	2.90
2011	2.80		

资料来源：2005～2014 年的数据，参见国际货币基金组织，International Monetary Fund（IMF）World Economic Outlook（WEO）Database，October 2014，https：//www.gfmag.com/global-data/country-data/algeria-gdp-country-report，访问时间为 2016 年 8 月 4 日；2015～2017 年的数据，参见国际货币基金组织，*World Economic Outlook 2016*，https：//www.gfmag.com/global-data/country-data/algeria-gdp-country-report，访问时间为 2018 年 7 月 23 日，其中，2016 年、2017 年两年的数据为估算数据。

---

① 世界银行，https：//data.worldbank.org.cn/country/algeria? view = chart，访问时间为 2018 年 7 月 24 日。

2003～2016 年的 GDP 如表 4 – 3 所示。

表 4 – 3 2003～2016 年的 GDP

单位：10 亿美元

年份	GDP	年份	GDP
2003	67.864	2010	161.207
2004	85.325	2011	200.019
2005	103.198	2012	209.059
2006	117.027	2013	209.755
2007	134.977	2014	213.810
2008	171.001	2015	165.874
2009	137.211	2016	159.049

资料来源：世界银行，https：//data. worldbank. org. cn/country/algeria? view = chart，访问时间为 2018 年 7 月 24 日。

阿尔及利亚 GDP 占全球的份额如表 4 – 4 所示。

表 4 – 4 阿尔及利亚 GDP 占全球的份额

单位：%

指标	1980 年	1990 年	2000 年	2010 年	2017 年
比例	0.67	0.65	0.52	0.52	0.50

资料来源：国际货币基金组织，IMF World Economic Outlook 2016，https：//www. gfmag. com/global-data/country-data/algeria-gdp-country-report，访问时间为 2018 年 7 月 23 日。

四 产业结构概况

随着经济体制改革的逐步推进和经济发展战略的不断调整，阿尔及利亚的产业结构也在不断发生变化。在计划经济体制时期，阿尔及利亚的经济建设总体而言以发展重工业为中心，轻工业发展滞后，农业改革没有获得成功。经过 10 余年的工业化发展，到 20 世纪 80 年代初，阿尔及利亚工业初具规模，形成了一个以油气工业为主体的工业体系。工业在国民经济中的比重迅速提高。1963 年工业产值比重为 35.3%，1977 年达到 65.6%，农业产值比重则从独立前 1960 年的 21% 逐年下降，一直降到 1977 年的 7.1%①，为历史最低值。

在开启向市场经济体制的过渡之后，阿尔及利亚开始进行经济结构调整。工业的比重逐年降低，农业发展显著，农业和服务业的比重不断上升。农业产值占 GDP 的比例由 1977 年的 7.1% 上升到 1990 年的 14%。

全面实行市场经济体制后，政府加大产业结构的调整力度，发展非油气部门，吸引外国投资，以实现经济的多元化。政府在实行工农业并举政策的同时，加快服务业的发展。服务业的产值不断增加，从 1996 年的 5600 亿第纳尔上升到 2000 年的 7520 亿第纳尔②。

2012 年，出口商品和服务产值占 GDP 的比重为 37.2%。③ 2013 年，在阿尔及利亚的 GDP 构成中，农业部门占 9.4%，工业部门占 62.6%，服务业部门占 28%。④ 2016 年，在 GDP 的构成中，农业部门占 13.1%，工业部门占 38.7%，服务业部门占 48.2%。⑤ 2017 年的构成分别为农业部门占 13.2%，工业部门占 36.1%，服务业部门占 50.7%。⑥

综合来看，阿尔及利亚的产业结构有两个主要特点。一是产业门类比较齐全，农业、工业、服务业等各产业部门都有一定的发展。产业结构以工业、服务业为主体，具有一定的工业基础，工业体系比较完备，传统的粗放式农业与工业并存，服务业发展较快。二是产业结构失衡，

---

① 《1981 年世界经济年鉴》，经济科学出版社，1982，第 470 页，转引自赵慧杰编著《阿尔及利亚》，社会科学文献出版社，2006，第 173 页。

② Country Profile 2002 Algeria, p. 60，转引自赵慧杰《阿尔及利亚》，社会科学文献出版社，2006，第 173 页。

③ 世界银行，World Bank-Data Pulled Oct. 2014，https：//www. gfmag. com/global-data/country-data/algeria-gdp-country-report，访问时间为 2016 年 8 月 4 日。

④ 环球金融杂志社网站，https：//www. gfmag. com/global-data/country-data/algeria-gdp-country-report，访问时间为 2016 年 8 月 4 日。

⑤ CIA World Facebook，https：//www. gfmag. com/global-data/country-data/algeria-gdp-country-report，访问时间为 2018 年 7 月 23 日。

⑥ 美国中央情报局网站，https：//www. cia. gov/library/publications/resources/the-world-factbook/geos/ag. html，访问时间为 2018 年 7 月 27 日。

国民经济高度依赖油气部门。长期以来，碳氢化合物一直是阿尔及利亚经济的支柱，大约贡献了 GDP 的 30%、预算收入的 60%、出口收入的 95%。阿尔及利亚拥有世界第十大天然气储量（包括第三大页岩气储量），并且是第六大天然气出口国，其探明石油储量排世界第 16 位。碳氢化合物的出口使阿尔及利亚能够保持宏观经济稳定，积累了大量外汇储备，并在全球油价高企的同时维持低外债。

但是自 2014 年以来，国际油价下跌，阿尔及利亚的外汇储备减少了一半以上，其石油稳定基金已从 2013 年底的约 200 亿美元减少到 2017 年的约 70 亿美元。油价下跌也降低了政府利用经济增长来分配租金、资助公共补贴的能力，政府一直面临减少开支的压力。2015 ~ 2017 年，政府逐步增加了一些税收，导致汽油、卷烟、酒精和某些进口商品的价格上涨。即便如此，政府也没有减少在教育、医疗和住房方面的补贴。

2015 年以来，阿尔及利亚增加了保护主义措施，以限制其进口费用，并鼓励国内非石油和天然气工业的生产。政府还对进口所用的外汇和进口特定产品（如汽车）的配额实行了额外限制。布特弗利卡总统在 2017 年秋季宣布，阿尔及利亚打算开发非传统能源。2018 年 1 月，政府宣布无限期暂停进口约 850 种产品，但需定期复审。

第二节　农业

一　农业概况

阿尔及利亚具有较好的农业发展条件，其中包括：具有适合不同类型作物生长的多样性气候；农业绿色生产规模大，化肥和农药的使用率低；农业市场较大，既包括国内市场，也包括地中海沿岸国家及非洲其他国家市场；具备全年出产农产品的条件，农产品质量高。沿地中海的狭长平原土地肥沃，是阿尔及利亚农业的主产区。根据 2014 年的估计，农地面积占国土面积的 17.4%，森林占 0.82%，其他占 81.8%。在农地之中，耕地面积占 18.02%，永久性作物面积占 2.34%，永久牧场面积占 79.63%。①

　　虽然具有良好的自然、地理条件，但在计划经济体制时期，阿尔及利亚的农业生产发展缓慢。主要原因如下。一是国家投入少，农业基础设施落后。政府执行工业化战略，农业被边缘化，实际上依附于工业，农业投资仅占国家投资总额的 10% 左右。政府共修建了 5 个水坝用于农业灌溉，灌溉面积仅有 30 万公顷，不足已耕地面积的 5%。二是农田管理差。实际耕种面积只占已耕地面积的 60%~70%，每年耕种面积为 400 万~500万公顷。三是水土流失严重。80% 的农田是坡地，大雨过后冲刷损失严重；撒哈拉沙漠向北延伸造成土地沙化，每年都要侵蚀一部分农田。粮食在独立前完全自给，1979 年自给率不足 40%。

　　在开始向市场经济过渡之后，政府在 1982 年放开了大多数农产品的销售权。在 1985~1989 年的五年计划期间，对农业和水利的投资占国家投资总额的 14.3%。政府还拨出 250 亿美元专款用于水利建设，计划2000 年以前在全国各地修建 100 个水坝，以解决农业、工业及居民用水问题。政府在 1987 年组建了国家排灌水利局，为促进农业中长期发展实施大规模水利灌溉计划。

　　在市场经济体制时期，政府在 1994 年取消了农产品进口配额许可证制度。1995 年，政府取消对农产品生产价格的保护（小麦除外），并取消对食品、农业生产要素和农资的价格补贴。2000 年，政府开始实施《国家农业发展计划》。主要内容是：改变单一的粮食生产模式，鼓励因地制宜发展多种经营；为农民提供各种农业技术服务；资助农校毕业生和城市失业青年到农村开办农场。该计划还提出了农业发展的四个目标：加快开发北方的土地和绿洲地区；促进南方沙漠地区的农业企业化发展；加强国内市场需求量大的粮油、奶、糖等产品的生产；加快在国际市场上有竞争力产品的生产。

　　2003 年，政府制定了长期开发和利用水资源的规划。根据规划，政

---

① 美国中央情报局，https：//www.cia.gov/library/publications/resources/the-world-factbook/geos/ag.html，访问时间为 2018 年 7 月 27 日。

府将加快水利基础设施建设，到 2020 年前，在近 50 个大型水库的基础上，再建 50 个大型水库和 1000 个小型水库，把全国水库的总容量从 50 亿立方米提高到 90 亿立方米。2020 年新水库建成后，地表水截留量将在 75% 以上（2003 年为 63% 左右），截留水量从 120 亿立方米增加到 143 亿立方米。① 2003 年国家财政用于水利建设的预算达 1460 亿第纳尔。

由于政府采取的积极措施，20 世纪 90 年代以来，农业出现了较为明显的发展。得益于水利灌溉设施的建设，水浇地的面积扩大。农业机械化程度也有很大提高，农业生产率提高。农业产量随之增加。1991~1999 年是农业生产增长较快的时期。种植业②的年均增长率达到 5.42%。③ 主要农产品粮食、蔬菜等单位产量大幅提高。2001 年，全国共有 15 个农业项目得到《国家农业发展计划》的支持，农作物的种植面积扩大了近 5 万公顷，新建了 3000 多个农业服务公司，创造了 18 万个就业机会。2002~2003 年，农业生产取得长足进展，粮食产量达 426 万吨，其产量和产值分别比 2001~2002 年增长了 24% 和 18%。④

农业产值也得以提高。据农业部统计的 1990~1999 年的农业发展情况，农业平均每年实现产值 80 亿美元；平均年增长率为 4%。⑤ 农业产值占 GDP 的比重基本保持在 10% 以上，1999 年为 13.5%，2000 年为 11.4%，2001 年为 12.5%。⑥ 2012 年农业产值为 290 亿美元，同比增长 8.3%。

得益于农业的发展，牛羊肉、水果、蔬菜、鸡蛋的生产能够自给。政府

---

① 新华社阿尔及尔 2003 年 3 月 23 日电。

② 种植业即狭义的农业，亦称农作物栽培业，是指栽培农作物以取得植物性产品的农业部门，包括粮食作物种植业、经济作物种植业、蔬菜作物种植业等。种植业与畜牧业、渔业、林业等部门一起构成广义的农业。

③ http://www.ons.dz/agric/（阿尔及利亚国家统计局），转引自赵慧杰编著《阿尔及利亚》，社会科学文献出版社，2006，第 174 页。

④ http://dz.mofcom.gov.cn/（中华人民共和国驻阿尔及利亚民主人民共和国大使馆经济商务处），转引自赵慧杰编著《阿尔及利亚》，社会科学文献出版社，2006，第 179 页。

⑤ http://dz.mofcom.gov.cn/（中华人民共和国驻阿尔及利亚民主人民共和国大使馆经济商务处），转引自赵慧杰编著《阿尔及利亚》，社会科学文献出版社，2006，第 178 页。

⑥ http://www.promex.dz/donnees/（阿尔及利亚对外贸易促进局），转引自赵慧杰编著《阿尔及利亚》，社会科学文献出版社，2006，第 178 页。

想创造 50 万个就业机会，扩建 20 万公顷水浇地以用于种植，以及 50 万公顷的果树地、森林和草原。① 2014 年，灌溉土地面积达到 13600 平方公里。②

总体而言，除了自然条件之外，农业更多地受到管理不善及现代化失败的影响。到 20 世纪 90 年代早期和 21 世纪初，农业产值占阿尔及利亚 GDP 的 12% 左右。农业出口的 60% 被输往欧洲。③ 农业进口主要来自美国和欧盟。除了无常的天气条件影响农业之外，蝗灾也是一大自然灾害。2004 年，阿尔及利亚和邻国合作发起了防治虫害的运动。

近年来，阿尔及利亚再度调整了农业政策。农业政策的基本目标是保障粮食安全。在这一目标之下，阿尔及利亚开始将农业作为经济发展和实现经济多样化的重要着力点，加大了对农业的战略投资力度，以扩大农业生产规模、加强农业集约化生产、完善国家农业保障机制。

政府将采取以下措施推动农业发展：改良土质、兴建综合屠宰场、鼓励农业领域的公私合营；推动农业机械化生产；建设农业节水系统；兴建现代化苗圃；推广大棚种植；发展畜牧饲料种植业；发展农产品存储技术；加大对食品加工业的投资力度，包括水果蔬菜加工、奶制品加工；发展化肥工业和兽药制造业。④

二 种植业

（一）粮食作物

阿尔及利亚的可耕地面积有一定程度的增加。根据 2005 年的数据，可耕地面积占国土面积的 3.17%，约为 754 万公顷。2018 年，阿尔及利亚的可耕地面积为 840 万公顷。⑤

① Phillip C. Naylor, *Historical Dictionary of Algeria*, The Scarecrow Press, 2006, p. 62.
② 美国中央情报局，https://www.cia.gov/library/publications/resources/the-world-factbook/geos/ag.html，访问时间为 2018 年 7 月 27 日。
③ Phillip C. Naylor, *Historical Dictionary of Algeria*, The Scarecrow Press, 2006, p. 62.
④ 阿尔及利亚国家投资发展局，http://www.andi.dz/index.php/ar/secteur-de-l-agriculture，访问时间为 2017 年 8 月 8 日。
⑤ 美国商务部国际贸易管理局，https://www.export.gov/article? id = Algeria – Agricultural – Sector，访问时间为 2019 年 1 月 31 日。

粮食作物种植业以谷物为主，此外还有豆类和玉米。谷物种植面积占已耕地面积的一半左右，主要是小麦，接着是大麦和燕麦。小麦的种植面积逐年扩大。1965 年，小麦种植面积为 165 万公顷。1990 年，小麦种植面积增加到 355 万公顷。1995 年，谷物种植面积达 516 万公顷，其中小麦种植面积为 425 万公顷。

谷物产量不稳定，受自然气候影响严重。风调雨顺之年谷物产量可达 400 万吨以上，灾荒之年不足 100 万吨，平均年产量在 200 万吨以上。2000~2002 年的谷物产量具有代表性，2002 年高达 426 万吨，2001 年为 260 万吨，2000 年仅为 90 万吨。

由于粮食种植面积有限，而且产量不稳定，阿尔及利亚实现粮食自给困难重重。国内粮食消费主要依靠进口，自产粮食只能满足约 1/4 的市场需求。[1] 农业的弱势给阿尔及利亚的预算和收入造成了严重的影响。大量人口的吃饭问题代价高昂，给农业带来沉重的压力。

粮食进口量在农业进口量中占首位，2000 年的粮食进口量占农业进口量的 1/3。进口的粮食产品主要是小麦，近年来每年进口量为 500 万~800 万吨。粮食进口地主要是加拿大，从加拿大进口的粮食额约占进口总额的 1/3。法国、德国、美国分别是阿尔及利亚第二大、第三大、第四大粮食进口国。

谷物的产值只占农业经济总收入的 30% 左右，经济作物是农业的最重要收入来源。在农业经济中，农产品收入排序依次是葡萄（约占 50%）、粮食（约占 30%）、柑橘（约占 14%）、蔬菜（约占 5%），因此，政府在《经济振兴计划（2001~2005 年）》中提出要转变农业发展战略，将农业的重点由多种粮食种植转向发展经济作物种植，大力发展果树、蔬菜的种植，促进农业产值增加。

（二）经济作物

经济作物主要有葡萄、橄榄、柑橘、椰枣、无花果。这 5 种产品的产量在国际市场上都排在前 10 位，除部分满足国内需求外，5 种产品都大量

---

① Phillip C. Naylor, *Historical Dictionary of Algeria*, The Scarecrow Press, 2006, p. 61.

出口国外，其中椰枣出口收入最多。此外，还有蔬菜、烟草、棉花、香料等经济作物。

葡萄是传统经济作物，地位重要，其产值最高时可占农业总产值的50%。沿海地区是主要的葡萄产区。由于葡萄藤老化，葡萄种植面积逐年萎缩。独立前的1960年，葡萄种植面积为37万公顷；1970年减少到26万公顷；1980年仅为14万公顷。20世纪90年代早期，种植面积为8.2万公顷。虽然种植面积在减少，但单位产量有所增加。

橄榄油产量居世界第7位。橄榄种植面积一直保持在10多万公顷。橄榄油70%内销，30%出口，主要出口法国。

柑橘在经济作物中占有重要地位。生产的柑橘35%供应国内市场，65%出口，其主要出口法国，然后是英国、德国、荷兰、俄罗斯等国。柑橘的种植面积一直保持在4万多公顷，产量为30万~40万吨。

椰枣产量居北非第1位、世界第5位。现有椰枣树1510万株，种植面积为10万公顷。椰枣产量逐年增加，2002~2003年椰枣产量达47.2万吨。① 2001年椰枣出口额达1052万美元。

无花果产量在阿拉伯国家排第1位，在世界排第6位。94.8%供国内居民鲜食或制成果干，其余出口。无花果产量中约80%为鲜果，20%为干果。

三 畜牧业

2014年，阿尔及利亚草原及牧场面积为3314万公顷，约占国土面积的14%。② 独立前夕，牲畜总数不足400万头。独立后，政府重视发展畜牧业，1967年牲畜存栏数增加到800万头。1989年，牲畜存栏数增加至2000万头。1990年以来，牲畜存栏数都在2000万头以上。1993年牲畜存栏数为2277.6万头。

畜牧业主要集中在高原地带和南部地区，以饲养绵羊、山羊、黄牛和

① 阿尔及利亚农业部，http://www.minagri-algeria.org，转引自赵慧杰编著《阿尔及利亚》，社会科学文献出版社，2006，第182页。

② 联合国统计司，Environment Statistics Country Snapshot：Algeria，访问时间为2016年12月。

骆驼为主,其他牲畜为马、驴、骡子。1999年饲养绵羊约1800万只,占牲畜存栏数的一半以上。

畜牧业的产品包括牛羊肉、羊毛、奶、蛋、蜂蜜等。这些产品无法满足国内日益增长的需求,需要进口。

四 渔 业

阿尔及利亚的海洋渔业资源比较丰富。阿尔及利亚的海洋主张为12海里领海、32~52海里专属渔区。用于渔业捕捞的海域面积为220万公顷,其中140万公顷位于大陆架。阿尔及利亚大陆架狭窄,距离陆地仅50公里左右,不利于渔业生产。另外,海水污染也比较严重。全国有4个重要渔港:贝尼萨夫港是最大的渔港,捕捞的鱼类有沙丁鱼、鳀鱼、青鱼、白鱼和一些深海鱼类;埃兹瓦特港是第二大渔港,盛产白鱼和鳀鱼;阿尔及尔港是第三大渔港;斯基克达港是东部的重要渔港、第四大渔港。

为加强对水产资源的开发,阿尔及利亚独立后先后成立了国家水产管理局、渔业与水产资源部,组建捕捞队伍,积极培养渔业人才。阿尔及利亚设有多个渔业技术学校和高等职业学院。主要包括谢尔谢勒海洋捕捞及水产养殖技术培训学校、班尼·萨非渔业技术及水产养殖技术培训学校、阿尔及尔港海洋捕捞及水产养殖高等学院、吉杰尔捕捞及水产养殖技术学院、奥兰捕捞及水产养殖技术学院。[1]

《经济振兴计划(2001~2005年)》把渔业生产放在重要位置,增加了对渔业的投资。政府制订了三项计划。一是发展内陆水产养殖业。该计划的目标是年产鱼类产品3万吨,创造10000个就业岗位。二是大力发展海洋渔业生产。该计划的目标是年产30万吨海洋渔业产品,更新捕捞队、修复港口、配备新的设施,鼓励投资渔业生产。三是积极支持手工渔业。政府制定了鼓励私人从事渔业生产的具体优惠措施。根据《经济振兴计划(2001~2005年)》,政府向"发展渔业和水产养殖业国家基金"拨款

---

① 阿尔及利亚国家投资发展局,http://www.andi.dz/index.php/ar/secteur-de-la-peche,访问时间为2017年8月8日。

95 亿第纳尔。2003 年，政府采取了 4 项措施：从农业和农村发展银行获得 950 万第纳尔用于补贴渔业；对渔船燃油实行免税政策，降低捕鱼成本 40%～60%；增加 650 条新渔船；建立渔场监管机制，组建渔区警察，维护渔场秩序，取缔非法经营。

得益于政府的扶植政策和大力投资，渔业生产发展较快，一直呈上升趋势。1966 年的渔业捕捞量达到 25000 吨，接近 1960 年的水平。1970 年以后，渔业发展有所加快，1970 年捕捞量为 27000 吨，1975 年增加到 37700 吨。1980 年经济发展战略调整后，政府提出捕捞量达到 5 万吨的目标。经过 10 年的努力，1990 年达到 91061 吨。1999 年，捕捞量达到 106000 吨，这是首次超过 10 万吨。2000 年达到 113157 吨；2001 年增加到 133623 吨；2002 年增至 134300 吨。[1] 预计年捕捞量能达到 170000 吨。产品包括贝类、沙丁鱼、鳀鱼、条红鲻鱼、鲱鱼、金枪鱼，主要来自私人而非商船。

2002～2012 年，阿尔及利亚开展的渔业投资项目主要有 290 项捕鱼业投资和 15 项水产养殖投资，共计创造就业岗位 5365 个。2017 年，阿尔及利亚每年捕捞 15 万吨深海沙丁鱼和凤尾鱼。水产养殖年均产量为 500 吨。国民人均每年消费海产品量为 58.4 千克。阿尔及利亚正致力于进一步开发海洋渔业资源，发展水产养殖，甚至尝试在沙漠地区开展水产养殖。[2]

五　林业

几个世纪以来的土地开垦、树木砍伐及森林火灾破坏了阿尔及利亚的林业资源。撒哈拉阿特拉斯山曾经茂密的森林因长期砍伐而所剩无几。1967 年，森林面积约为 24000 平方公里，其中 18000 平方公里为茂密的灌木丛。20 世纪 70 年代中期，政府开始推行退耕还林工程，每年大约退耕 10 万平方公里耕地。其中包括沿撒哈拉阿特拉斯山一线的造林计划。该计划的目标是建设长 1500 公里、宽 20 公里的绿化带，主要树种为阿勒

---

① 阿尔及利亚渔业水产部，http：//www. mprh-dz. com，转引自赵慧杰编著《阿尔及利亚》，社会科学文献出版社，2006，第 190～191 页。

② 阿尔及利亚国家投资发展局，http：//www. andi. dz/index. php/ar/secteur-de-la-peche，访问时间为 2017 年 8 月 8 日。

颇松树。尽管如此，到 20 世纪 80 年代初，撒哈拉沙漠的影响已到达撒哈拉阿特拉斯山和奥雷斯山之间的区域。20 世纪 80 年代晚期，由于经费原因，绿化带计划被搁置。森林覆盖率（森林植被面积占国土面积的比例）为 11%，总面积为 367 万公顷。森林总局的数据显示，自 2000 年推出国家绿化计划至今，已植树造林 50 万公顷。

森林主要分布在地中海沿岸的山区。主要森林资源有阿尔法草、栓皮栎、角豆树、黄檗、杜松、姜果棕，以及地中海地区常见的植物和沙漠植物。在阿特拉斯山区的一些高海拔湿润区域，生长着茂密的栓皮栎和阿勒颇松树。在低海拔区域生长着耐旱植物。高原地区的主要植被是草和灌木。

阿尔法草的种植面积约为 400 万公顷，产量居世界第一。阿尔法草主要出口英国和法国，其余销往德国和意大利。林木种植面积为 400 多万公顷，61.5% 分布在北部，其余分布在高原地区和南部地区。每年生产林木的森林面积为 140 万~150 万公顷，平均每年生产木材 20 万立方米，能满足国内市场需求的 10% 左右。栓皮栎林种植面积为 46 万公顷，居世界第二；栓皮年产量为 20 万立方米，居世界第三。

第三节　工业

一　工业概况

阿尔及利亚独立前工业落后，只有食品加工、纺织、服装、烟草等轻工业部门。独立后，工业化战略取得了一定成就，新建了油气、冶金、水泥、金属制造、造纸等制造业部门。在三个经济发展计划期间（1967~1977 年），工业产值平均每年增长 10%。[①] 到 1978 年底，全国建立了 300多家大中型工业企业，从业人数为 20 多万人。

1980 年以后，随着经济体制改革的推进和经济发展战略的调整，阿

---

① 〔法〕《非洲工业》杂志，1980 年 7 月 15 日，第 212 期，转引自赵慧杰编著《阿尔及利亚》，社会科学文献出版社，2006，第 192 页。

尔及利亚开始改变单纯依赖油气工业的模式,工业生产受到影响。1980~1990年,工业增长缓慢,甚至出现了倒退。但油气工业作为支柱产业一直保持着增长,即便增长速度有所放缓,在工业中的主导地位未曾变化。

1990年以后,政府大力发展非油气工业,工业布局更加合理。从1995年起,工业生产形势逐步好转。1998年,工业增长率创下了历史最高纪录,达到15.1%。2001年,工业再次实现较快增长,增长率达6.6%;工业产值实现3024亿第纳尔,首次突破3000亿第纳尔。

从2001年起,政府为加快非油气工业的发展采取了一系列措施:增加工业投资,增加外汇储备,保证企业进口所需设备;实施工业增长支持计划,保证企业发展所需设备、材料的供应;建立企业认证体系,设立"提高工业竞争力国家基金",对企业认证给予支持;出台企业整顿规划,加强企业的规范化管理;制订"规划工业区"计划,加强对工业发展的统一领导。即使如此,非油气工业的发展仍然受到多种因素的制约,开工率低,增长缓慢,水平不高。

2006年工业部门共有员工约43万名,其中国有工业企业职工为33万名,私营企业员工约为10万名。油气、冶金、金属制造、水泥、食品加工5个部门是工业的主要部门。其他方面,造纸企业受原材料短缺的影响,规模一般不大,生产纸张和纸类的品种也一般,产量多年来都没有太多增加。皮革工业经历了从传统手工业向现代工业的转型,其产值占工业产值的比重很小。制药企业多为外资企业。

近年来,阿尔及利亚制定了振兴工业的新战略,旨在实现工业发展、工业现代化和产业整合。政府致力于提升工业投资的吸引力,创造就业机会,促进数字经济发展,制定灵活的工业项目投融资机制。重点发展的领域包括冶金、液压件、机电制造及家用电器制造、化工、制药、机械制造、汽车工业、航空器制造、船舶制造、高科技、食品加工、纺织、家具制造等。①

---

① 阿尔及利亚国家投资发展局,http://www.andi.dz/index.php/ar/secteur-de-l-industrie,访问时间为2017年8月9日。

2011～2017 年工业生产年均增长率如表 4－5 所示。

表 4－5　2011～2017 年工业生产年均增长率

单位：%

指标	2011 年	2012 年	2013 年	2014 年	2015 年	2016 年	2017 年
工业生产年均增长率	－1.3	－0.1	2.2	－1.4	0.6	1.5	2.3

资料来源：经济聚焦，https://www.focus-economics.com/country-indicator/algeria/industry，访问时间为 2018 年 7 月 23 日。

二　油气工业

阿尔及利亚的经济发展高度依赖油气部门。油气工业是工业的支柱，也是国民经济的支柱。油气产品[①]的出口收入是国家外汇的主要来源，占出口总额的 95% 以上[②]，有时可达 97%[③]。油气工业产值占 GDP 的一半左右。油气工业贡献了 2/3 以上的财政收入。[④]

油气工业始于 20 世纪 50 年代。1956 年发现石油，1958 年油气部门投入生产。1962 年独立时，石油产量为 1900 万吨。1954 年发现天然气田，1961 年阿尔及利亚开始商业天然气生产，当年产量为 2.3 亿立方米，1962 年增加到 3.5 亿立方米。1963 年国家石油公司成立，专门负责油气的生产、运输和销售。之后，油气工业发展加快，1973 年原油产量达到 5000 万吨，1978 年增加到 5739 万吨；天然气产量在 1974 年达到 56.2 亿立方米，1979 年增加到 214 亿立方米。与此同时，炼油能力也有很大提高，1962 年炼油能力仅为 22.5 万吨，1977 年炼油能力提高到

---

① 指石油、天然气、石油产品。

② 国际儿童村，http://www.our-africa.org/algeria/economy-industry，访问时间为 2016 年 8 月 9 日。

③ 环球金融杂志社，https://www.gfmag.com/global-data/country-data/algeria-gdp-country-report，访问时间为 2016 年 8 月 4 日。

④ 国际儿童村，http://www.our-africa.org/algeria/economy-industry，访问时间为 2016 年 8 月 9 日。

540 万吨。

1980 年以后，政府调整了油气工业的发展战略，逐年减少原油出口量，增加精炼油和天然气的出口量，同时对国家石油公司进行改组。改组之前，该公司拥有 10 万名职工，每年消耗 62% 的工业投资和 50% 的外国贷款。改组之后，该公司被一分为四，新的国家石油公司负责勘探、开发、运输和销售；另成立 3 家公司，一家负责提炼和分析油气化合物，一家负责制造和销售塑料及橡胶，一家负责石化工程的建设。

1986 年，政府对开发、经营油气做出新规定，以鼓励外国公司直接参与或投资油气的勘探和开发。其中规定：政府保证任何在其境内从事油气勘探的外国公司和国际财团的获益不少于 51%；天然气发现后允许外国公司用天然气换取勘探费用，并获得勘探酬金；外国承包公司获得的产量分成限制在总产量的 49%，并需交付 20% 的矿区使用费和 85% 的所得税；对于勘探和开发费用特别高的某些地区，矿区使用费的交付比例降到 16.25%，所得税的征收比例降到 75%；外国承包公司可将其全部盈利转回本国。

1992 年以来，国家石油公司与外国公司签订了 20 多份合作开发经营油气的合同，并成立了多个合资公司，从事油气工业的技术支持、设备维护、产品服务等工作。1997～2000 年，油气工业连续保持高速增长，增长率分别为 6%、4%、6.2% 和 4.9%。2000 年原油产量为 6700 万吨，天然气产量为 893 亿立方米。

2001 年，国家对油气工业的投资额为 34 亿美元，比 2000 年的 23.4 亿美元增加了 45.3%。当年国家石油公司发现了 6 个新的油气田，并与外国公司签署了 10 个勘探和开发的合作合同。2001 年油气产量与 2000 年基本持平，各类油气产品[①]的总产量下降 4%，总收入减少 12%。2002 年油气工业增长 4.3%。2003 年，负责气体生产的工业气体公司新建了 4 家气体生产厂，以满足医疗、食品工业和南部地区石油工业发展的需要。随着油气田的逐步开发和投产，以及设备的改造和管理的现代化，油气工

---

① 包括液化天然气、液化石油气和凝析油。

业继续保持着发展态势。

2005 年，政府新出台了《碳氢化合物法》，其中规定，外国石油公司在阿尔及利亚开发油气须支付权利金、地表税、石油所得税和附加所得税。在 2006 年的修正案中，授予国家石油公司在任何油气项目中至少拥有 51% 的股权，同时对国际石油公司引入暴利税。2006 年 8 月，阿尔及利亚开征石油暴利税，税费为盈利的 5% ~55%。

阿尔及利亚的油气田主要分布在撒哈拉沙漠的偏北地区，储量大，品质高。2017 年有油田 50 处，典型的为哈西·梅萨乌德（Hassi Messaoud）油田、乌尔古德油田、扎泽汀·埃吉勒赫油田。气田有 8 处，典型的为哈西·鲁迈勒气田。已探明石油储量约为 17 亿吨，可开采储量约为 17 亿吨（122 亿桶），占世界总储量的 1%，居世界第 15 位，主要是撒哈拉轻质油。已探明可采天然气储量为 4.58 万亿立方米，占世界总储量的 2.37%，居世界第 10 位。炼油厂有 5 家，典型的为斯基克达炼油厂。天然气液化生产厂有 4 家。

在管道方面，2013 年，凝析油管道为 2600 公里；天然气管道为 16415 公里；液化石油气管道为 3447 公里；石油管道为 7036 公里；成品油管道为 144 公里。[①] 此外，有 3 条通往欧洲的输气管。一条名为"穿越地中海输气管"，经突尼斯穿越地中海向意大利和斯洛文尼亚送气，分别于 1983 年和 1987 年投入运营，全长 2509 公里（在阿境内 549 公里），总输气能力为 240 亿立方米/年。一条名为"马格里布—欧洲输气管"，经摩洛哥穿越地中海通往葡萄牙和西班牙，1996 年 11 月投入运营，全长 1370 公里（在阿境内 530 公里），输气能力为 120 亿立方米/年。一条名为"地中海天然气"（MedGaz），经地中海连接西班牙，2011 年正式投入运营，全长 757 公里，年输气量为 80 亿立方米。

油气工业的各项数据（及世界排名）如表 4 - 6 所示。

---

① 美国中央情报局，http：//www.cia.gov/library/publications/the-world-factbook/geos/ag.html，访问时间为 2016 年 7 月 30 日。

表 4－6 油气工业的各项数据（及世界排名）

指标	2012 年	2013 年	2014 年	2015 年	2016 年
原油产量	—	—	142 万桶/天；第 18 位	—	134.8 万桶/天；第 20 位
原油出口量	115.8 万桶/天；第 15 位	—	79.89 万桶/天；第 16 位	—	—
原油进口量	5900 桶/天；第 77 位	—	5880 桶/天；第 77 位	—	—
原油探明储量	—	—	—	122 亿桶；第 15 位	—
精炼石油产品生产量	48.45 万桶/天；第 34 位	—	65.76 万桶/天；第 28 位	—	—
精炼石油产品消费量		—	39 万桶/天；第 37 位	42.8 万桶/天；第 38 位	—
精炼石油产品出口量	43.27 万桶/天；第 17 位	—	57.58 万桶/天；第 13 位	—	—
精炼石油产品进口量	9.418 万桶/天；第 55 位	—	6.248 万桶/天；第 73 位	—	—
天然气产量	—	79.65 亿立方米；第 11 位	—	83.04 亿立方米；第 13 位	—
天然气消耗量	—	36.65 亿立方米；第 26 位	—	39.62 亿立方米；第 26 位	—
天然气出口量	—	43 亿立方米；第 8 位	—	43.42 亿立方米；第 8 位	—
天然气探明储量	—	—	4.505 万亿立方米；第 10 位	4.504 万亿立方米；第 11 位	—
二氧化碳排放量	1.339 亿吨；第 35 位	1.28 亿吨；第 34 位	—	—	—

资料来源：2012～2013 年的数据参见美国中央情报局，http：//www.cia.gov/library/publications/the-world-factbook/geos/ag.html，访问时间为 2016 年 7 月 30 日；2014～2016 年的数据参见美国中央情报局，https：//www.cia.gov/library/publications/resources/the-world-factbook/geos/ag.html，访问时间为 2018 年 7 月 23 日。

高度依赖油气部门，对于国民经济的发展以及国家的稳定、发展而言是一把双刃剑，国家极易受到国际油价的冲击。20 世纪 80 年代初期国际油价暴跌，最终导致阿尔及利亚在 1988 年发生了动乱，继而导致政治剧变。进入 2000 年以来，阿尔及利亚的非油气工业呈现倒退趋势。纺织企业等国有企业相继倒闭。大量企业接近破产。产业转型任重道远。2014 年，阿尔及利亚实现了 3.5% 的经济增长。经济增长主要靠油气行业驱动，油气收入仍是国家经济的主要收入来源，占财政总预算的 70% 左右。

经济基本面自 2014 年下半年起有所恶化，主要原因在于国际油价的低迷。随着国际油价从 2014 年的 100 美元/桶跌至 2015 年的 59 美元/桶，2015 年，经济增长率也从 2014 年的 3.5% 跌至 2.9%。尽管采取了货币紧缩政策，但阿尔及利亚 2015 年的通货膨胀率高达 4.8%。2015 年，财政和经常账户赤字大幅增加，这一状况因低油价而加剧，油价在 1 月跌至近 10 年的最低水平。

如果国际油价持续低迷，全球经济复苏继续疲软，阿尔及利亚经济将面临更大困境。为减少对油气部门的依赖，央行废止了一些规章，对进口的初级产品快速跟踪付款，以支持非油气产品出口者。政府在 2016 年 6 月通过了一项法令，以期通过投资法的现代化来促进投资。政府还打算通过银行建立公共投资基金，以应对油价下跌。

2010 年年底席卷中东地区的动荡至今余波未平，阿尔及利亚经济再次遭遇国际油价下跌的考验。改变不合理的产业结构、改善营商环境、发展私营企业是经济发展亟须解决的问题。实现产业结构的多样化、减少对油气收入的依赖是经济有力平衡增长的关键。

三 冶金工业

阿尔及利亚矿产资源丰富，有利于冶金工业的发展。除了储量居世界前列的磷酸盐之外，重要的矿产资源还有铁矿石、铅、锌、铀。铁矿有 10 多处，储量为 30 亿～50 亿吨。最大的铁矿是廷杜夫附近的杰比勒特夫铁矿，储量约为 30 亿吨，品位达 58%。另外两个重要的铁矿是位于东部的温扎铁矿和布哈德拉铁矿，出产赤铁矿，品位为 50%～60%。铅锌矿

储量估计为 1.5 亿吨。铀矿储藏量约为 5 万吨。

冶金工业比较发达，长期以来是仅次于油气的重要部门，冶金工业主要是钢铁工业。钢铁工业历史悠久。独立前，安纳巴便建有大型钢铁厂。20 世纪 70 年代的工业化阶段，阿尔及利亚兴建了一批国有钢铁厂。2002 年冶金部门增长显著，比 2001 年增长了 11.4%。冶金部门的主要产品——粗钢和锌锭的产量都达到了较高水平，粗钢为 109 万吨，锌锭为 2.6 万吨。根据 2003 年的经济行情报告，冶金是非油气 8 大行业中唯一保持增长的行业。2006 年冶金部门的产值占非油气工业产值的 15% 左右。

即便如此，阿尔及利亚的钢铁仍需进口。近年来，政府将钢铁自给自足作为产业振兴的一大目标。2014 年，钢材进口量为 555 万吨（其中包括钢管、锻件和铸件）。2015 年，阿尔及利亚上调了钢铁进口关税税率，直接向阿尔及利亚出口钢铁的利润空间被压缩。

2017 年，阿尔及利亚共有两家主要钢铁企业，分别是安赛乐米塔尔与阿尔及利亚政府合资的安纳巴钢铁公司和土耳其托斯亚利公司，两家公司的粗钢产量一直呈缓慢增长态势。世界钢铁协会公布的数据显示，2014 年阿尔及利亚粗钢产量为 41.5 万吨，低于 2012 年的 55.7 万吨，更是不足 2007 年 127.8 万吨的 1/3。阿拉伯钢铁联盟曾预测，到 2017 年底，阿尔及利亚将建成 600 万吨新的炼钢产能，由此将使该国炼钢产能接近 800 万吨，能够满足其 80% 的需求。西班牙、意大利、卡塔尔等国已与阿尔及利亚钢铁企业建立了合作关系。

2017 年实际的产量不如预期。根据世界钢铁协会的统计，2017 年，阿尔及利亚生产粗钢 65 万吨（全为连铸钢）、热轧产品 210 万吨、热轧长材 70 万吨，合计 350 万吨；进口半成品和成品钢材 461.9 万吨、锭和半成品 178 万吨、长材 144.5 万吨、扁平产品 93.6 万吨、管材产品 45 万吨，合计进口 923 万吨；出口半成品和成品钢材 0.1 万吨；净进口 922.9 万吨，其中半成品和成品钢材为 460 万吨，阿尔及利亚为世界第七大净进口国。[1]

① 《世界钢铁协会钢铁统计年度手册（2018）》。

四 金属制造业

金属制造业包括汽车制造业、机械制造业和金属制品业。汽车制造业的产品包括卡车、轿车、吊车、特种车辆等。机械制造业的产品主要包括翻斗车、叉车、铲土车、拖拉机、收割机、脱粒机。金属制品业的产品包括各类管道、五金刀具、阀门龙头、各种螺丝等。

金属制造业的发展方向：一是高技术含量、高附加值的产品，二是供出口的产品，三是进口替代产品。出口产品的生产，主要是进口汽车散件和附件，进口摩托车散件，进口齿轮传动系统和构件，以用于装配成品出口和生产其配换件出口。进口替代产品的生产，主要是进口货物中的锅炉、机器、机械，以及机器、机械的散件。

汽车制造业是金属制造业的主要部门。国家工业车辆公司是唯一一家能够生产各种车辆的国有企业。该公司成立于1981年，现有职工8000多人，可生产普通卡车、特种卡车、客车、公共汽车、拖车、半挂车、拖拉机和军用车辆。年生产大型车能力为1万辆，实际生产卡车6500辆、客车2000辆。2001年实现产值126亿第纳尔，2002年实现产值150亿第纳尔。[①]政府为促进汽车工业的发展，积极争取外国汽车制造商入股。未来汽车制造业有望实现更大发展。

五 水泥工业

水泥工业是阿尔及利亚建材工业的主要部门。阿尔及利亚是阿拉伯国家中的水泥生产、消费和进口大国之一，具有巨大的市场潜力。2018年，阿尔及利亚共有两大水泥集团——阿尔及利亚水泥工业集团、法国拉法基集团阿尔及利亚公司，产品包括水泥、石膏、石灰、石棉水泥等。长期以来，本国水泥企业的生产能力不能满足国内需求。20世纪70年代初建立的水泥生产厂生产规模不大。20世纪80年代以后，随着水泥生产厂的增

① 中华人民共和国驻阿尔及利亚民主人民共和国大使馆经济商务处，http://dz.mofcom.gov.cn，转引自赵慧杰编著《阿尔及利亚》，社会科学文献出版社，2006，第201页。

多，产量有所增加。1995 年之前，阿尔及利亚每年进口水泥 200 多万吨，在阿拉伯国家中列第 1 位。1995 年以后，随着水泥生产能力的提高，水泥进口量减少，退居第 5 位。

1999 年，内战之后的阿尔及利亚开始了恢复民生的时期，水泥需求量大幅增长。政府致力于加快基础设施建设，包括经济适用房、高速公路、水坝、通信网络、电网、天然气供应网、水供应网、海水淡化、学校和卫生设施等各类项目的兴建或扩建。这些基础设施建设给水泥产业的发展带来了机遇。当地水泥原料中的氯离子含量较高，生产的水泥质量不稳定，特别是高标号的水泥。2002 年水泥产量增长 8%，年产量首次达到 900 万吨。当年水泥进口 142 万吨。法国、瑞士、埃及等国的水泥企业都进入了阿尔及利亚水泥市场。

六　食品工业

食品工业历史悠久，在独立前已发展起来。1966 年食品工业产量占非油气工业产量的 40%。政府先后建立了 11 家大型国有粮食加工企业；5 家大型食品生产企业，主要生产面粉、玉米粉，加工面包、糕点、饼干；3 家矿泉水生产企业，主要生产矿泉水、气体饮料、啤酒等；另外还有两家大型国有企业——国家油脂公司、国家糖业公司。除大型国有企业外，政府还按食品类别建立了一系列中小型企业。

从 1997 年起，食品工业企业进行重组，成立了 63 家具有法人资格的公司，同时将食品工业划分为三大类——粮食产品加工业、植物产品加工业、饮料生产业，分别包括 41 家粮食产品生产企业、9 家植物产品生产企业、13 家饮料生产企业。1998 年底，饮料生产业中的 3 家矿泉水生产企业进行重组，合并组建了阿尔及利亚饮料集团。

初级食品的生产能力在内战结束（1998 年）以后有了很大提高，居民消费的主要粮食制品——黍米粉和面粉的生产能力 10 年间分别提高了 53% 和 23%。

食品工业正在积极吸引外资，争取更快发展，已经建成的合资企业有：面条生产企业、面粉生产设备公司、斯基克达和安纳巴面粉生产厂、酵母生产厂。阿尔及利亚饮料集团也出让了部分股份。虽然投资巨大，但阿尔及利亚本地的食品产量仍不能满足国内需求。2017 年，阿尔及利亚为非洲第二大食品进口国（仅次于埃及）。

第四节 服务业

一 运输业

（一）公路

陆地运输以公路为主，公路运载量占 83%，其余 17% 由铁路承担。相对于经济的发展和车辆的快速增加，公路建设相对滞后，道路拥挤问题突出。加快道路建设成为发展陆地运输的关键。政府将公共工程建设列为优先发展目标，制定了总体规划，提出"发展之路必经路之发展"的口号，以解决公路建设滞后的问题。政府先后兴建了撒哈拉贯道、阿尔及尔环路、滨海公路、中部高原地区环路、东西高速公路等公共工程。随着公路的建设，2010 年，阿尔及利亚形成了非洲密度最大的公路网。2018 年，全国公路总长约 11 万公里，其中已铺好 87605 公里（包括高速公路 645公里），未铺砌 26050 公里，世界排第 43 位。[①]

（二）铁路

铁路集中在北部地区，2014 年，铁路总长 3973 公里。截至 2018 年 8月，铁路总长 4773 公里。与国土面积相比，铁路拥有量很少。但国民主要居住在北部 30 多万平方公里的土地上，如此计算，约 70 平方公里的面积拥有 1 公里铁路。铁路以标准轨（1.432 米）为主，全国标准轨铁路长2888 公里，窄轨（1.055 米）铁路长 1085 公里。铁路复线 345 公里，电气化铁路 283 公里，排世界第 45 位。[②]

[①] 美国中央情报局，https：//www.cia.gov/library/publications/resources/the-world-factbook/geos/ag.html，访问时间为 2018 年 7 月 24 日。

[②] 美国中央情报局，https：//www.cia.gov/library/publications/resources/the-world-factbook/geos/ag.html，访问时间为 2018 年 7 月 24 日。

铁路运输由国家垄断，国家铁路运输公司是专门负责铁路运输的唯一企业。阿尔及尔地铁于20世纪80年代规划，90年代投入运行。2006年，阿尔及尔地铁公司进行了重组。

（三）水运

全国共有45个港口，其中渔港31座、多功能港11座、休闲港1座、水利设施专用港2座。阿尔及尔港是最大的港口，共有大小泊位37个，全国30%的货物、70%的集装箱通过阿尔及尔港装载。除阿尔及尔港之外，其他主要港口包括安纳巴、阿尔泽、贝贾亚、杰恩杰恩、吉杰尔、莫斯塔加纳姆、奥兰、斯基克达。

港口和码头方面，液化天然气接收站（出口）包括阿尔泽、贝希奥、斯基克达。

2010年，商船总计38艘。按类型划分：散货船6艘，货船8艘，化学品船3艘，液化气船11艘，客运/货运船3艘，石油油轮4艘，滚上/滚降船3艘。外商（英国）独资船15艘。居世界第78位。[①]

到了2017年，商船总数达到110艘，其中散货船3艘、普通货船13艘、油轮9艘，其他船只85艘。居世界第81位。[②]

水运由国家垄断，阿尔及利亚国家航运公司是最大的国有航运企业，船队的特色是使用液化天然气油船。

（四）航空运输

1962年，阿尔及利亚航空安全管理组织成立，1963年改称阿尔及利亚公共航空局，1969年与气象局合并成立国家气象开发局。1974年航空与气象事务分离，成立单独的航空局。1983年成立了国家机场运营与管理局、国家航空安全运营局两个单位。1988年，政府成立交通部直属的航空服务管理企业，负责机场运营与机场的客货接送。

阿尔及利亚航空是国有承运人，也是阿尔及利亚的国家航空公司，客

---

① 美国中央情报局，https：//www.cia.gov/library/publications/the-world-factbook/geos/ag. html，访问时间为2016年7月30日。

② 美国中央情报局，https：//www.cia.gov/library/publications/resources/the-world-factbook/geos/ag. html，访问时间为2018年7月24日。

货接送站负责机场的客货接送。1998 年的自由化改革刺激了私人航空承运人的建立，例如生态航空、撒哈拉航空。2015 年，注册航空公司的数量为 4 家，航空承运人注册的飞机库存为 74 架，注册航空公司的年客运量为 5910835 人次，注册航空公司的年货运量为 24723377 吨。[1] 航空公司的客运量不断增加。

全国共有 29 个机场投入商业运营，包括阿尔及尔、奥兰、安纳巴、君士坦丁等 13 个国际机场，每年起降飞机 10 万架次。始建于 1921 年的阿尔及尔机场是全国最大、历史最悠久的机场。2016 年，阿尔及利亚共有机场 157 个，居世界第 36 位，其中已经铺设跑道的机场有 64 个，未铺设跑道的机场有 93 个（见表 4 - 7），另外直升机场 3 个。

表 4 - 7　按跑道长度分机场数量情况

单位：个

跑道长度	已铺设跑道的机场	尚未铺设跑道的机场
3047 米以上	12	—
2438～3047 米	29	2
1524～2437 米	17	18
914～1523 米	5	39
914 米以下	1	34
合计	64	93

资料来源：美国中央情报局，https://www.cia.gov/library/publications/the-world-factbook/geos/ag.html，访问时间为 2016 年 7 月 30 日。

二　通信业

通信业长期由国家垄断，邮电部是邮政电信业务的唯一管理者和经营者。2000 年底，政府决定对通信业进行改革，宗旨是实行政企分开、引入竞争机制、推行现代化服务。2001 年，政府将邮政电信业务的管理

---

[1]　美国中央情报局，https://www.cia.gov/library/publications/resources/the-world-factbook/geos/ag.html，访问时间为 2018 年 7 月 24 日。

权和经营权分离，设立阿尔及利亚邮政公司经营邮政业务，设立阿尔及利亚电信公司经营电信业务，设立国家通讯管理委员会，负责对通信市场的运营商进行监督、管理与协调。与此同时，放开邮政和电信市场，引入竞争机制，鼓励私人投资，允许参股经营阿尔及利亚电信公司。政府还积极推广全球经营的服务理念，促进电信业务与其他国家的并网和联网经营。

邮政方面，阿尔及利亚邮政公司在经营传统邮政业务的同时，为适应市场需求，成立了 SARII 邮政速递公司，专门经营特快专递业务。虽然邮政业也在改善服务，提高效率，但新兴的速递业务发展较快，占邮政市场的比例在逐步提升。

电信方面，除了管理体制的改革之外，政府还积极引进外资，加大对基础设施的投入力度，电信业发展迅速。2000 年启动电信部门的私有化改革以来，政府共发放了三个移动通信牌照。阿尔及利亚电信公司下设阿尔及利亚移动电信公司和扎维伯公司两个子公司，前者经营移动电话业务，后者经营互联网业务。除了阿尔及利亚电信公司之外，还有两家外资电信公司：一是埃及奥拉斯康公司，二是科威特国家电信公司。2003 年，政府放开了国际电信业务和国内长途电信业务的经营权。

固定电话网使用瑞典爱立信公司提供的 AXE10 交换设备。根据邮政与信息、通信技术部的统计，截至 2003 年，固定电话用户数为 220 万户，电话普及率为 7.33%。2005 年，以埃及奥拉斯康公司为首的财团赢得了15 年的许可证，以建设和运营阿尔及利亚的固定电话网；该许可证允许奥拉斯康公司提供开发高速数据等专业化服务，有助于满足基本的住宅电话服务需求。根据 2014 年的估计，阿尔及利亚固定电话总用户数为 310万户，普及率约为 8%，居世界第 46 位。[1] 2016 年 7 月，固定电话总用户数达到 3404709 户，居世界第 45 位。[2] 固定电话网的范围有限，但移动蜂

---

[1] 美国中央情报局，https：//www.cia.gov/library/publications/the-world-factbook/geos/ag. html，访问时间为 2016 年 7 月 30 日。

[2] 美国中央情报局，https：//www.cia.gov/library/publications/resources/the-world-factbook/ geos/ag. html，访问时间为 2018 年 7 月 23 日。

窝用户数快速增长，弥补了固定电话网的不足。

移动电话网络主要是 GSM 网络，初期的工作频段为 900M，容量为 10 万线，覆盖的地区主要是沿海的阿尔及尔、奥兰、君士坦丁等省份。2003 年，政府投资扩容 100 万线 GSM 网络，当年年底，移动电话用户达到 144.73 万户，普及率为 4.82%。邮政与信息、通信技术部通过国际招标在 43 个省建设 CDMA 网络的农村电话网项目也在当年启动，中国中兴公司中标。根据 2014 年的估计，移动蜂窝电话总用户数为 3730 万户，普及率约为 96%，居世界第 33 位。[1] 2016 年 7 月，移动蜂窝总用户数达到 47041321 户，普及率约为 115%。[2]

传输通信网络主要是 SDH 系统。光纤网自 2001 年开始铺设。2003 年底，全国已经铺设 15 万公里的光纤网。之后实施的建设项目主要有：北方 10G 光传输骨干网建设项目，旨在改善北方诸城市的通信状况；南方 2.5G 光传输骨干网建设项目，旨在提高南部广大地区的通信能力；安纳巴至意大利帕尔玛的海底光缆建设项目，旨在全面提高通信能力。2016 年，阿尔及利亚已接入东南亚—中东—西欧海底光纤电缆系统，该系统提供链接到欧洲、中东和亚洲，登陆点在安纳巴。其他基础设施方面，微波无线电中继到意大利、法国、西班牙、摩洛哥和突尼斯；同轴电缆连接摩洛哥和突尼斯；参与国际电信联盟中东电信计划；卫星地面站达到 51 个，包括国际通信卫星、空间通信和阿拉伯卫星。[3]

阿尔及利亚的互联网宽带服务始于 2003 年，是首先使用宽带传输

---

[1] 美国中央情报局，https://www.cia.gov/library/publications/the-world-factbook/geos/ag.html，访问时间为 2016 年 7 月 30 日；根据国际电信联盟 2014 年的统计，2013 年移动电话的普及率为 102%，参见国际电信联盟，International Telecommunication Union 2014 Statistics，https://www.gfmag.com/global-data/country-data/algeria-gdp-country-report，访问时间为 2016 年 8 月 4 日。

[2] 美国中央情报局，https://www.cia.gov/library/publications/resources/the-world-factbook/geos/ag.html，访问时间为 2018 年 7 月 23 日。

[3] 美国中央情报局，https://www.cia.gov/library/publications/resources/the-world-factbook/geos/ag.html，访问时间为 2018 年 7 月 23 日。

技术上网的马格里布国家。互联网国家代码为 . dz。2012 年，互联网主机数量为 676 个，居世界第 178 位。根据 2014 年的估计，互联网用户总计 650 万户，占总人口的比重为 16.7%，居世界第 55 位。[①] 2016 年 7 月，互联网用户达到 17291463 户，约占人口总数的 42.9%，居世界第 37 位。[②]

三 商业

在向市场经济转轨的过程中，商业发生了巨大变化。国有大型商业企业转变为具有法人资格的公有单位，并且出现了越来越多的私营单位。目前商业仍以公有单位为主体，但私营单位的占比越来越大，特别是在原先商业不发达的边远地区。

各地的商业发展很不平衡，北部和东部地区商业比较发达，沿海省份的商业网点远多于边远省份。阿尔及尔省是全国商业最发达的省份，公有商业单位有 600 多家，边远省份廷杜夫省只有 2 家。私营商业规模最大的省份也是阿尔及尔，其零售商和批发商数量均为全国之首，几乎等于排在其后的塞蒂夫、奥兰、君士坦丁和安纳巴 4 省的总和。姆西拉、赫利赞两省公有商业单位不发达，私人商业相对比较发达，私人零售与批发商都超过了 1000 家。

全国有 4 家大型商业集团，分别是 EPE 销售集团、EDIMCO 集团、EDIPAL 集团和 EDIED 集团。这四大商业集团下属 60 家商业销售企业分布在全国 48 个省。四大商业集团还有若干商业单位，分别从事仓储、运输、劳务等业务。四大商业集团的营业额占全国商业销售总额的 90%，其中包括建材销售，家用电器和办公设备销售，食品、服装及化妆品销售，安装加工费用和劳务费用等收入。

---

① 美国中央情报局，https：//www. cia. gov/library/publications/the-world-factbook/geos/ag. html，访问时间为 2016 年 7 月 30 日。

② 美国中央情报局，https：//www. cia. gov/library/publications/resources/the-world-factbook/geos/ag. html，访问时间为 2018 年 7 月 23 日。

四 旅游业

阿尔及利亚旅游资源丰富，全境有 7 处自然、文化景点被联合国教科文组织列为世界遗产。旅游业从 20 世纪 80 年代开始发展，到 1985 年初具规模，全国拥有各类酒店 270 家。1991 年酒店增加到 480 家，接待能力为 5.5 万人次。1993 年全国星级酒店总数为 510 家，接待能力为 57290人次。每年入境人数超过 100 万人次。

此后，由于内战和恐怖主义的影响，外国游客大量减少，侨民入境数量也出现了下降，旅游业遭受重创。1994 年入境人数从 1993 年的 112.75万人次锐减到 80.47 万人次。1995 年入境人数只有 51.95 万人次，不足常年的一半。

1998 年以后，旅游业重新步入正轨。1998 年，旅游接待能力增加到70981 人次，当年入境人数达 67.84 万人次，1999 年增加到 74.85 万人次。2000 年旅游接待能力增加到 76042 人次。2000 年 9 月，政府通过了《旅游业发展规划》，首次提出将旅游业作为一项产业来发展，计划用 10年时间把旅游业提高到新水平。政府增加对酒店业的投资，提高接待能力，并通过各种手段进行促销。在政府的大力推动下，旅游业发展稳定，旅游接待人数逐年上升，旅游收入不断增加。2002 年，全国星级酒店增加到 935 家，旅游收入达 9960 万美元，接近 1990 年 1.05 亿美元的水平。

2008～2017 年，阿尔及利亚的入境游客数量平均为 216.66 万人次，其中最高纪录出现在 2013 年，为 273.3 万人次，最低纪录出现在 2015年，为 171 万人次。入境游客数量从 2016 年的 203.9 万人次增加到 2017年的 210.2 万人次。旅游收入方面，2008～2017 年的年平均收入为2.4416 亿美元，其中最高纪录出现在 2008 年，为 3.245 亿美元，最低纪录出现在 2016 年，为 2.032 亿美元，2017 年旅游收入增加到 2.073 亿美元。[①]

---

① 贸易经济，https://tradingeconomics.com/algeria/tourist-arrivals，访问时间为 2019 年 2月 2 日。

振兴旅游业是阿尔及利亚近年来为实现经济多元化而确定的重要方针。政府希望将旅游业打造为经济可持续发展的发动机，为此制订了振兴旅游业的专门计划。首要的是实现人口的平均分布，增强各地的旅游吸引力，提升旅游景点的价值、加大旅游设施投资力度、加强国有部门和私营部门在旅游投资方面的合作。具体而言，阿尔及利亚将在以下几个方面加大投资力度：酒店、餐馆、度假区的建设，温泉浴场的建设，海滨旅游区的建设，山区旅游区的建设，沙漠旅游区的建设，旅游产品的多样化，旅游品牌形象提升等。①

五 金融业

（一）金融体制

金融体制围绕央行制度而构建，中央银行制度是金融体制的核心。1962 年 12 月 13 日，议会通过第 62 - 144 号法律，确立了阿尔及利亚中央银行的地位。当年 12 月，阿尔及利亚中央银行——阿尔及利亚银行成立，总部位于阿尔及尔。之后，政府对央行制度进行了多次改革。1986 年 8 月 19 日，议会通过了 86 - 12 号银行组织法，该法令明确央行拥有发行和稳定货币、管理信贷政策的职能，同时确定了央行与国库的关系。

为了与经济体制改革相适应，1990 年 4 月 14 日，90 - 10 号法令进一步改革了央行制度。一是进一步明确央行的职能，央行负责制定货币和金融政策、发行货币、控制信贷、管理汇率。二是调整央行的机构设置，设立 1 名行长、2 名总监和董事会，董事会由行长、总监、3 名副行长、3 名精通经济和财政的高官组成，由行长和总监共同领导，行长、副行长由总统任命，总监根据财政部长提名由总统任命。三是赋予央行广泛的自主权，明确央行负责制定有关货币、金融方面的规章，并负有监管职责。根据该法令，央行在一定程度上放开了金融业务，由 5 家商业银行、1 家投资银行共同经营金融市场，允许外资银行进入金融市场，并成立了银行与

---

① 阿尔及利亚国家投资发展局，http：//www. andi. dz/index. php/ar/secteur-du-tourisme，访问时间为 2017 年 8 月 13 日。

金融机构协会。

随着经济体制改革的推进和市场经济的发展，央行的机构设置几经调整。到 2017 年 10 月，央行成为一个庞大的、复杂的组织机构。在中央层面，央行的领导核心是三大委员会：货币和信贷理事会、董事会、银行委员会。各委员会主席均由央行行长担任。央行设立 1 名行长、3 名副行长，设置了 11 个二级管理机构，每个二级机构各设 2~6 个下属单位。在地方层面，央行在全国 48 个省设立了分支机构，在阿尔及尔、奥兰、安纳巴设立了 3 个分局，负责领导各地分支机构的工作。

在资本市场方面，1993 年，阿尔及利亚成立了有价证券交易所，作为资本市场的组织机构。1999 年 7 月阿尔及尔资金交易所正式营业，资本市场更加活跃，金融体制更加市场化。2001 年底建立了自动支付系统。

（二）金融和货币政策

1. 货币、利率

1963 年，央行首次发行本国货币阿尔及利亚第纳尔，取代法国法郎。第纳尔采用百进制，1 第纳尔 = 100 分。货币分为纸币和硬币两种，纸币的面额分别为 5 第纳尔、10 第纳尔、100 第纳尔、500 第纳尔，硬币的面额分别为 1 第纳尔及 1 分、2 分、5 分、10 分、20 分、50 分。

利率由央行制定，其中主要是基础利率。1994 年基础利率为 18.5%，之后逐年降低，2002 年降至 6.5%。除了基础利率外，还有再贴现利率、预付款利率。2011~2017 年的基础利率如表 4-8 所示。

表 4-8　2011~2017 年基础利率

单位：%

指标	2011 年	2012 年	2013 年	2014 年	2015 年	2016 年	2017 年
政策利率	4	4	4	4	4	3.5	3.75

资料来源：经济聚焦，https://www.focus-economics.com/country-indicator/algeria/interest-rate，访问时间为 2018 年 7 月 23 日。

2. 汇率

央行根据本国经济发展的实际和国际市场汇率的变化，调整本国货币与各国货币的汇率，并进行公布。可兑换的外币有美元、欧元、加拿大元、英镑、日元、沙特里亚尔、科威特第纳尔、阿联酋迪拉姆、瑞士法郎、瑞典克朗、丹麦克朗和挪威克朗。央行把美元作为本国货币的干预货币。

第纳尔起初依循法郎的票面价格。1969 年法郎贬值，第纳尔保持了其价值。从 1974 年 1 月开始，政府允许第纳尔在外汇市场自由浮动，但并未放弃对外汇的管制。央行负责制定外汇交易、管理的规章，并负责监督指定的银行（即外汇提供商）实施这些规章，指定的银行包括 5 家商业银行和邮政公司。

20 世纪 80 年代晚期，随着阿尔及利亚经济的下行，第纳尔不断贬值。第纳尔与美元的最初比价为 1 美元兑换 4.937 第纳尔。经过几次大幅贬值，到了 1987 年，1 美元兑换 6.6862 第纳尔。

作为经济自由化努力的一部分，第纳尔在 1991 年 9 月贬值 22%。20 世纪 90 年代，因外债的压力和内战的需要，第纳尔在 1994 年 4 月贬值 40%。20 世纪 90 年代中期，外债的重新安排及国内政策的调整使第纳尔的货币贬值率降至个位数水平。1997 年，第纳尔变得完全可兑换。从 1990 年 1 美元兑换 9 第纳尔到 2000 年 1 美元兑换 75.3 第纳尔，第纳尔大幅贬值。

2002 年，1 美元兑换 79.68 第纳尔。美元的贬值导致 2005 年早期的汇率为 1 美元兑换 71.6 第纳尔，全年的平均水平约为 1 美元兑换 74 第纳尔。[1] 目前，第纳尔相对美元仍处于贬值通道，且贬值率有不断提高的趋势。

根据 1991 年 7 月颁布的有关法律，阿尔及利亚居民可以通过央行指定的银行办理远期外汇交易，以防范汇率风险。外汇的交割可以签订远期交割合同，按即期汇率办理，也可以采用央行挂牌的远期汇率，按远期期限交割。央行挂牌的远期汇率主要是美元和欧元 3 个月和 3 年的汇率。

2011 ~ 2017 年第纳尔兑美元的汇率如表 4 - 9 所示。

---

[1] Phillip C. Naylor, *Historical Dictionary of Algeria*, The Scarecrow Press, 2006, p. 195.

表 4 - 9　2011 ~ 2017 年第纳尔兑美元的汇率

年份	2011 年	2012 年	2013 年	2014 年	2015 年	2016 年	2017 年
汇率(对美元)	76.01	78.69	78.42	87.92	107.10	110.40	114.80
汇率(对美元,api)	73.01	77.64	79.61	80.60	100.40	109.40	110.90

资料来源:经济聚焦, https://www.focus-economics.com/country-indicator/algeria/exchange-rate, 访问时间为 2018 年 7 月 23 日。

3. 国际收支

阿尔及利亚的对外结算货币是美元和欧元,与未签订支付协议的国家进行结算时可使用自由兑换货币。与摩洛哥、突尼斯两国的非商业结算,分别通过在摩洛哥央行的迪拉姆账户和在突尼斯央行的第纳尔账户进行支付,可以使用供货商总部所在国或商品来源国的流通货币。与摩洛哥的贸易往来必须通过各自央行的特别清算账户以美元结算。

20 世纪 90 年代的内战结束之后,阿尔及利亚的经济逐步恢复,国际收支状况得以改善。1995 年以后经常账户余额基本保持正数。外贸常年保持顺差。外贸顺差主要得益于国际市场油价持续处于高位。1999 年外汇储备为 44.1 亿美元,相当于 4.6 个月的进口额。之后,外汇储备逐年增加。2000 年达到 119.1 亿美元,2001 年达到 179.6 亿美元,2002 年达到 231 亿美元,2003 年达到 329 亿美元,2004 年达到 423 亿美元。2005 年末为 500 亿美元。[1]

2011 ~ 2017 年的国际收支状况如表 4 - 10 所示。

表 4 - 10　2011 ~ 2017 年的国际收支状况

	2011 年	2012 年	2013 年	2014 年	2015 年	2016 年	2017 年
经常账户(占 GDP 的百分比)	8.9	5.9	0.6	- 4.3	- 16.4	- 16.5	- 12.9
经常账户余额(10 亿美元)	17.8	12.3	1.2	- 9.3	- 27.3	- 26.2	- 22.0
贸易收支(10 亿美元)	26.0	20.2	9.4	0.5	- 18.1	- 20.1	- 14.3
出口(10 亿美元)	72.9	71.7	64.4	60.1	34.6	29.3	34.4

[1]　Phillip C. Naylor, *Historical Dictionary of Algeria*, The Scarecrow Press, 2006, p. 207.

	2011 年	2012 年	2013 年	2014 年	2015 年	2016 年	2017 年
进口（10 亿美元）	46.9	51.6	55.0	59.7	52.7	49.4	48.7
出口（年度变化，%）	27.7	-1.6	-10.3	-6.6	-42.5	-15.2	17.5
进口（年度变化，%）	20.7	9.9	13.8	8.5	-11.8	-6.1	-1.5
国际储备（10 亿美元）	182	191	195	180	145	115	97.9
外债（占 GDP 的比重，%）	3.0	2.6	2.5	2.6	2.8	3.4	—

资料来源：经济聚焦，http://www.focus-economics.com/countries/Algeria，访问时间为 2018 年 7 月 23 日。

央行设立了 4 种外汇储存账户。①个人临时账户。可以代为处理任何国家的汇款；非居民个人在 1975 年 1 月 1 日以前开立的此种账户，可将款项转移国外。②外国人外币账户。根据 1991 年 2 月的有关规定，外籍自然人和法人可用其选择的可兑换货币开立此种账户，但存入款项必须是银行现钞、其他以外币计值的支付工具、可以转移到国外的以第纳尔计值的资金。③最终离境账户。居住在境内但没有取得阿籍并最终打算离境返回本国的自然人，可以开立此种账户。账户资金最终转移出境，须经有关部门批准。④外币账户。居住在境内的阿籍自然人和法人，或在国外居住 6 个月以上的阿籍侨民均可使用外币开立此种账户。账户的存款必须是国外银行或邮局以票据形式转移过来的资金；或账户持有人入境时申报过的自带可兑换外币；或境内银行间以票据形式转来的款项。账户资金可以自由转账到国外，但必须通过银行系统办理，也可用于购买第纳尔或以第纳尔转账，还可购买可兑换外币以由账户持有人携带出境。

非贸易外汇收入必须及时汇回国内并办理结汇手续；对外国银行的现钞、硬币、支票、信用证的携带入境没有任何数量上的限制；非居民携带外国银行的上述物品必须在入境时向海关申报；居民出境旅游返回国内时可携带价值不超过 200 第纳尔的现钞，非居民旅游者入境时不允许携带第纳尔现钞；阿籍居民出境旅游时，每人只能携带价值不超过 200 第纳尔的现钞；外籍居民可以携带任何数额的外汇出境，但携出的外汇必须在入境时已向海关申报；非阿籍居民出境或离境时购买飞机票、船票等必须使用入境时带入的外币支付。

（三）主要金融机构

1. 国有银行

阿尔及利亚国民银行是阿尔及利亚第一家全国性商业银行，成立于1966年6月13日。该行拥有货币、信贷和监管银行的职能，为个人提供储蓄、兑换、信贷等服务，并为企业、行业协会等机构提供各种金融服务。截至2000年，银行股本为8000万第纳尔，客户账户为1394627个，在全国建有169家分支机构，拥有5390名工作人员，资产总额达302.25亿第纳尔。2003年实现营业额为61.3亿美元，列非洲200家最大银行第16名。[①] 2009年6月，阿尔及利亚财政部发行27000只新股，阿尔及利亚国民银行的资本增加至416亿第纳尔。2010年，阿尔及利亚国民银行列非洲十大银行第10名。[②]

阿尔及利亚人民信贷银行是阿尔及利亚的一家商业银行，成立于1966年，初始资本为1500万第纳尔。该银行为全能银行，其使命是促进阿尔及利亚的健康、医学、贸易、分销、酒店业、旅游业、媒体、中小企业/中小工业、工艺品等领域的发展。该行提供存款、贷款、汇兑等服务。1985年，阿尔及利亚人民信贷银行拥有40个分支机构、550名工作人员、89000个客户账户。1997年4月7日，该行获得货币和信贷委员会批准，成为第二家拥有货币和信贷职能的银行。阿尔及利亚在人民信贷银行的基础上，分离出了由财政部直接领导的地方发展银行。

阿尔及利亚对外银行是阿尔及利亚的一家商业银行，创建于1967年10月1日。该行主要提供信贷和存款服务。该行起初是政府所属的一家公司，股本来自法国里昂信贷银行、兴业银行等数家银行的出资。1968年6月，银行的全部股权由国家认购。1988年1月转变为国有股份制银行，资产为10亿第纳尔。1991年增资6亿第纳尔。1996年3月，银行资

---

① 中华人民共和国驻阿尔及利亚民主人民共和国大使馆经济商务处，http：//www.mofcom.gov.cn/aarticle/i/jyjl/k/200502/20050200358050.html，访问时间为2019年2月2日。

② 环球金融杂志社，https：//www.gfmag.com/global-data/country-data/algeria-gdp-country-report，访问时间为2018年7月27日。

产增加到 56 亿第纳尔。之后改制为国有独资银行。截至 2000 年 12 月 31 日，该行的资产总额为 547.01 亿第纳尔。该行在全国各大城市、工业区及石油生产地区建立了 80 家分支机构，拥有工作人员 4330 人。2008 财年，其资产负债为 4.85 亿第纳尔。2010 年，阿尔及利亚对外银行列非洲十大银行第 5 名、新兴市场 200 家最大的银行第 112 名。[①]

农业和农村发展银行是阿尔及利亚的一家商业及发展银行。为加大对农业的投入力度，根据 82－106 号法令，农业和农村发展银行于 1982 年 3 月 13 日作为政府所属的一家公司成立。该行起初拥有 140 家分行，截至 2019 年底，拥有 39 个地区办事处、321 家分行、约 7000 名员工。该行的主要任务是促进阿尔及利亚的农业发展，资本总额为 33 亿第纳尔。

2. 非国有银行

阿尔及利亚的非国有银行包括合资银行、本国私人银行、外资银行。就业务类型而言，除了零售和商业银行外，还有投资银行、伊斯兰银行。

阿尔及利亚巴拉卡银行是阿尔及利亚最早的一家合资银行，成立于 1991 年 5 月，当年 9 月正式营业。20 世纪 90 年代初，总部位于巴林的沙特巴拉卡银行首次进入阿尔及利亚，与阿尔及利亚农业和农村发展银行各持股 50%，组建了阿尔及利亚巴拉卡银行，作为沙特巴拉卡银行的子公司。根据 1990 年 4 月颁布的《货币和信贷法》及《商业规章》，该行主要从事商业银行业务，同时开展一般存储业务，主要是伊斯兰金融业务。该行的最初资产为 5 亿第纳尔。

该行按照伊斯兰教法的原则运作，提供符合伊斯兰教法的零售和商业银行服务。作为第一家在阿尔及利亚提供伊斯兰金融服务的银行，阿尔及利亚巴拉卡银行承担着一定的责任，尽管伊斯兰金融活动仅占阿尔及利亚银行业总活动的 1%，但该行可以从当地法律基础的进一步变化中受益，那些变化旨在促进符合伊斯兰教法的银行业务的发展。

---

① 环球金融杂志社，https://www.gfmag.com/global-data/country-data/algeria-gdp-country-report，访问时间为 2018 年 7 月 27 日。

该行的财富与阿尔及利亚依赖石油和天然气的经济密切相关。2007年，该行在阿尔及利亚拥有 17 个分支机构，在 2007 年的收益增长了 34%，总资产增加了 35%，达到 8.46 亿美元，平均股东权益回报率超过 24%。2011 年，该行报告净收入增长 18%，资产增长 9%（达到 17.6 亿美元），客户存款增长 14%。该行将资产增长归因于银行产品的增加以及更多分支机构的开设。2008 年、2009 年、2012 年、2013 年四个年份，该行均登上世界最佳伊斯兰金融机构（国别）榜单。[①]

联合银行是阿尔及利亚的首家本国私人银行，也是一家投资银行。该行成立于 1995 年 11 月，股东为本国从事贸易和投资的商人。该行的主要投资方向是私营企业以及一些正在私有化的国有企业，重点投资领域是基础设施和第三产业，也有选择地向少数工业部门进行直接投资。

美国花旗银行阿尔及利亚分行是阿尔及利亚最早的外资银行之一。该行成立于 1998 年 5 月，最初资产为 5 亿第纳尔。该行依托美国花旗银行，从事风险管理、外汇交易、贸易融资等业务，在阿尔及利亚表现抢眼。

阿尔及利亚阿拉伯银行公司是一家全能银行，提供信贷服务、银行卡、贸易融资等零售银行和商业银行服务。该行是总部位于巴林的阿拉伯银行公司的子公司。利比亚中央银行拥有阿拉伯银行公司 59.3% 的股份，主权财富基金科威特投资局持有阿拉伯银行公司 29.6% 的股份。阿拉伯银行公司在 22 个国家设有办事处。在 1998 年银行业自由化之后，阿拉伯银行公司是第一家在阿尔及利亚开展业务的国际银行。根据美英两国财政部门的观点，冻结利比亚资产的命令不适用于根据利比亚以外国家的法律组建的金融机构。2010 年，阿拉伯银行公司的利润增长 17%，达到 1.43 亿美元。阿尔及利亚阿拉伯银行公司在 2010 年开设了 6 家新分行，将其运营网络扩大了 50%。2014 年，该行设有 23 家分行。该行自

---

① 环球金融杂志社，https://www.gfmag.com/global-data/country-data/algeria-gdp-country-report，访问时间为 2018 年 7 月 27 日。

开业运营以来，获得了多项荣誉：世界最佳贸易融资银行（2014 年）、世界最佳外汇提供商（2013 年、2014 年）、世界最佳银行（非洲地区）（2009 年、2011 年、2012 年、2013 年、2014 年）、世界新兴市场（非洲地区）最佳银行（2009 年、2010 年、2011 年、2012 年、2013 年、2014 年）。[①]

阿尔及利亚萨拉姆银行是一家新兴的伊斯兰银行。沙特萨拉姆银行（总部位于巴林）在 2006 年首次公开募股，向公众出售了 35% 的股份，筹集了 70 亿美元。阿尔及利亚是沙特萨拉姆银行开展业务的第三个国家，前两个国家是巴林、苏丹。2008 年 10 月，阿尔及利亚萨拉姆银行成立，资本额为 1 亿美元。2011 年 1 月，阿尔及利亚伊斯兰银行业的新规则生效，以促进该行业的发展。目前，阿尔及利亚萨拉姆银行已经是北非最大的银行之一。通过银行服务的不断创新，该行寻求成为阿尔及利亚市场上最重要的银行之一。2010 年、2011 年两年，该行荣登伊斯兰银行奖（国别）榜单。[②]

3. 金融投资公司

菲纳莱普投资公司是阿尔及利亚第一家金融投资公司，成立于 1991 年 4 月。该公司是以本国资本为主的股份制投资公司，拥有资产 1.5975 亿第纳尔。主要股东包括：地方发展银行持股 40%，法国发展储蓄银行持股 28.74%，人民信贷银行持股 20%，卢森堡欧洲投资银行持股 11.26%。该公司的主要职责是建立阿尔及利亚与欧洲的合作伙伴关系，促进欧洲资本对阿尔及利亚的投资。公司主要采取参股的方式对企业进行投资，并原则上负责监管企业的账目往来。

金融投资、参股及运作公司是一家国有非银行金融机构，于 2000 年 4 月经央行批准成立，拥有资产 50 亿第纳尔。该公司的主要职责是为创建企业、发展企业提供金融上的便利。公司在央行的主管下主要进行有关

---

① 环球金融杂志社，https://www.gfmag.com/global-data/country-data/algeria-gdp-country-report，访问时间为 2018 年 7 月 27 日。

② 环球金融杂志社，https://www.gfmag.com/global-data/country-data/algeria-gdp-country-report，访问时间为 2018 年 7 月 27 日。

投资、企业参股、资本运作等方面的业务。2001 年 1 月经国库批准，该公司成为从事买卖国库发行的各种证券业务的专门机构。

六　对外贸易

阿尔及利亚独立后，对外贸易一直受国家控制，由国营外贸公司垄断。在全面实行市场经济体制后，1991 年 3 月，政府放开对外贸易，取消大部分商品的外贸垄断权，取消进口配额许可证制度，国有企业、私营企业和外资企业均可自由从事对外贸易。

（一）进出口管理制度

1991 年政府成立了货币和信贷委员会，负责审批所有进出口业务，开展进出口业务必须事先得到该委员会的批准。进口支付一律通过国有银行进行结算。为保证国家外汇储备，央行规定进口支付必须使用信用证，大宗进口业务必须使用一年期以上的远期信用证付汇。

1992 年 11 月政府颁布的进口法令，将进口商品分成三大类：第一类是优先进口商品，主要是粮食、农资等，由国家审批外汇；第二类是自备外汇进口商品，主要是一般日用消费品，由进口商自备外汇支付；第三类是禁止进口商品，主要是国内能生产的商品，包括肉类、初级食品和一些轻工业产品。大宗进口和国有公司进口均以国际招标的形式进行。

1996 年以后，政府取消了进口须经事先批准和外汇支付管制的有关规定，任何法人或自然人只要持有外汇，进行工商注册后就可以进口不被禁止进口的商品，但进口业务必须通过当地指定银行办理。国家对进口食品和其他消费品、原材料、半流质物资及资本财货给予资金支持，进口商可以使用官方的信贷额度，如果得不到信贷额度或额度用完，银行就可以提供至少 3 年期的贷款用于资本财货的进口，提供至少 18 个月的贷款用于其他生产资料的进口。贸易项下的进口支付基本不受限制，进口支付使用 1 年期以上远期信用证的规定被取消。

为改变单纯依靠油气产品的出口结构，政府建立了促进出口的机制。1996 年，政府在贸易部之下设立了对外贸易促进局，同时成立了出口保险与担保公司，并设立了促进出口的特别基金。政府制定的鼓励非油气产品出口的优惠政策主要是：对出口产品免征出口关税和增值税，对进口用于再出口的产品免征进口环节增值税。出口企业 5 年内免征公司利润税和工资税。出口企业参加贸易部计划内的国外展览会或博览会，政府可负担参展费用的 80%，参加计划外的国外展览会或博览会，政府负担参展费用的 50%。对出口商品，政府可负担 50% 以上的运费。

为打击走私和逃税，2002 年 12 月，总统布特弗利卡签署了《2003 年财政法》，对进出口贸易经营行为进行限制。但在 2003 年，政府旋即颁布了关于进出口贸易的 03－04 号法令，废止了《2003 年财政法》的有关规定，重新规定任何符合现行法律规定的从事经营活动的自然人和法人都可以开展对外贸易业务，但进出口活动要接受外汇管制。另外，为鼓励非油气产品出口，成立由总理领导的国家出口促进委员会，负责制定非油气产品出口政策。

（二）海关和关税制度

1998 年 8 月，《海关法》进行了修改，简化了关税制度和入关手续。2000 年 1 月 1 日，海关做出规定：取消对进出口贸易的最低限价。逐步取消对部分进口商品征收 60% 临时附加税的规定，分 5 年执行，每年递减 12%。同时规定了新的关税制度，按照商品的种类和编码设立四种基本关税税率，分别是 0、5%、15%、30%。所有原材料、药品均按 5% 计征；半成品、粮食、干鲜蔬菜、小汽缸轿车按 15% 计征；成品按 30% 计征。对进口商品征收增值税的税率做出调整，设立了三种税率，分别是 0、7% 和 17%。绝大部分进口商品按 17% 计征税费。

海关对进出口货物管理有具体规定：进口货物须在 21 天之内缴纳关税，超出期限，货物将自动转入海关监管区；货物在海关监管区最多可停留 4 个月，超过期限，海关关长有权处理货物，或拍卖，或没收（易变质的进口货物另有规定）。进口货物如退运或转运别国，必须出具提单上注明的收货人或通知人的拒收证明，如果没有拒收证明，则任何人都无权将之退运或转运，得到证明之后，货主或出口商需另行委托当地公司办理进口和再出口手续。

（三）进出口商品结构、贸易伙伴、贸易额

阿尔及利亚是世界第 58 大出口经济体。阿尔及利亚政府主张贸易多元化，鼓励非油气产品出口，但出口产品仍以油气产品为主。油气产品出口额占出口总额的 96% 以上，其他出口产品包括农产品、矿产品、半成品和机械设备等。由于农业比重较小，国民粮食消费主要依靠进口，粮食、食品成为主要进口商品，进口额平均占进口总额的 25%~30%。其他主要进口产品包括工农业设备、生产原料、非食品消费品等。

主要贸易伙伴是西方工业国家。传统贸易地区是欧洲，欧盟国家进出口贸易额占阿尔及利亚进出口贸易总额的 60% 左右。法国、意大利和西班牙是主要贸易伙伴，德国、荷兰、英国是重要的贸易伙伴。北美地区的主要贸易伙伴是美国和加拿大，其中美国在 2004 年成为阿尔及利亚的主要贸易伙伴。中国是阿尔及利亚的新兴贸易伙伴，双边贸易发展迅速。阿尔及利亚与世界其他地区的贸易额较小。

2012 年的主要出口伙伴包括：意大利（占 16%）、美国（占 15%）、西班牙（占 10.9%）、法国（占 8.5%）、荷兰（占 7.3%）、加拿大（占 7.1%）、英国（占 5.1%）、巴西（占 4.7%）。主要进口伙伴包括：法国（占 12.8%）、中国（占 11.8%）、意大利（占 10.3%）、西班牙（占 8.6%）、德国（占 5.2%）。[1]

2014 年，主要出口产品是液化石油气（出口额为 252 亿美元）、原油（出口额为 228 亿美元）、精炼石油（出口额为 127 亿美元）、煤焦油（出口额为 10 亿美元）和氨（出口额为 6.03 亿美元）［使用 1992 年修订的 HS（协调系统）的分类］。主要进口产品是汽车（进口额为 32.1 亿美元）、小麦（进口额为 23 亿美元）、精炼石油（进口额为 20.6 亿美元）、运输货车（进口额为 19.7 亿美元）和包装药物（进口额为 19.1 亿美元）。2014 年，主要的出口目的地是西班牙（出口额为 110 亿美元）、法国（出口额为 65.7 亿美元）、英国（出口额为 56.4 亿美元）、意大利

---

[1] 环球金融杂志社，https://www.gfmag.com/global-data/country-data/algeria-gdp-country-report，访问时间为 2016 年 8 月 4 日。

（出口额为 50.4 亿美元）和美国（出口额为 47.2 亿美元）。主要进口来源是中国（进口额为 83.5 亿美元）、法国（进口额为 75 亿美元）、意大利（进口额为 53.6 亿美元）、西班牙（进口额为 50.3 亿美元）和德国（进口额为 35.5 亿美元）。①

2016 年，阿尔及利亚出口额为 312 亿美元，进口额为 486 亿美元，贸易逆差为 174 亿美元。主要出口产品包括天然气（出口额为 131 亿美元）、原油（出口额为 103 亿美元）、精炼石油（出口额为 56 亿美元）、氮肥（出口额为 4.44 亿美元）和氨（出口额为 4.17 亿美元）[使用 1992 年修订的 HS（协调系统）的分类]。主要进口产品包括小麦（进口额为 17 亿美元）、包装药物（进口额为 13.7 亿美元）、精炼石油（进口额为 12.5 亿美元）、汽车（进口额为 12.5 亿美元）和生铁棒（进口额为 11.4 亿美元）。主要出口目的地是西班牙（出口额为 45.3 亿美元）、意大利（出口额为 44.2 亿美元）、美国（出口额为 36.1 亿美元）、法国（出口额为 34.3 亿美元）和土耳其（出口额为 16.1 亿美元）。进口主要来自中国（进口额为 83.5 亿美元）、法国（进口额为 53.3 亿美元）、意大利（进口额为 44 亿美元）、西班牙（进口额为 35.4 亿美元）和德国（进口额为 28.3 亿美元）。②

2017 年，阿尔及利亚出口额估计为 331.1 亿美元，出口合作伙伴如下：意大利（占 17.4%）、西班牙（占 13%）、法国（占 11.9%）、美国（占 9.4%）、巴西（占 6.2%）、荷兰（占 5.5%）；进口额估计为 499.9 亿美元，进口合作伙伴如下：中国（占 18.2%）、法国（占 9.1%）、意大利（占 8%）、德国（占 7%）、西班牙（占 6.9%）、土耳其（占 4.4%）。③ 出口产品主要是石油、天然气和石油产品。进口产品主要是资本财货、食品、消费品。

---

① 经济复杂性观察站，http：//atlas. media. mit. edu/en/profile/country/dza/，访问时间为 2016 年 8 月 9 日。
② 经济复杂性观察站，https：//atlas. media. mit. edu/en/profile/country/dza/，访问时间为 2018 年 7 月 24 日。
③ 美国中央情报局，https：//www. cia. gov/library/publications/resources/the-world-factbook/geos/ag. html，访问时间为 2018 年 7 月 27 日。

七　外国投资

（一）促进外国投资的政策

阿尔及利亚开始向市场经济体制过渡之后，政府实施对外开放政策，陆续推出了一系列鼓励外国投资的政策。在不断修改和完善外资政策的同时，政府还设立了免税区和专门的投资促进机构。

1982 年 4 月颁布的《合资企业法》为外资公司提供获得公平投资收益的保证，并规定外国投资者在投资的最初 5 年内免交工商所得税，减免利润再投资税；允许将技术和专利转让所得汇回投资者本国；同时规定投资额大于 500 万第纳尔的项目可以在一个特定的区域获得垄断权及享有关税保护。1988 年初，政府颁布了 88 - 01 号法令，打破了国营企业对公用事业的长期垄断，规定阿籍和外籍法人或自然人均可与国营企业合资经营；外籍人士可以投资开办中小型独资企业；鼓励外籍人士向阿尔及利亚转让技术或进行技术投资。

1990 年 4 月颁布的《货币和信贷法》进一步明确了外国资本自由投资的原则：外国资本可自行投资开办企业，也可在已有的国有企业和私营企业中进行投资。此后，阿尔及利亚开始大规模吸收外资。1993 年 3 月，政府颁布了 93 - 12 号法令，进一步放开投资领域，规定除国家限定的战略部门外，实行自由投资的原则，投资者一律享受国民待遇。

1994 年，政府相继颁布了 5 部投资法。第一部是 94 - 319 号法令。该法承诺对外资和本国私营企业不再实行国有化或没收；设立国家投资促进、支持和后续工作局，为投资者提供一切所需服务，包括银行、海关、注册、税务、环境、劳工等手续，并根据投资者的要求给予各种优惠条件。第二部是 94 - 320 号《自由贸易区法》。第三部是 94 - 321 号《特区法》。第四部是 94 - 322 号《国有土地申请法》。第五部是 94 - 323 号法令。该法令对工程投资中的外资最低份额做出了规定。

2001 年 8 月，政府颁布了关于投资的 01 - 03 号法令。该法令进一步加大了对外国资本开放的力度，规定外国企业既可在阿尔及利亚建厂，也可在阿尔及利亚国有企业参股经营，政府保证外国投资者可以将利润汇出境外。法令提出设立国家投资发展局，规定投资者享有一系列优惠。

为方便外国投资者实施投资项目，政府设立了两个免税区。第一个免税区于 1997 年设立，位于吉杰尔省的贝拉拉工业区。第二个免税区于 2001 年设立，位于首都西南郊的新城西迪·阿卜杜拉。在免税区内建立的工业企业和贸易公司必须将至少 80% 营业额的产品出口。政府为区内企业提供优惠待遇。

政府设立了国家投资委员会，以加强对促进外国投资的领导和监管。国家投资委员会是由总理领导的政策机构，由相关政府部门的部长组成，总理为委员会主席，秘书处工作由国家投资发展局承担。国家投资发展局是政府领导的具有法人资格和独立财务的公共机构，主要职责是加强与投资有关的各管理部门与投资机构之间的合作，该局局长由总理任命，总部设在阿尔及尔，在地方设有办事机构。

（二）投资的限制因素

阿尔及利亚虽然实行对外开放政策，但是经济开放程度仍然有待提高，营商环境仍然有待优化。外商投资、私人兴办企业面临各类繁复耗时的行政审批程序。2002 年之后，外商投资必须由当地人控股 51% 以上。在阿尔及利亚本地工作须办理工作证、居住证双证，分别由劳动局、警察局两个机构管理，其中劳动局审查企业雇用当地劳动力的比例、被雇用者是否拥有合法签证、是否违规雇用黑色人种等。此外，贸易一体化程度低，阿尔及利亚为 WTO 的观察员，与 WTO 的谈判进展甚微。2017 年，阿尔及利亚的营商环境在全球 190 个国家中总体排第 156 位。[①]

概言之，在阿尔及利亚投资面临四个方面的风险：一是政治风险，包括国家领导人换届、卡比利亚分离主义运动等；二是安全风险，主要是伊斯兰马格里布基地组织的暴恐威胁；三是法律风险，包括投资准入、经营壁垒、社会保险等方面的限制性条款等；四是经济风险，包括市场经济欠发达、金融体系较薄弱、不正当竞争等。

---

① 世界银行，https://www.gfmag.com/global-data/country-data/algeria-gdp-country-report，访问时间为 2018 年 7 月 24 日。

（三）投资形式、主要投资国和投资领域

外商在阿尔及利亚的投资形式有四种：一是外商直接投资；二是交钥匙工程，此种形式最多，须在当地交税；三是项目融资；四是提供贷款。政府鼓励外商在阿尔及利亚直接投资建厂，这样既能带动进口替代产品的生产，又能创造就业机会。在政府的鼓励措施下，阿尔及利亚吸引外商直接投资水平较稳定，投资集中于能源、通信等基础设施、消费品生产等领域。2013 年，共吸引外商直接投资项目 29 个，投资金额为 16.91 亿美元。除了外商直接投资之外，水、电、气、通信等基础设施以及学校、医院等公共机构项目，也可能采用其他投资方式。

2011～2015 年的直接投资数据如表 4-11 所示。

表 4-11 2011～2015 年的直接投资数据

单位：亿美元

指标	2011 年	2012 年	2013 年	2014 年	2015 年
FDI（流入）	25.81	14.99	16.91	15.07	-5.87
FDI（流出）	5.34	-0.41	-2.68	-0.18	1.03

资料来源：2011～2013 年数据，参见联合国贸发会议，United Nations Conference on Trade and Development（UNCTAD）- World Investment Report 2014，https：//www.gfmag.com/global-data/country-data/algeria-gdp-country-report，访问时间为 2016 年 8 月 4 日；2014～2015 年数据，参见联合国贸发会议，United Nations Conference on Trade and Development（UNCTAD）- World Investment Report 2016，https：//www.gfmag.com/global-data/country-data/algeria-gdp-country-report，访问时间为 2018 年 7 月 23 日。

美国是油气领域最早的、最主要的投资国，保持着在该领域的投资领先地位。近年来，美国开始增加在化学制药领域的投资。美国 3 家企业联合，与阿尔及利亚国家制药公司合资兴建 OSM 制药公司。该公司实际投资额为 1 亿美元，主要生产 8 种药物，于 2002 年 6 月建成投产。美国艾利—礼来公司与阿尔及利亚国家制药公司合作，以技术参股，建立胰岛素生产线。2002 年 5 月该合作项目正式启动，2003 年底投产，年产量为 400 万支。2003 年，美国布兰克·维奇公司与阿尔及利亚能源公司签约，共同出资在阿尔泽组建卡赫拉玛公司，该公司投资 4.5 亿美元建造一个海

水淡化处理厂。

法国、意大利、西班牙是欧盟中的主要投资国。1990～1998年，法国在非油气领域的直接投资累计达3.4亿法郎。1999年以后，法国的直接投资越来越集中在油气、药品生产和金融行业。法国空气液体公司、美国气体化学公司与阿尔及利亚国家石油公司合资建立了HELIOS氢气工厂，主要向欧洲市场提供产品，满足欧洲市场75%的氢气需求。法国米其林集团公司在阿尔及尔建立了一家年产25万个载重轮胎的工厂，40%的产品在阿尔及利亚销售，其余出口。该厂建成后可提供520个就业岗位。法国的水泥企业也进入了阿尔及利亚的水泥市场。

意大利和西班牙的直接投资集中在食品生产、化学制药、陶瓷、化妆品、冶金等领域。意大利达尼黎集团在杰恩投资兴建了一家铁矿石生产厂，年生产能力为170万吨，可为阿尔及利亚提供1000多个就业机会。德国林德集团（占51%股权）和阿尔及利亚国家石油公司（占49%股权）成立了合资企业，生产和销售氢气。合资企业计划在斯基克达建造一座年产量为1700万立方米的氢液化装置。产品的50%提供给德国林德集团的客户，其余部分由合资企业负责销售。该项目于2002年4月正式启动，计划2005年投产。但由于多种原因而延误，项目于2017年重新启动。2003年，世界水泥生产大王——瑞士奥尔西姆公司投资1.8亿美元在赫利赞建造了一个水泥生产厂。

阿拉伯国家在外商直接投资中占有一定比例，主要投资国是埃及、沙特和科威特，涉及水泥、制药、通信等领域。埃及奥拉斯康建筑工业公司投资建立了阿尔及利亚水泥公司，埃方拥有全部股权，投资额为2.6亿美元。该公司于2002年2月开工兴建，建成后的年生产能力可达200万吨，可创造1000多个就业机会。2001年7月，埃及奥拉斯康公司以7亿多美元的价格中标阿尔及利亚电信市场的特许经营权。根据合同，该公司在4年内，将其负责建设的移动电话网覆盖阿尔及利亚境内所有机场、公路干线和超过2000人的城镇。

沙特斯皮马克公司和约旦JOM公司联合投资，与阿尔及利亚国家制药公司合资兴建了达法克制药公司。该公司投资额为3000万美元，于

2000 年 7 月动工兴建，2004 年 10 月开始批量生产药品，主要生产用于心血管病、精神病和胃肠病治疗的片剂和针剂，产品主要出口阿拉伯国家。2003 年底，阿尔及利亚出售了第三个 GSM 网络特许经营权。该经营权被科威特国家电信公司以 11.21 亿美元购得，其中 4.21 亿美元为购买费，7亿美元为设备投资。

（四）中国在阿尔及利亚的投资

2000 年之前，中国投资在外资中所占比重很小，投资项目主要是服装厂、塑料袋厂、包装材料生产厂和一些小型钢铁厂、电池厂等。2000年之后，中国在阿尔及利亚的投资发展起来。

中国与阿尔及利亚在石油领域的合作起步较晚，在阿尔及利亚开展油田上下游一体化项目。中石化和中石油于 2000 年前后进入阿尔及利亚市场。2001 年 10 月，中石化与阿尔及利亚国家石油公司签署了提高扎尔扎亭油田采收率项目的合作合同。扎尔扎亭油田位于撒哈拉沙漠东部与利比亚边境区域的伊利奇盆地。该项目合同期限为 20 年，总投资为 5.25 亿美元，是中石化在阿尔及利亚的标志性项目。2003~2005 年，中石油相继开发了阿德拉尔上下游一体化项目、谢里夫盆地 112/102A 区块、乌埃德姆亚盆地 350 区块和 438B 区块油气勘探项目、沃克托特油田设计服务项目和斯基克达凝析油炼油厂建设项目。其中，在 438B 区块油气勘探项目中，中石油享有 100% 权益。

2009 年，中海油进入阿尔及利亚，这标志着中国三大石油公司完成了在阿尔及利亚的布局。2009 年，中海油联手泰国国家石油公司，在阿尔及利亚石油区块招标中胜出。当年 12 月，泰国国家石油公司正式对外宣布，其子公司泰国国家石油阿尔及利亚有限公司与中海油联合获得了哈希·贝尔·拉凯兹区块的勘探许可权。

中阿工程承包合作传统悠久，中国在阿尔及利亚承建了一批标志性建筑。阿尔及利亚是中国在非洲、阿拉伯世界最大的工程承包市场之一。从1983 年中建公司承包 200 套住房建设项目开始，中国在阿尔及利亚承接了大量重要的工程建设项目。中建公司 2004 年中标胡阿里·布迈丁国际机场改扩建工程。2006 年中信 - 中铁建联合体中标东西高速公路中、西标段，这是中国公司在国际工程承包市场获得的单项合同额最大的项目，也是中国企业实施"走出去"战略的典范。2011 年，中建公司中标阿尔及尔大清真寺项目，该清真寺建成之后将成为非洲最大的清真寺，也将是仅次于沙特两圣寺的世界第三大清真寺，其宣礼塔高度将为世界宣礼塔之最。2013 年，中阿双方贸易额突破了 80 亿美元，双方签署的承包合同金额累计达到 450 亿美元。[①] 2016 年 3 月，由北京城建负责施工的中国援助阿尔及利亚最大项目阿尔及利亚歌剧院交付使用。

经过 30 多年的积累，中国在阿尔及利亚工程承包市场的优势显著，未来仍有进一步挖掘的空间。阿尔及利亚的工程承包市场门槛较高，中国工程承包公司在当地经营多年，施工经验丰富、组织管理水平高、劳动力价格低，因此具有较强的竞争力。交钥匙工程是最常见的形式。阿尔及利亚本地建筑材料、施工机械供应不足，对工程承包项目的拓展造成了障碍，但也给工程承包企业扩大经营规模带来了机遇，通过自建、融资、合作的方式进行建筑材料和施工机械的生产是可行的方式。

以中阿历史悠久的工程承包合作为基础，将工程承包的运作方式引入产业合作具有可行性。2016 年 6 月，中钢国际工程技术股份有限公司下属中钢设备有限公司与安赛乐米塔尔公司签署了建设年产 230 万吨短流程综合钢厂的 EPC 总承包合同，合同总金额约为 5 亿美元。该项目 90% 的机械设备与钢结构由中国制造，间接带动钢材出口约 5 万吨。此外，在特种钢、精密仪器、机械零部件、重型机械、家用电器等制造业领域，中阿均有合作的空间。

中阿通信行业合作优势显现，中国在阿尔及利亚开展 GSM、CDMA、数据传输光缆铺设等电信项目建设。华为和中兴分别于 1999 年和 2000 年进入阿尔及利亚电信市场，主要从事 GSM、CDMA、数据传输等电信项目建设并提供相关技术支持，特别是 2003 年以后，两家公司的设备均在当地实现规模突破。到 2005 年底，华为、中兴在阿尔及利亚电信市场已总

---

① 刘玉和：《携手谱写中阿合作共赢新篇章》，《人民日报》（海外版）2014 年 2 月 25 日第 4 版。

计获得了数量超过 100 万线的 GSM 网和 CDMA 网项目，并承揽了数据传输网络和宽带网等建设工程，合同金额累计高达 3.2 亿美元。2011 年，华为进军阿尔及利亚企业网市场。2016 年 7 月，华为中标首都机场 eLTE 通信项目，这是非洲首次实现 eLTE 系统在机场行业的商用。在此项目中，华为提供 eLTE 核心网、基站、集群终端、多媒体调度等设备和系统，以满足客户对机场集群、视频和数据业务的扩展需求。

阿尔及利亚的水泥企业具备一定的生产基础。2016 年 6 月，中材建设有限公司与阿尔及利亚比斯卡拉水泥公司签订了《阿尔及利亚比斯卡拉两条日产 6000 吨熟料的水泥生产线总承包合同》。合同金额为 2.67 亿美元，包括两条日产 6000 吨熟料的水泥生产线从原料破碎到水泥包装发运的全过程，涵盖工程设计、设备及钢结构供货、安装、调试、人员培训等。

第五章

军　事

第一节　概述

一　建军简史

阿尔及利亚武装力量的军种建制齐全，武器装备先进，培训体系健全，国防工业发展较快，对外军事交流频繁，可谓非洲军事大国。

阿尔及利亚武装力量由国家人民军（简称人民军）、特殊的军事部队、预备役部队三部分组成。其中，人民军分为陆军、空军、海军、国土防空部队、国家宪兵五个军种。特殊的军事部队包括共和国卫队、国家安全总局所属共和国安全部门两支部队。预备役部队主要是陆军部队。阿尔及利亚武装力量是在人民军的基础之上建立、发展和完善起来的，武装力量的主体是人民军。

人民军由民族解放军发展而来。民族解放军成立于1954年，是阿尔及利亚民族解放阵线领导下的军事力量。民族解放军成立之初，分散在全国各地，武器装备简陋，以开展游击战为主。民族解放军在境外的主要抵抗基地分别位于摩洛哥、利比亚、撒哈拉沙漠腹地。[①] 为争取外国援助，民阵在埃及开罗设立了驻外机构，并在靠近边境的摩洛哥和突尼斯分别组建了民族解放军国外部队，即民族解放军西部边境部队、民族解放军东部

---

① Allan Christelow, *Algerians without Borders: The Making of a Global Frontier Society*, University Press of Florida, 2012, p. 90.

边境部队。

1956 年 8 月，苏马姆会议做出了有关民族解放军的若干决定：民阵的政治力量对于民族解放军是首要的；阿尔及利亚全国革命委员会闭会期间，协调与执行委员会是民阵的最高领导机构，也是民族解放军的统帅机关；民族解放军由协调与执行委员会的军事部门控制；为民族解放军建立军事指挥架构；把各种革命力量组织起来；设置军衔，建立 6 个战区。

苏马姆会议之后，民族解放军的国内游击队和国外部队都发展壮大起来。1957 年，国外部队发展到 3 万人，装备优良、训练有素，国内游击队发展到 6000 多人。经过多年浴血奋战，到 1962 年 7 月阿尔及利亚宣告独立时，民族解放军已经是一支拥有 12.5 万人的武装力量，其中主要是国内游击队，国外部队约有 4 万人。

1962 年晚些时候，本·贝拉政府以民族解放军国外部队（主要是西部边境部队）为基础，吸收国内游击队的部分兵力，重新组建了正规的国家军队，定名为国家人民军。人民军组建时约有 5 万人，其中包括少量的海军、空军和 5000 ~ 10000 名国家宪兵。①

随着时代的发展，人民军的组织编成逐步完善，兵力规模也逐步扩大。1993 年，武装力量被重组为四个部分，即人民军陆军、空军、海军、国土防空部队 4 个军种。1995 年，人民军总兵力达到 15.25 万人，为历史最高。2013 年，人民军陆军为 11 万人，海军约为 6000 人，空军为 1.4万人。

人民军的武器装备也有很大的提升。1963 年秋季金沙战争②之后，人民军获得了防空能力和装甲车，作战效能开始提升。随着石油工业的国有化、第四次中东战争的爆发以及阿摩边境冲突的加剧，阿尔及利亚从 1975 年起加快了军队现代化的建设，从国外购进了大批军事装备。1980年以来，阿尔及利亚确保了武器装备一定程度的独立自主，以避免人民军对外国国防供应商日益增加的依赖。近年来，军队武器装备的来源开始多

---

① Walpole, *Area Handbook for Algeria*, s. n., 1965, p. 489.

② 也被称为 1963 年边境战争。

元化。目前，阿尔及利亚正在进行新一轮的武器装备现代化，包括引进新的、更多的现代化的军舰、飞机和坦克。

二 军事战略与国防政策

人民军的基本军事战略和国防政策是保卫国家领土、保卫国家的安全稳定。在 1989 年政体变更之前，人民军的军事战略和国防政策还包括支持政府走社会主义道路。

建军之初，人民军的使命是"确保共和国领土的防卫，在党的框架内参与国家的政治、经济和社会生活"[1]。人民军不仅负责国防，还对国家的安全稳定发挥着重要作用。人民军组建之后，在 1963 年秋季与摩洛哥的边境战争中，以及在镇压卡比利亚、奥雷斯地区反对本·贝拉的叛乱中，均发挥了有效的作用。

人民军作为民阵领导的武装力量，还有其特殊的使命，即阻止政府的腐败，支持政府寻求社会主义政策、走社会主义道路。为实现这一使命，人民军必须接受民阵的直接领导。1964 年 4 月，在独立后的首次党员大会上，民阵章程授权党（即民阵）通过国防部政治委员在人民军内实施政治教育、管制相关活动。国防部政治委员由民阵政治局直接领导。民阵政治局负责在人民军的各个层级建立党的组织。

1988 年 10 月，沙德利总统宣布修改 1976 年宪法，提出了三项政治改革措施：实现民阵与国家分离、放开地方选举和议会选举中对候选人的限制、实现群众组织独立。[2] 面对汹涌澎湃的群众运动，军队以外的国家机器开始崩溃。1989 年 2 月，阿尔及利亚颁布宪法修正案，删去了所有关于社会主义和民族解放阵线的内容，为开启多党制提供了法律保障。当月，全民公决通过新宪法。各种新政党如雨后春笋般涌现。与此同时，军方选择了自保。1989 年 3 月，军队高层集体退出了民阵中央委

---

① Walpole, *Area Handbook for Algeria*, s. n., 1965, p. 492.

② Benjamin Stora, *Algeria: 1830 - 2000*, Translated by Jane Marie Todd, Cornell University Press, 2001, p. 197.

员会。

国防预算是国防政策的重要体现。阿尔及利亚有着非洲最大的国防预算。在 20 世纪 80 年代以前，国防预算一直保持在占国家总预算的 4% ~ 5%。进入 20 世纪 90 年代以后，国家加大对国防的投入力度，国防预算占国家总预算的比例增加，平均约占国家总预算的 10%，其中 1998 年的国防预算占到国家总预算的 11.6%。2000 年的国防预算比例又比 1998 年增加了 4 个百分点，达到 18 亿美元。2002 年，国防预算为 1673.8 亿第纳尔，占国家总预算的 10.7%。[①]

2006 年，阿尔及利亚军费开支占 GDP 的比例为 3.3%。2007 年之前，阿尔及利亚每年的军费开支约为 23 亿美元，与 2003 年的 21 亿美元相比略有增加。为了应对极端分子的进攻，阿尔及利亚决定增加其国防预算，2009 年达到 38.2 亿欧元。根据预算草案，政府在 2009 年的总开支达到 299.3 亿欧元，其中国防与安全预算比 2008 年增长 10%。国防部门成为政府最大的开支部门。2010 年，国防预算为 60 亿美元。2012 年，国防预算为 93.7 亿美元。在 2013 年的预算草案中，国防预算较 2012 年增长 14%，较 2009 年增长 57%，阿尔及利亚成为国防预算占 GDP 比例最大的国家之一，排名居世界第五。

2012 ~ 2016 年军费开支占 GDP 的比例如表 5 - 1 所示。

表 5 - 1　2012 ~ 2016 年军费开支占 GDP 的比例

单位：%

指标	2012 年	2013 年	2014 年	2015 年	2016 年
比例	4.46	4.84	5.54	6.32	6.55

资料来源：美国中央情报局，https://www.cia.gov/library/publications/resources/the-world-factbook/geos/ag.html，访问时间为 2018 年 7 月 24 日。

[①]《2003/2004 世界知识年鉴》，世界知识出版社，2004，第 289 页，转引自赵慧杰编著《阿尔及利亚》，社会科学文献出版社，2016，第 280 页。

三 国防体制

（一）总统

阿尔及利亚宪法规定，总统为武装部队最高统帅。总统管控武装部队以及与之有关的一切事务。军事命令的指挥链条是，总统通过国防部部长，向各大军区、各军种的司令发布命令，领导全国武装部队。经议会同意，总统有权宣战与媾和。

在总统之下建立军事咨询机构。这一机构起初名为国防高级理事会，由国防部部长、内政部部长、外交部部长、议会国防委员会主席和总统指定的两名成员组成。该理事会在所有有关军事的事务方面向总统提供建议。1979 年 6 月，国防高级理事会重组为国家最高安全委员会，总统担任委员会主席。按 1996 年宪法规定，建立了最高安全委员会，由总统担任主席。最高安全委员会负责在所有有关国家安全的问题上向总统提供建议。最高安全委员会的组织和运作方式由总统决定。

（二）国防部

国防部是政府的重要组成部门。独立之初，两位校级官员（当时尚未设立将军级官员）共同领导国防部部务会议，执行最高军事指令。国防部负责协调军队的行动，处理人民军的物资、人员、健康、供给、通信、设施等事宜。国防部政治委员参加国防部部务会议。

1989 年修改宪法、变更政体之后，军队高层集体退出了民阵，国防部政治委员一职取消。按宪法规定，国防部部长由总统法令任命。布特弗利卡担任总统期间，颁布总统法令，创设了国防部秘书长职位。

（三）国家人民军总参谋部

国家人民军总参谋部（简称总参谋部）是国防部下设的军事机关。1964 年 3 月，国防部部长以法令形式创建了总参谋部。总参谋部由 1 名总参谋长和若干参谋官员（校级）领导，总参谋长和参谋官员由国防部部长以法令形式推荐。总参谋部负责制订有关组织建设的计划，提出军事预算，制订和执行武器和装备的研究计划，准备人民军的动员和雇用活动。此外，总参谋部负责制定有关招聘、晋升和使用不同种类的军事人员的规章。1967年布迈丁上台后，总参谋部被取消。参谋事宜由国防部官员承担。

1984年11月，沙德利总统重新设立了总参谋部。总参谋部设总参谋长1人，副总参谋长2人。恢复后的总参谋部负责为集成化的军队制订运作计划，负责预算、信息和交通、后勤和行政支持、动员和募兵工作。另外，根据当年12月24日的法令，总参谋长代表国家元首、国防部部长会见来访的外国军事代表团。值得注意的是，总参谋长不是军事指挥链条上的组成部分。在实践中，总参谋长直接应对业务部门的长官和6大军区的司令。总参谋长与国防部部长、国家宪兵司令、情报与安全部首长、地方部队总司令一起，构成武装力量的高层。

总参谋部的目标是保护国家的主权和权力，保障国家的战略独立。总参谋部的使命和职责包括：武装力量的组织和总体架构、资格认定的一贯性（涉及培训、招聘）、战备和人员雇用，并以此确保对未来事业发展的掌控。总参谋部下设参谋部司令部，由武装司令部和执行司令部行使其职权，武装司令部和执行司令部由各军区司令部组成。

总参谋长一般兼任国防部副部长。

（四）军区与作战单位

军区制度源于民族解放战争时期的战区制，也是战后镇压地方反政府暴动的需要。1964年3月，为了加强对地方军事架构的中央控制，原先的7个军区被重组为5个军区。每个军区由1名高级军官指挥，军官直接听命于国防部部长，而非总参谋长。

各军区的具体划分是：第1军区，总部位于布利达；第2军区，总部位于奥兰；第3军区，总部位于贝沙尔；第4军区，总部位于乌尔格拉；第5军区，总部位于君士坦丁。1975年，为了覆盖广袤的南方领土，设立了第6军区，总部位于塔曼拉塞特。

军区司令负责管控基地、后勤、房屋和征兵训练。军队的师和旅、空军基地、海军直接向国防部部长和业务参谋长报告业务事项。

人民军的基础战术单位是营。在1964年中期，大约有75个营。1963

年阿摩边境战争后，作战单位变大了一些。1993 年武装力量重组时，设置了众多的独立旅与独立营。

第二节　武装力量

一　陆军

（一）陆军的战役单位和兵种

陆军即在陆地上行动的军队。陆军的战役单位包括战斗单位、支持单位、服务支持单位。陆军的诸兵种如下。

1. 步兵

步兵是陆军的核心，历史上是民族解放军的主要组成部分，是最重要的兵种之一。预备役军人多为步兵。

2. 炮兵

炮兵在独立后的最初几年由军事院校的学员组建，其装备包括各种装甲武器。

3. 工兵

独立以来，工兵参与了排雷行动。地雷是法国殖民主义的严重"遗产"。

除此还有防空兵、特种兵和交通运输兵。

交通运输兵最初由政府交通运输部门指挥，之后先被并入战斗兵种，后被并入陆军司令部。

（二）陆军的组织

陆军的组织包括：1 个中央司令部、军事和运营部门、大单位和自治单位、训练部门。

根据 1986 年 5 月的总统法令，陆军司令部在国防部内创建。陆军司令部的使命是：与其他武装力量合作，负责组织与准备陆军部队，确保国家陆地空间的防卫。陆军司令部的组织包括：1 位司令部秘书长，1 位参谋长，1 个移动通信部，办公室，总部运行中心，兵种分部——研究发展分部、学校分部、普通服务分部、人力资源分部、通讯分部、物资分部、

军需分部。

（三）陆军人员的招聘与培训

1. 招聘条件

军官：成绩优秀的应届大学本科毕业生。专业要求：应用科学、数学、数字技术、机械工程、电子工程、市政工程、过程工程。

合同制士官：经过 3 年制中等学校学习，获得中学会考成绩证明；或者其他专业的学士文凭持有者，且不要求是军校军官职业培训的。

合同制士兵：接受 4 年制中等教育，或者 9 年制基础教育，或者 6 年制小学，或获得 7 年制基础教育证书、进入中等教育的第 1 年，或进入中等教育第 1 年，或接受过中心的职业培训。

文职人员：根据陆军司令部的不同需要招聘。

2. 培训

军官的培训周期为 5 年：1 年进行基础的普通军事训练，学习基础的联合军事课程；3 年在军科院进行培训，学习大学课程；1 年在陆军 7 校进行培训，学习专业化的兵种课程。

陆军干部军官的职业训练机构：军科院，陆军 7 校。

军官的继续培训内容如下。

军官高级课程：为军官指挥一个小组或担任相当职位而准备。

指挥与参谋课程：为军官指挥高于一个小组的层级或担任相当职务而准备。

高级军事课程：为高级军官担任参谋长、司令、指挥官而准备。

合同制士官的培训周期为两年：1 年在正规士官学校，1 年在陆军 7 校和步兵分校。或者两年在特种兵学校。

合同制士兵的培训周期为 6 个月或 5 个月。其中，下士培训 6 个月，列兵培训 5 个月，均在陆军各培训中心进行培训。

（四）陆军的编成

陆军兵力目前为 12.7 万人，分编为 6 个军区和若干独立师、独立旅、独立营。具体如下。

5 个独立师：两个装甲师（各辖 3 个机械化团和 1 个坦克团）、两个机械化师（各辖 3 个机械化团和 1 个坦克团）、1 个空降师（下辖 5 个空降团）。每个独立师各拥有兵力 1 万余人。

5 个独立旅：4 个独立摩托化/机械化步兵旅、1 个独立装甲旅。

29 个独立营：20 个独立步兵营、6 个高炮营、2 个炮兵营、1 个防空营。

预备役方面，1990 年，预备役部队的规模约为 10 万人。从 2000 年起，预备役部队的规模保持在 15 万人左右。

（五）陆军的装备

陆军的主要装备包括各式坦克和装甲车 2800 多辆，各种用途的火炮 2000 多门，地空导弹若干枚。

二 空军

（一）空军的使命

空军是一个保卫系统，与人民军的其他组成部分并肩作战，确保国家的航空航天主权和领土完整。其使命如下。

一般使命：参加国家领空的防卫；近距离监控及防卫；启动电子战；评估威胁；为作战部队提供远距离和近距离的协助；领空武力覆盖；支持空中运输部队。

特殊使命：阐述武力使用的原则；保证空军的作战有效性；与总参谋部、其他司令部一道，参加防卫计划的制订；空军的训练；空军的发展和现代化。

其他使命：保证人员招募、训练和空军参谋部的管理；组织并保证空军的技术和后勤支持；管控空军的设备；参与搜救行动（人道主义使命）。

空军司令部的组织结构具体包括：中央司令部，由 1 位参谋长、1 位监察员、武器部门、支持部门、若干专门办公室协助；各军区的空军司令；空军基地、学校、培训中心、支持机构、装备改造企业和国防企业、控制单位。

（二）空军的发展史

空军的创建源于 1956 年 8 月的苏马姆会议。苏马姆会议提出了一个

长期规划，以形成一支现代化的军队。

1. 1958～1962 年

民族解放军司令部创建了一个组织，以接收人民军中的阿尔及利亚学生。在这些学生中间，有些人曾被送到友好国家接受飞行员和航空技师的培训，这些国家包括埃及、伊拉克、叙利亚、苏联、中国。在这期间，法国军队试图围困民族解放军相关部队，并切断来自友好国家的供应。由此，培训运输机和直升机飞行员以保证民族解放军的供应，并准备组建军事航空的核心组织的创意产生了。

2. 1962～1970 年

独立之后，人员培训是民族解放军与民阵领导人的当务之急。当时，军事航空已有核心的飞行员和技师，他们奠定了空军的基础。在这种背景下，空军的指挥机构诞生，独立的阿尔及利亚的首批空军单位建立起来，包括革命期间需要的 1 个直升机飞行队、1 个战斗机飞行队。

得益于有效的招募，军队领导人在等待阿尔及利亚自己的航空学校创建的同时，继续把人员大批量地送到友好国家受训。1966 年，位于第 2 军区的塔夫拉维（Tafaraoui）空军基地建立起来，作为一所军官学校，该基地招收了首批军官学生进行航空飞行员、航空技师的培训，他们中间的一些人后来成为空军司令或担任重要职务。

在这一时期，空军从苏联获得了飞机，主要是 MiG－15UTI 和 MiG－17，埃及也捐赠了一些飞机。1963 年与摩洛哥的边境战争发生后，阿尔及利亚政府决定加强军队和空军的建设，从苏联购买了 MiG－17F 轻型轰炸机、MiG－21F13 截击机、Su－7BMK 战斗轰炸机和一些 An－12 运输机。Mi－1 和 Mi－4 直升机也在军中部署。1967 年第三次中东战争期间，2 个 MiG－17F 中队、1 个 MiG－21F13 中队、1 个 Su－7BMK 中队被派驻埃及，以支持阿拉伯盟军。

3. 1970～1980 年

这一时期发生了若干重要事件，包括碳氢化合物的国有化、中东地区的冲突、西撒哈拉问题，国家领导人不得不获取现代化的装备，以面对越来越复杂的任务，并创建更多的空军基地以满足这种需求。在这一期间，女性开始在军事航空领域与男性并驾齐驱，出现了驾驶超音速飞机的女性航空人员。

在第四次中东战争期间，阿尔及利亚空军在埃及的统一军事指挥下参加了战争。MiG－21F13 和一些新的 MiG－21PFS 飞机主要用来保护开罗地区。MiG－17F 和 Su－7BMK 飞机也参与了战争，主要执行低空轰炸任务。1973 年 10 月，2 架 Su－7BMK、1 架 MiG－21 和许多 MiG－17F 受损。

1976 年，阿尔及利亚空军飞机从埃及返回国内基地。不久之后，空军获得并列装了许多 MiG－23MF、MiG－23BN 和 MiG－25P。MiG－21F13 和 MiG－21PFS 被更高性能的 MiG－21MF 和后来的 MiG－21BIS 截击机取代。

4. 1980 年至今

由于分派给军事航空的任务的重要性，军方决定把国土防空从空军中分离出来。1986 年，空军司令部建立，其组织机构依据指派给空军的新任务设立。组织机构由下列单位组成：1 个中央司令部（含 1 个参谋部、1 个督查协助部门），1 个武器部门，1 个支持部，多个专门办公室；军区空军；空军基地，学校，训练中心，支持机构，装备改造企业，防空单位。

20 世纪 90 年代以来，通过为飞行队配备更多有效率的、使用新技术设施，空军的技术水平和运行能力得到提升。此外，空军面临的新挑战、人民军与北约的对话及与外国军队的合作，促使空军司令部修订了其训练框架。正是在这个框架内，空军学校为专家的培训配备了适当的人力和教学手段，以使其能够完成人民军或外国军队分派给其的任务。

（三）空军人员的招募与培训

1. 职业军官学生

招募要求：科学学士，其专业要求为数学实验科学、数字技术等。

飞行官员的培训机构：空军高等学校。

培训周期：1 年在军科院接受基础普通军事训练；3 年在空军高等学

校接受基础飞行训练；1年在专门学校接受导航、战斗机、运输机或直升机训练。

航空技术专门领域的工程培训机构：航空技术高等学校（位于达尔·贝达）。

工程培训周期：1年在军科院接受基本普通士官训练；5年在达尔·贝达接受工程培训，其中包括学位训练和专门训练。

其他培训：军事管理、基础设施和设备管理、计算、通信、航空突击炮兵。这些培训在人民军的相关学校进行。

2. 合同制士官学生

招募要求：科学学士；在步兵突击队进行3年训练。

专业技术人员培训内容：航空技术、军事管理、硬件和基础设施管理。

培训机构包括：国家航空技术学校（位于布利达）、空军教学中心（位于麦尼亚）。

培训周期：两年。

3. 列兵培训

招募要求：中学第2年，或基础学校第4年。

培训在空军教学训练中心进行。

培训周期：航空突击炮兵专业培训周期为6个月，获得CMP1证书。其他列兵培训周期为5个月，获得实践证明。

（四）空军的编成、基地

空军目前的人数为14000人，编为十多个中队，包括3个攻击战斗机中队、5个战斗机中队、1个侦察机中队、2个海上侦察机中队、2个运输机中队。

空军建有11个军事基地，分别是：艾因·乌斯拉；卜吉恩·本·阿里·卢特菲（位于贝沙尔）；比斯卡拉；布利达；布法利克；布斯菲尔；拉格瓦特；塔曼拉塞特；乌姆布阿基；梅拉；谢里夫。

空军还有两个空中突击团，分别是第772、782空中突击团，主要承担基地守卫任务。

（五）空军的装备、弹药

1. 空军装备

空军的主要作战装备是飞机（见表 5 - 2）。

表 5 - 2　空军装备类型及相关信息

类型	型号	来源	用途	变体	服役数量
作战飞机	MiG - 25	俄罗斯	截击机	—	13 架
	MiG - 29	俄罗斯	歼击机	MiG - 29S	32 架
	Su - 24	俄罗斯	攻击机	Su - 24M	23 架
	Su - 30	俄罗斯	歼击轰炸机	Su - 30MKA	44 架
侦察机	海滩 1900	美国	监视机	1900D	6 架
	Su - 24MR	俄罗斯	侦察机		4 架
	MiG - 25RBSh	俄罗斯	侦察机		—
海上巡逻机	空中之王 200	美国	巡逻机	200/350	3 架
加油机	伊尔 Il - 78	俄罗斯	空中加油	Il - 78MP	5 架
运输机	A340	法国	首脑专机	A340 - 500	1 架
	ATR72	法国、意大利	运输机	—	1 架
	C - 130 大力神	美国	运输机	C - 130H	15 架
	CASAC - 295	西班牙	运输机		5 架
	Il - 76	俄罗斯	重型运输机		10 架
	空中之王 90	美国	多用途	200/350	20 架
	PC - 6	瑞士	多用途		2 架
直升机	AW101	英国	首脑专机	—	2 架订购中
	AS355	法国	多用途		19 架
	AW139	意大利	多用途		11 架;1 架订购中
	贝尔 412	美国	多用途		3 架
	卡 - 27	俄罗斯	多用途	Ka - 32	3 架;1 架订购中
	Mi - 2	俄罗斯	联络	—	121 架
	Mi - 8	俄罗斯	多用途	Mi - 17/171	100 架
	Mi - 24	俄罗斯	攻击		35 架
	Mi - 26	俄罗斯	重型运输		6 架订购中
	Mi - 28	俄罗斯	攻击	—	42 架订购中

续表

类型	型号	来源	用途	变体	服役数量
教练机	AW119	意大利	教练机	—	8 架
	L－39	捷克共和国	教练机	—	30 架
	索科尔 W－3	波兰	多用途	—	8 架
	雅克－130	俄罗斯	教练机	—	16 架

资料来源：空军的具体装备无法从阿尔及利亚国防部得知，此处参见维基百科，http://en. wikipedia. org/wiki/Algerian_ Air_ Force，访问时间为 2015 年 2 月 2 日。

2. 空军的弹药

（1）空对空导弹

主要有如下型号：R－27ER（AA－10C）半主动雷达制导远程空空导弹，射程为 130 公里；R－27R（AA－10，Alamo－A）半主动雷达制导中程空空导弹，射程为 80 公里；R－27T（AA－10，Alamo－B）红外导引头中程空空导弹，射程为 70 公里；R－77（AA－12）主动雷达导引中程导弹；R－73（AA－11）短程导弹。

（2）空对地导弹

主要包括 Kh－58、Kh－31P、Kh－29、Kh－59ME、Kh－25、猎豹导弹。

三 海军

（一）海军的使命、编成

海军创建于 1962 年 1 月，总部位于阿尔及尔。海军沿着 1000 多公里海岸线的多个基地运行，是西地中海的一支重要军事力量。海军的使命是保卫领海及相关的国家利益，包括：海上通道的监控和安全；国家海洋空间的保卫；国家海上利益的保护；海岸防御和沿海地区保护；海上公共服务，包括海岸警卫、海事安全、海上力量投放。

海军的编成情况如下：由潜艇构成的潜艇特遣部队；由军舰、导弹护卫舰、登陆和后勤支持艇、海岸警卫队及支持艇构成的海面特遣部队；海空特遣部队；由导弹、沿海火炮和特遣单位构成的海岸防卫特遣部队；培训机构（学院、中心、训练舰）；技术和后勤支持机构。

海军司令部的组成包括如下机构。

1 个中央司令部：参谋部、督察、武器部门、国家海岸警卫队。

3 个地区司令部：西部沿海海岸司令部、中部沿海海岸司令部、东部沿海海岸司令部。

培训机构：培训学校、培训中心。

（二）海军的发展史

阿尔及利亚的海军拥有悠久的历史。在奥斯曼土耳其时期，阿尔及利亚贝勒贝伊的军队是奥斯曼土耳其帝国海军的主力，代表奥斯曼土耳其帝国对西班牙帝国作战。法国统治时期，阿尔及利亚人被禁止从事任何海上活动。1956 年苏马姆会议之后，人民军内部培训指挥船和扫雷蛙人的需求迫切起来。

1. 1962 ~ 1968 年

刚刚独立之时，海军的发展主要基于管理培训和国家所需物资的采购。独立时，海军拥有两艘英制军舰，分别被命名为西迪·费鲁希、奥雷斯山。1963 年接收了 3 艘机动鱼雷艇。1963 年，阿尔及利亚海军在国防部内创建。1964 年 6 月，海军的隶属关系被转移到海军司令部。

在这个阶段，海军制定了广泛的培训政策，购买了新的设施和战争装备，以保卫国家的海岸线，抵抗邻国的入侵。海军购买的装备包括战舰、支持设备、武装导弹艇、鱼雷艇和其他反潜设备、地形船、潜水和布雷支持船。

1968 年 2 月 2 日，海军收回了首个海军基地梅尔斯·克比尔。这是一个重要的成就，因为这个基地极为重要，能使海军获得指挥工具、技术工具、地区的后勤和打击支持，便于海军计划组织、海军工程车间建设及海军部队的部署。

2. 1968 ~ 1975 年

海军聚焦和应对地中海区域的挑战，同时承担广泛的任务，概括起来

包括：保护海上交通、保卫阿尔及利亚海岸线的工业建筑、共享海事警察活动、抗击污染和自然灾害。

3. 1975～1990 年

为维护地中海地区的稳定，保护沿海地区的安全，海军购买了各种战舰，包括：护航舰、反舰导弹发射装置、导弹艇、潜艇和支援舰。海岸警卫队购买了若干设备，如 20 米长的船、30 米长的船、12 米长的船、37.5 米长的船，并在 1984 年初购买了救援船。

为阻止对阿尔及利亚海域的入侵，海军沿着海岸线建立了瞭望塔、海岸炮兵团、海防导弹、海事步兵营。1983 年，第一营在盖兹瓦特成立。在此期间，海军还列装了海上巡逻飞机。

为了保证技术和各种形式的支持，海军基地被海军舰队修理车间加固。许多培训中心和学校在塔曼福斯特、吉杰尔、阿尔泽和盖兹瓦特建立起来，以满足海军的需求，培训军官、士官和列兵。

在这一期间，阿尔及利亚海军进步巨大，能够远离海岸开展活动，并进行更多的精确操作。到 1986 年，海军被再造为一个具备特定的任务和组织的高级机构。

4. 1990 年至今

在此期间，海军部队的海事步兵营加强。第二、第三、第四、第五和第六营陆续建立，为陆上打击恐怖主义做出了巨大的贡献。另外，一些新的部门也创建起来，包括东部司令部导弹护卫舰部队、海军航空兵、海事检测和控制方法部门等。

如今，海军正在变成一个巨大的"工程车间"。许多现代化项目纷纷落地。地面设施，如主要海军基地梅尔斯·克比尔和吉杰尔的海军基地，通过接收新装备获得了发展。海军通过所拥有的能力和方法，可为海军士兵提供最好的培训。

2006 年 9 月 4 日，海军获得"苏马姆"奖金，该奖金由前总统、武装部队最高统帅、国防部部长布特弗利卡设立。

除了培训和长时间的公海活动外，海军还通过与外国海军的合作与伙伴联系、双边和多国演习（包括与北约的合作演习），在作战领域迈出了一大步。

（三）海军的人员、基地

2018 年，海军的人员规模为 1 万人。海军的主要基地位于阿尔及尔、安纳巴、梅尔斯·克比尔、奥兰、斯基克达和塔曼福斯特。梅尔斯·克比尔是海军造船设施的母港，该设施建造了一些船舶。位于塔曼福斯特的阿尔及利亚海军学院提供军官培训。海军还在塔曼福斯特运营了一所技术培训学校，为海军人员提供培训。

（四）海军的装备、弹药

1. 海军的装备

海军的装备主要包括潜艇、水面舰艇和直升机，具体情况如下。

6 艘巡逻潜艇相关信息如表 5 - 3 所示。

表 5 - 3 6 艘巡逻潜艇相关信息

级别	编号	船名	服役时间	备注
基洛级（Kilo Class）636M	—	—	2016 ~ 2017 年	两艘
基洛级 636M	21	Messaliel Hadj	2010 年	636M 的改进型基洛级潜艇由俄罗斯圣彼得堡的海军部造船厂建造
	22	Akram Pacha	2010 年	—
基洛级 877EKM	12	Rais Hadi Mubarek	1987 年	877EKM 比目鱼（基洛级）潜艇由俄罗斯圣彼得堡的海军部造船厂建造
	13	Hadj Slimane	1988 年	—

资料来源：海军的具体装备，无法从阿尔及利亚国防部得知，此处参见维基百科，http://en. wikipedia. org/wiki/Algerian_ National_ Navy，访问时间为 2015 年 2 月 2 日。下同。

8 艘护卫舰相关信息如表 5 - 4 所示。

表 5-4　8 艘护卫舰相关信息

级别	编号	船名	服役时间	备注
MEKOA200	910	—	2015～2016 年	建造中
	911	—	2015～2016 年	建造中
C28A	920	—	2015 年	建造中
	921	—	2015 年	建造中
	922	—	2015 年	建造中
科尼级（Koni-class）护卫舰	901	Mourad Rais	1980 年	苏联 SKR-482,2011 年在俄罗斯喀琅施塔得重装
	902	Rais Kellich	1982 年	苏联 SKR-35,2015 年在俄罗斯喀琅施塔得重装
	903	Rais Korfou	1985 年	苏联 SKR-129,2000 年在俄罗斯喀琅施塔得重装

8 艘轻型护卫舰相关信息如表 5-5 所示。

表 5-5　8 艘轻型护卫舰相关信息

级别	编号	船名	服役时间	备注
"Tigr"护卫舰	—	—	2014～2015 年	两艘,建造中
纳努契卡级（Nanuchka-class）护卫舰	801	Rais Hamidou	1980 年	苏联 MRK-21,俄罗斯雷宾斯克三角旗设计局船厂建造
	802	Salah Rais	1981 年	苏联 MRK-23,俄罗斯雷宾斯克三角旗设计局船厂建造
	803	Rais Ali	1982 年	苏联 MRK-22,俄罗斯雷宾斯克三角旗设计局船厂建造
杰贝尔·西纳瓦山级（Djebel Chenoua）护卫舰	351	Djebel Chenoua	1988 年	阿尔及利亚 OMCN/CNE 建造
	352	Chihab	1995 年	
	353	Kirch	2002 年	

39 艘巡逻艇相关信息如表 5 – 6 所示。

表 5 – 6 39 艘巡逻舰相关信息

级别	编号	船名	服役时间	备注
奥萨(Osa)II级导弹艇	644	—	1978 年	—
	645	—	1978 年	—
	646	—	1978 年	—
	647	—	1978 年	—
	648	—	1978 年	—
	649	—	1978 年	—
	650	—	1978 年	—
	651	—	1978 年	—
克比尔级(Kebir)巡逻艇	341	Yadekh	1982 年	英国洛斯托夫特(Lowestoft)的布鲁克造船公司建造
	342	Morakeb	1983 年	
	343	Kechef	1984 年	
	344	Moutarid	1985 年	阿尔及利亚 OMCN/CNE 建造
	345	Rassed	1985 年	
	346	Djari	1985 年	
	347	Saher	1993 年	
	348	Moukadem	1993 年	
	349	Wafi	1993 年	
FPB98MKIOcea 级巡逻艇	—	—	2008 ~ 2011 年	22 艘

4 艘两栖作战船只相关信息如表 5 – 7 所示。

表 5 – 7 4 艘两栖作战船只相关信息

级别	编号	船名	服役时间	备注
两栖攻击舰				
Kalaat Béni Abbès Class	—	Kalaat Béni Abbès	2014 年	在圣乔治(San Giorgio)改进,2011 年订购
登陆舰				
Kalaat Beni Hammed	472	Kalaat Beni Hammed	1984 年	布鲁克造船公司建造
	473	Kalaat Beni Rached	1984 年	英国伍斯顿的沃斯珀克罗夫特(Vosper Thornycroft)建造
Polnocny	471	—	1976 年	波兰格但斯克北方造船厂建造

3 艘舰队辅助船只相关信息如表 5 - 8 所示。

表 5 - 8 3 艘舰队辅助船只相关信息

级别	编号	船名	服役时间	备注
调查船				
Idrissi	673	Idrissi	1980 年	540 吨,日本 Matsukara Zosenin Hirao 建造
训练舰				
Soummam	937	Soummam	2006 年	5500 吨(满载)
打捞船				
Mourafik	261	Mourafik	1990 年	中国建造

32 架直升机相关信息如表 5 - 9 所示。

表 5 - 9 32 架直升机相关信息

型号/名称	任务	服役数量	备注
Agusta Westland AW101	搜救	6 架	2007 年订购,2011 年服役
Agusta Westland AW139	搜救	13 架	2010 年订购,2014 年服役
Super Lynx Mk. 130	搜救	4 架	2011 年服役
Kamov Ka32	搜救	3 架	1995 年服役
Super Lynx Mk. 140	ASW	2012 年订购 6 架	2014 年服役

2. 海军的弹药

海军的弹药主要是反舰导弹,型号如下。

RBS - 15Mk,将装备两艘 MEKO 200 级护卫舰,2015 ~ 2016 年交付;

SS - N - 25,天王星反舰导弹;C - 802,鹰击 2 反舰导弹;SSC - 3Styx,冥河岸舰导弹;3M - 14E,俱乐部对地导弹;SS - N - 2C,冥河舰对舰导弹。

目前,海军正在随着技术的发展而升级装备,不断推进武器装备的现代化。订购的产品包括:2 艘新基诺级潜艇;3 艘 C28A 轻型巡洋舰,该舰安装了泰利斯雷达和电子系统;21 艘 FPB98MKI 海洋巡逻船;12 艘 Alusafe 2000 高速援救和巡逻艇。

（五） 海岸警卫队

1. 海岸警卫队发展史

阿尔及利亚独立至今，海事组织经历了 3 次深刻的重组，第 1 次是 1963 年，第 2 次是 1973 年，第 3 次是 1996 年。

1963 年，通过建立位于奥兰、阿尔及尔和安纳巴的 3 个海事区，阿尔及利亚更新了从法国殖民时期继承的海事组织。海事区分为海事站，负责与公共海事领域和海洋有关的一切事务。海事区和海事站均依托交通运输部，配备了海上设备和导航船员，以执行海事和海上海关警察任务。

1973 年，为加强统一领导，便于协调解决问题，政府通过 73 - 12 号规章，决定替换上述海事机构，代之以国家海岸警卫队。

1996 年 10 月 19 日，通过 96 - 350 号行政命令，海岸警卫队的海事机构从基层到顶层制度化。从那时开始，海事机构的链条形成，在地方和区域层面分为主要海事站、海事站和海事区，在中央层面为海岸警卫队海事代办部。功能层级是主要海事站，海事站位于海事区之下。

1996 年 12 月 1 日，通过 96 - 437 号议会法令，执法权属于海军中的人员，包括管理员队伍、导航检查员和海岸警卫队特工，其处于代办部的领导之下；国家海岸警卫队为海上海关警察力量的单一权威。

2. 海岸警卫队的使命、组织和人员

海岸警卫队的民事使命包括专属使命、参与使命、海事警察使命和公共事业使命，此外具有海事管理使命。海岸警卫队的组织分为中央、地区、地域三个层面。

中央层面：海岸警卫队司令由海军司令直接领导，统领代办部和国家海上监视和救援行动中心。

地区层面：分为海岸警卫队警区，地区海上监视和救援行动中心，3 个海事区，即阿尔及尔、安纳巴、奥兰。

地域层面：分为地域海岸警卫小组、跨地域海上监视和救援行动中心、13 个主要海事站、21 个海事站。

根据 1996 年 12 月 1 日 96 - 437 号议会法令，海岸警卫队内包括由士兵和官员组成的 3 个不同的团队，分别为：由海事管理员组成的行政团

队，负责海事机构管理，以及海事法律、规章的应用；由海事导航和工作检查员组成的团队，负责控制航行安全；海岸警卫队特工团队，负责海事管理员直接管辖的法律、规章的应用。

其他官员和不属于上述 3 个团队的军事人员，构成海岸警卫队的人力资源，负责防卫任务和公共事业，包括所有的船上专业、技术和普通支持机构。

3. 海洋事务

具体包括三个方面：一是海岸警卫队与海洋、交通、渔业等部级部门之间的联络；二是商船事务；三是海事警察活动。

四 国土防空部队

（一）国土防空部队的发展史

民族解放战争时期，民族解放军有一个小型的地空反击单位，配备了小口径的高射炮。独立后，这些单位被组织为战斗编队，名为防空防卫组，以保护战斗部队。20 世纪 60 年代，建立了国土防空雷达的探测链。

20 世纪 70 年代，人民军获得了第 1 组地空导弹，防空分局在航空局内建立起来，由此奠定了国土防空部队作为人民军组成部分之一的基础。

1981 年，国土防空局建立，这是中央层次的机构，地方层次分为国土防空分局和防空区。1986 年，国土防空局由陆军划归空军，隶属于空军司令部，作为兵种之一。1988 年，人民军进行重组，国土防空局从空军司令部分离，国土防空司令部建立。

（二）国土防空司令部的使命、组织

1. 国土防空司令部的使命

国土防空司令部的使命是：在人民军的使命框架内，负责组织和执行国家领空的防卫，以及领空通道的控制和安全；识别和评估对国家领土的空中威胁，确保发布预警；通过空中警察，禁止任何潜在的侵略者使用国家领空，在任何时候行使国家主权；与相关国家机构协调，参与一般的空中交通的监管和组织；与空军司令部协作，组织、控制军事航空交通。

另外，国土防空司令部负有公共利益使命，主要是与国家有关主管部

门协作，保证阿尔及尔飞行情报区内飞机遇险搜救机构的组织和工作。在此背景下，国土防空司令部被授权与国际搜索和救援卫星系统地面站联系。

2. 国土防空司令部的组织

1个中央司令部：由1个参谋部、1个检查机构、武器分部、办公室、专门服务机构、支持部门、业务中心（防空信息集中处理和评估）组成。位于军区的分区司令部，是一支战斗部队，由检测和控制单位以及地对空还击单位组成，包括培训机构、多种形式的支持机构、1个研究和发展中心。

国土防空司令部的目标主要是根据武器系统的技术发展、运营的必要性，升级设备、改进其工作表现，以有效、永久、持续地处理所有可能威胁国家领土完整的空中敌对行动。

（三）国土防空部队的编成、装备

国土防空部队约有2000名人员，编为3个高炮旅、3个地空导弹团、2个防御基地（阿尔佐基地、廷杜夫基地），防御基地主要负责国家战略部门的防务。

国土防空部队的主要装备包括：85毫米、100毫米和130毫米高炮；SA-3/6/8地空导弹若干枚。

五 国家宪兵

国家宪兵（简称宪兵）创建于1962年，是人民军的组成部分之一。阿尔及利亚共和国临时政府统治时期，根据1962年8月23日的62-019号法令设立宪兵。

（一）宪兵的使命

宪兵是国防部监督之下的一支军队，其任务是保证公众安全、维持秩序、执行法律。宪兵的使命可以分为行政警察使命、司法警察使命和军事警察使命。军事警察使命，即国家宪兵部队行使一般宪兵和警察部队的军事侦探分部职能。

（二）宪兵的组织

宪兵由宪兵司令领导，宪兵司令处于国防部部长的领导之下。宪兵的组织机构如下。

1. 宪兵司令部

宪兵司令部是宪兵的中央层面组织，位于阿尔及尔，包括宪兵参谋长、总督察、部务会议、通信单位、公共服务部、预防和控制机构。

宪兵参谋部由运行中心和下述机构组成：公共安全和就业局、遥测局、学校局、人力资源局、计划和财务局、后勤和基础设施局。宪兵参谋部由军官、士官、辅助宪兵和文职人员组成。军事人员或者直接从民间招募，或者通过内部方式招募，在宪兵学校和培训中心接受培训。

2. 宪兵总队和宪兵支队

为便于指挥，宪兵的地域组织（区域组织）根据国家的军事和行政区划设立，分编为6个总队、48个支队。6个总队分属6个地区司令部指挥。地区司令部所辖地域与军区相同：第1地区司令部设在布利达；第2地区司令部设在奥兰；第3地区司令部设在贝沙尔；第4地区司令部设在乌尔格拉；第5地区司令部设在君士坦丁；第6地区司令部设在塔曼拉塞特。48个支队分属48个省，各支队由各省行政当局指挥。

3. 各种基层单位

宪兵的基层单位种类繁多，具体如下。

地方单位是负有警察部队使命的侦探部门，包括各种类型的地方小队，比如研究和调查小队、铁路小队、道路安全小队、航空小队等特种小队。

行政、军事警察和道路安全干预单位主要负责维持社会秩序。

边界警卫部队沿陆地边界分布，主要职责是监视和打击跨国犯罪行为。

专业单位负责完成特殊任务，包括研究部门、警犬技术组等。

空中编队是为了提高宪兵单位的业务能力，在近期配备的空中手段。

支持单位。为了给宪兵的组成部分提供多种形式的支持，宪兵在地方、区域和中央层面获得支持。组成单位包括空中处置机构、道路安全中队、介入单位，其主要职责是保护公共建筑安全、进行人群和防暴控制。

特别干预支队是由受过格斗运动训练者组成的精英专业单位，负责对危险罪犯的干预和中止，也可以干预有组织犯罪，参与救援任务。

另外，宪兵还设有秩序维护、安全和干预部门、环境保护单位、文化遗产保护单位、未成年人保护旅，以及信息和电信统一网络、法医学和犯罪学研究所、技术和科学服务中心、《国家宪兵》杂志等单位。

（三）宪兵的国际合作

在国际合作的框架内，宪兵的高层在欧洲国家的学校和中东地区接受培训，这些国家和地区主要包括法国、西班牙、奥地利、埃及、约旦。宪兵所属的宪兵学校也经常接收外国受训者。宪兵在联合国的框架内参加了在一些国家的维持和平行动，特别是在柬埔寨、海地、厄立特里亚和刚果（金）的行动。国际刑警组织阿尔及利亚国家中心局由宪兵代表。

六　特殊的军事部队

阿尔及利亚有两支特殊的军事部队，作为武装力量的组成部分，可以被视为人民军5个军种的补充。

（一）共和国卫队

1. 使命

共和国卫队是隶属于共和国总统的自治军事单位，其使命是：负责有关总统的建筑和场所的保护和防御；陪伴和礼敬总统及访问阿尔及利亚的外国高官；在总统到访时，参与国家和宗教庆典；参与国内和国际的音乐庆祝活动和骑手表演。

2. 组织

共和国卫队的组织机构包括司令部；参谋部；行政管理机构和技术部门；守卫和保护、干预、护送和游行及支持单位；有关培训机构；有关专门机构。

3. 发展史

第一时期为1963～1969年。共和国卫队的首批核心组成部分由一组

骑兵构成，他们来自塞蒂夫的城市欧勒马（Eulma），1963 年落户于阿尔及尔以东的陆军上校军营，接替离开的法国军队。

在此期间，这组骑手的主要任务是礼敬总统。他们穿着传统的服装，并培养年轻骑手。来自全国各地的年轻人被吸收进队伍，共和国卫队的级别得以提升。由此，国家骑兵产生了。

第二时期为 1969 ~ 1973 年。在此期间，被称为荣誉第一营的骑兵由一个军事音乐剧团以及专门公司发展起来，其主要职能是礼敬总统及其贵宾。后来，国家宪兵干预部队的三个营加入进来。另有一个被称为第三装甲车干预营的单位在同一时间组建。两者合称部级后备宪兵。

1971 年，一个被称为第二机械化营的单位组建。1972 年的独立日庆典后，"共和国卫队"成为部级后备宪兵的新名字，被授予额外的任务，负责总统及其相关住宅的安全。

第三时期为 1973 ~ 2006 年。1970 ~ 1980 年，分别位于达尔·贝达和泽拉尔达（Zeralda）的两个营加入，壮大了共和国卫队。于是，一个新的名为卫队第二营的单位组成。1997 年，1/4 营数量的步兵警卫加入。

第四时期为 2006 年至今。2006 年 10 月 3 日，共和国卫队成为一支自治的军事力量，拥有自己的司令部，由总统直接领导。

（二）国家安全总局所属共和国安全部门

国家安全总局，即阿尔及利亚国家警察，是内政与地方行政部的附属机构之一。国家安全总局是政府的执法部门，主要作为城市的警察力量使用，负责五方面的事务：犯罪调查、情报服务、公共安全服务、共和国安全、边界和移民警察。2009 年底，国家安全总局的人员约为 16 万。

国家安全总局属于民事系统，但其所属的共和国安全部门，与民事系统的其他警察或执法机构不同，是一支在国家和国际层面保护阿尔及利亚人民的国家军事力量，是隶属于内政系统的军事力量。

七 兵役制度

阿尔及利亚实行义务兵和志愿兵相结合的兵役制度。正规军由义务兵和志愿兵组成。义务兵按正常服役年限退役，志愿兵可以长期服役。现役军人中约有一半是义务兵。

所有的男性公民都必须服兵役。18 岁为自愿服兵役的最低年龄。19 ~ 30 岁为服义务兵役的年龄。应征入伍的服役期为 18 个月，其中 6 个月为基本训练，12 个月从事民用项目。义务兵通常在人民军的基础军事单位服役，在接受军事训练的同时到专门的培训中心接受技能培训，之后参加国家市政工程的建设。

可能服兵役的人数（2008 年估计）：16 ~ 49 岁，男性为 973 万；女性为 959 万。适合服兵役的人数（2009 年估计）：16 ~ 49 岁，男性为 831 万；女性为 836 万。每年达到军龄的人数（2009 年估计）：男性为 37 万；女性为 36 万。现役人员：13 万；预备役人员：15 万。

从 2000 年起至今，预备役部队的规模保持在 15 万人左右。

八 军衔制度

人民军实行军衔制。目前，人民军的军衔分为 5 等、15 级。具体情况如下。

将官 3 级，分为中将、少将、准将。

校官 3 级，分为上校、中校、少校。

尉官 3 级，分上尉、中尉、少尉。

士官 3 级，分为士官长、军士、上士。

士兵 3 级，分为中士、下士、列兵。

在上述等级中，与士官、士兵不同，将官、校官、尉官属于军官序列，如果按军衔划分，将官为高级军官，校官为中级军官，尉官为下级军官。不同的序列、等级，其晋升、培训等事宜各不相同。

九 军事训练

独立以后，阿尔及利亚大力发展军事院校。人民军依靠一批军事院校和培训中心，完成不同种类和级别的人员训练，既服务于人民军的作战队伍，也服务于人民军官兵的职业发展。该培训体系包括高等军事学院、针对各类武器进行培训的军事学院、国家学校、高等学校、应用学校，以及培训官兵的培训中心。

分类培训、分级培训是人民军军事训练的重要特征。人民军总参谋部、各军种、共和国卫队都建立了各自所属的军事院校或培训中心。在教育培训中，军官、士官、士兵进入不同类别、不同级别的军事院校或培训中心进行培训。各军事院校的专业设置、学制各有其特点，学员毕业后获得的证书或文凭也各不相同。通过教育培训，人民军官兵的文化、军事水平都有不同程度的提高。主要军事院校（含培训中心）如下。

（一）总参谋部所属军事院校

1. 高等军事学院

2. 军事理工学校

除了能力和知识的更新之外，该校还提供大学毕业（即工程师）和研究生毕业的训练。学术标准是该校的入学门槛。

3. 国家工程研究预备学校

4. 国家军校

以上院校均位于阿尔及尔。

（二）陆军所属军事院校

1. 谢尔谢勒军事科学院

谢尔谢勒军事科学院（简称军科院）创立于1963年6月，是阿尔及利亚独立后最早建立的军事院校。军科院是人民军军事训练的核心。创建以来，这所重要的机构一直向人民军输送专业军官。军科院为学员军官、训练军官提供机会，使他们的职业生涯获得必不可少的军事思想。

在陆军军官的5年训练周期中，3年的大学训练在军科院进行，获得军科院颁发的文凭。

2. 陆军所属兵种学校

步兵分校位于第1军区的谢尔谢勒。

装甲兵分校位于第5军区的巴特纳。

野战炮兵分校位于第 1 军区的布·萨阿德。

防空分校位于第 4 军区的拉格瓦特。

运输和交通分校位于第 2 军区的特雷姆森。

工兵分校位于第 5 军区的贝贾亚。

特种兵分校位于第 4 军区的比斯卡拉。

普通士官学校位于罕西拉。

步兵干部学校位于西迪·贝勒·阿贝斯。

在上述 9 校中，普通士官学校、步兵干部学校较为特殊，两校之外的其他 7 所兵种学校（合称陆军 7 校）承担陆军军官 5 年培训周期中的最后 1 年的培训任务，并向受训者颁发文凭。

3. 教学中心

步兵教学中心，分别位于穆维拉（Mouillah）、阿尔泽、阿拜杜拉（Abadla）、阿夫卢（Aflou）、埃纳奈特（Ainarnet）、埃姆古厄勒（Ainmguel）6 处。

运输专门教学中心，分别位于姆西拉、古姆里（Ghoumri）、乌姆布阿基 3 处。

特种部队教学中心，分别位于比斯卡拉、梅德阿的布加尔（Boughar）两处。

野战炮兵教学中心，位于布·萨阿德。

防空教学中心，位于拉格瓦特。

工程教学中心，位于贝贾亚。

突击队教学中心，位于布加尔。

上述教学中心承担陆军合同制士兵的培训任务。

（三）空军所属军事院校

1. 空军高等学校

该校位于第 2 军区的塔夫拉维，是综合性空军院校，培养空军飞行员、工程师、高等技师等。1981 年 7 月，首批女性航空学员从该校毕业。

2. 航空技师高等学校

航空技师高等学校位于第 1 军区的达尔·贝达。

3. 国家航空技师学校

国家航空技师学校位于第 1 军区的布利达。

4. 直升机专业学校

直升机专业学校位于第 5 军区的塞蒂夫。

5. 空军教学中心

空军教学中心位于第 4 军区的麦尼亚。

（四）海军所属军事院校

海军人员的培训分级进行。海军军官的培训由海军高等学校进行，海军士官的培训由吉杰尔海军陆战队员和潜水员学校、莫斯塔加纳姆海军士官学校进行，海军士兵的培训由吉杰尔海军陆战队员和潜水员学校、盖兹瓦特和阿尔泽的海军培训中心进行。

海军高等学校由人民军于 1984 年创办，承担海军军官的培训任务。培训课程包括基本训练、军官高级课程、参谋长课程。海军高等学校不能提供的专业科目，由人民军非海军的其他军事学校、国家的研究所和大学、友好国家的军事院校承担。

吉杰尔海军陆战队员和潜水员学校由人民军于 1979 年 9 月在吉杰尔海军基地创办，是第一所培养海军人员的专门学校。该校为士官提供两年的基础训练，专业内容涉及海军陆战队、海军蛙人、排雷蛙人。该校还提供半年、1 年的高级课程。

莫斯塔加纳姆海军士官学校从事海军若干专业的基础培训，合格者被授予二等专业军事文凭，包括：电子和机械导弹手、舵手、船舶电工、导弹电工、水雷士官、电子和机械炮手、船舶技工、导航电工、无线电报务员、鱼雷兵、声呐员（海面侦察员）、潜艇武器电工、声呐员（潜艇武器侦察员）、海岸警卫队特工。

以上两所海军学校不能提供的专业课程，由海军之外的军事学校保证。

士兵的培训专业包括：船舶机械、船舶电工、电子和机械炮手、舵手、操作者、无线电、雷达。所有专业的训练期均为 6 个月。

（五）国土防空部队所属军事院校

国土防空部队的既定使命要求进行训练有素的人力资源供应，以操作越来越多的复杂设备。为此，国土防空部队司令部建立了必要的实体，以开展相应的培训。国土防空部队的培训分级进行。

国土防空高级学校由国土防空部队于 1982 年 7 月创办，为国土防空部队的军官提供专门培训，位于第 1 军区。学校开设的课程包括：工程、参谋课程、提高课程、实践（为来自军事理工学校的工程师军官准备）。

国土防空实习学校位于第 1 军区，其任务是培训士官中的特遣队员、交通员、特遣队学员。

国土防空培训中心的任务是培训士兵中的交通员和特遣队员。

（六）宪兵所属军事院校

宪兵除了利用法国提供的训练以外，还运营着自己的学校，进行研究和培训。

国家宪兵高等学校是宪兵军官学校，位于蒂齐乌祖的伊塞（Isser），东距阿尔及尔约 80 公里，专门为宪兵培养高级人才。

士官学校于 1962 年建立，设在西迪·贝勒·阿贝斯。该校是第一所宪兵学校，也是宪兵的主要训练中心。该校培养宪兵下级军官，学员一般接受为期两年的培训。

宪兵还有一所培训中心。1986 年 2 月，宪兵在布利达设立了一个专门的培训中心，培养宪兵下级军官。

（七）共和国卫队培训中心

共和国卫队培训中心创立于 1974 年，位于首都阿尔及尔以东 12 公里。其使命是为共和国卫队的男性士兵提供培训，培训专业涉及音乐、骑兵、步兵和装甲兵等。

（八）其他军事院校

其他军事院校主要有通信类、管理类、医学类等军事学校。其中，以下学校较为知名：高等物资学校、军事管理高等学校、高等通信学校、国家军事卫生学校。

第三节　国防工业

阿尔及利亚军队的武器装备主要来自国外。虽然如此,本国的国防工业也不可或缺。自1980年以来,阿尔及利亚确保了人民军一定程度的独立自主,以避免人民军对外国国防供应商日益依赖。20世纪90年代,人民军打击恐怖主义所需的武器被某些西方国家禁运。在这种背景下,确保人民军获得某些武器装备的国内供应的战略,避免国家被激进伊斯兰主义者接管。随着全球金融危机持续,这一战略即使在当今也具有意义。

总体而言,2000年以前,阿尔及利亚的国防工业发展规模有限,主要是在国防部军工制造局的控制下,由本国的专业化公司制造由俄罗斯、中国授权的轻型军用装备。军事装备优先满足人民军的需求。尽管陆军、海军和空军缺乏生产单位及维护单位,人民军在近年来还升级了其所需的武器装备,特别是船舶。阿尔及利亚重要的国防工业企业如下。

一　枪械

(一)汉舍莱机械制造公司

20世纪90年代以后,汉舍莱机械制造公司制造冲锋枪、滑膛枪、手枪、零件和模具等。该公司生产由中国、俄罗斯授权的AK-47(7.62mm)、AK-74(5.45mm)突击步枪和RPG(便携式)火箭筒。

(二)塞里亚纳工业公司

从1991年起,塞里亚纳工业公司生产子弹、零件和模具、避雷针、柴油发电机组、靶场。

二　炸药

国家爆炸物质迪万:1976年以来,该机构生产猎枪子弹、弹药、手榴弹、反坦克地雷和12种不同种类的爆炸物质。

三 车辆

（一）中央后勤基地

中央后勤基地于 1975 年 1 月开始兴建，1980 年 3 月建成使用，设在布利达省的贝尼·麦里德（Beni Mered），占地 102 公顷。基地现为与人民军经济部门有关的国有工业和贸易公司。基地主要负责陆军车辆、车载武器及其零部件的制造，设有 14 个加工生产车间、1 个实验单位、1 所培训学院。实验单位分为设备改进、工业制造、供应、后勤支持、人员培训 5 个部门。培训学院主要教授与生产车间相关的基础技术知识，并为国防部其他下属单位培训人员。目前，该基地能够制造各种不同类型的装甲车，包括装甲步兵战车以及用于维持秩序的轻型装甲车，代表产品是装甲步兵战车 BCLM－5。

（二）国家工业车辆公司

该公司是国家机械制造公司的子公司。公司继承了法国时代贝利埃（Berliet）的工厂与设备（后者于 1973 年停止运营），由阿尔及利亚与法国雷诺工业车辆公司于 20 世纪 80 年代初合作建成，由阿尔及利亚政府全资所有，总部设在阿尔及尔以东 30 公里的鲁依巴（Rouiba）。

2011 年，公司员工达到 8000 人，生产了 2007 辆车，收入达到 2.5 亿美元。其目标是恢复 20 世纪 80 年代的生产效率，当时每年可以生产 6000 辆车。截至 2013 年 1 月，公司在侯赛因·德伊、君士坦丁、奥兰和乌尔格拉设有分公司。

目前，公司能够生产各种型号的卡车、公共汽车和半挂车。卡车包括各种民用卡车和军用卡车。民用卡车包括集装箱卡车（SNVI K66、SNVI K120、SNVI C260、SNVI B260、SNVI B400）、道路牵引车（SNVI TB400、SNVI TC260）、全地形车（SNVI M120、SNVI M230）；军用卡车包括 9 个型号：SNVI M120、SNVI M230、SNVI M260、SNVI M350、SNVI K66、SNVI K120、SNVI C260、SNVI B260、SNVI B400。公共汽车包括各种民用巴士和军用巴士。民用巴士包括小巴（乘客人数为 25 名）、中巴（SNVI Safir，乘客人数为 49 名）、大巴（SNVI Numedia Lux，乘客人数为

100 名）。军用巴士包括小巴（乘客人数为 36 名）、多功能干预车辆（乘客人数为 18 名）。半挂车包括油罐车（容量为 30000L）、水泥搅拌车、低底盘拖车、移动式拖车（容量为 3000L）、自卸车。

四　飞机

航空制造领域的 3 家企业，均为与人民军经济部门有关的国有工业和贸易公司。

（一）航空材料改造公司

航空材料改造公司于 1977 年建立，位于胡阿里·布迈丁国际机场附近的达尔·贝达。公司主要对军队的作战飞机、教练机和直升机进行改装、修理和养护，同时制造部分零部件。公司的飞机改装生产线设有武器检测车间、直升机监控车间、无线通信检测车间、喷漆与有机玻璃生产车间以及机械修理车间，可组装 MiG - 17、MiG - 21 等机型。

（二）航空制造公司

航空制造公司位于奥兰的塔夫拉维，能够制造教练机、轻型飞机、无人侦察机。自 2010 年 12 月起，该公司制造了教练机（Fernas - 142）、四座轻型飞机（萨菲尔 - 43）、单座轻型飞机（X - 3A），用于空军的基本训练，并制造了第一款无人驾驶侦察机。这款无人机翼展 3 米、长 2.6 米，其中的 HALE 类型具有高海拔、长耐力的特点，可以在 7000 米的高空飞行，电池寿命达 36 小时。

（三）特种材料改造公司

特种材料改造公司位于奥兰的塞尼亚。

阿尔及利亚航空制造企业的发展较快。俄罗斯国防出口公司向阿尔及利亚等国表达了要求财政资助的愿望，邀请其参与第五代战斗机 T - 50（PAK - FA）的制造项目。

五　军舰

军舰领域只有一家公司，即海军建造和修理公司。该公司是工业和经济方面的军事实体，现由海军司令部监管。公司位于奥兰的梅尔斯·克比尔海军基地，面积约 44 公顷。公司拥有专业化的、合格的人力资源及物资装备，能够保质保量地满足客户需求，主要是满足海军司令部的需求。该公司被授权从事设计、维修、更新、完善舰队船舶以及海军工业领域的工作。

公司的两大业务是船舶建造和船舶维修。船舶建造方面，1980 年以后公司开始制造小型轻体船。目前，该公司能够设计制造护卫舰（杰贝尔·西纳瓦山级）和巡逻艇（克比尔级）。船舶维修方面，公司是在 1948 年法国建立的企业基础上发展起来的，1968 年收归国有之后即负责海军舰船的修理、改装和养护，目前能够更新、升级海军舰艇。

（一）组织架构

除了领导办公室、管理和支持机构、生产工具之外，公司的专业部门如下。

1. 船舶建造单位

船舶建造单位的主要使命是建造新的船体、组装配件、设计船载系统。为执行任务，该单位设有 9 个车间。

2. 船舶修理单位

该单位设有 6 个车间，其中最重要的是船体能源动力维修单位，负责进行船体维修，以及电力、自动化和机械方面的安装。

系统和装备修理单位，专业从事导航和电子设备的修理，包括雷达、电信设备、自动驾驶仪、陀螺罗盘等。

海军武器修理单位，主要从事海军武器修理，包括军事船只上的火炮、鱼雷、导弹等。

3. 后勤和支持单位

该单位包括 8500 吨的浮船坞、4000 吨的船电梯、75 吨的轮上吊车、3 部 60 吨的拖曳、30 吨和 10 吨的码头起重机、装备码头、压缩空气站、潜水服务、工具和机械区。

（二）成就

工厂重建以来，建造了不同类型的民用和军用船舶。包括 18 米长的渔船、16 米长的沙丁鱼船、12 米长的马达驱动港口船、拖船 800CV、

37.5 米长的快速巡逻艇、58 米长的护卫舰、500 吨的浮船坞、42 米长的浮动目标、62 米长的护卫舰、4500 吨的浮船坞。

第四节　对外军事关系

阿尔及利亚的对外军事关系包括人员培训、军火贸易、联合军事演习、联合作战等各个方面。与俄罗斯、西方国家的军事合作主要是接受人员培训、开展军火贸易、进行联合军事演习。

军火贸易是军事合作的重要内容之一。阿尔及利亚军队的武器装备主要依靠进口。除了传统的供应国苏联/俄罗斯以外，近年来，武器装备的来源开始多元化，其中包括西方国家、中国等。目前，阿尔及利亚正在进行新一轮的武器装备现代化，包括引进新的、更多的现代化的军舰、飞机和坦克。2011 年，美国国会研究局发布了《2003—2010 年对发展中国家武器出口报告》。该报告指出，在发展中国家和地区中，2010 年的十大进口国家和地区包括阿尔及利亚，金额为 10 亿美元，位居第 8。

一　与外国的军事合作

独立初期，阿尔及利亚主要与苏联等社会主义国家进行军事合作。从20 世纪 80 年代中期开始，阿尔及利亚积极开展与西方国家的军事合作。其中，与美国、德国的合作范围较广，发展迅速；与英国、意大利的合作主要在海军方面；与法国的军事合作规模有限。从 20 世纪 90 年代末期开始，阿尔及利亚加强了同南非的军事合作。

（一）与苏联/俄罗斯等国家的军事合作

1. 与原社会主义阵营的军事合作

阿尔及利亚是苏联对非军事援助的重点国家之一。阿尔及利亚民族解放战争时期，苏联派遣军事专家帮助阿尔及利亚培训军事人员。阿尔及亚军队中有众多军官曾在苏联学习或受训。20 世纪七八十年代，大量的苏联军事顾问驻扎在阿尔及利亚。由此，国家人民军的建设完全模仿苏联的模式。此外，苏联长期是阿尔及利亚主要的武器供应国。独立战争时期，苏联为阿尔及利亚提供了军事装备方面的重要援助。从 1964 年开始，阿尔及利亚向苏联购买武器装备。在军事贸易协定下，苏联向阿尔及利亚出售了多种精良的武器装备。1955 ~ 1985 年，苏联向阿尔及利亚提供的武器装备金额累计达到 45 亿美元。① 苏联提供的军事装备主要包括：T - 54/55/62/72 坦克、装甲战车、MiG - 21/23/25 战斗机和 SA - 7/8/9 地对空导弹等重型武器装备。

在苏联的带动下，原社会主义阵营的国家与阿尔及利亚有过密切的军事合作。保加利亚帮助阿尔及利亚培训军队医务人员、制造小型护卫舰；南斯拉夫接收阿尔及利亚海军和空军人员前往培训；波兰派出教官培训阿尔及利亚海军；民主德国帮助阿尔及利亚培训陆军指挥员、空军地勤人员。1955 ~ 1985 年，上述国家援助阿尔及利亚的武器装备金额总计达 1 亿美元。② 作为原社会主义阵营的国家之一，古巴曾派遣 170 多名军事专家在阿尔及利亚第 6 军区工作。③

2. 与俄罗斯等国家的军事合作

东欧剧变、苏联解体以后，俄罗斯继承了与阿尔及利亚的军事合作关系，尤其是其中的军火贸易。目前，俄罗斯是阿尔及利亚最重要的军事合作伙伴，阿尔及利亚是俄罗斯在非洲的最大军品出口国，双方以军火合同的形式开展合作。1995 年，俄罗斯提供了 MI - 17 直升机。1998 年，俄罗斯提供了 22 架 Su - 24 攻击机和 96 枚 KH - 35 反舰导弹。1980 ~ 2000 年，阿尔及利亚空军的战斗机目录几乎没发生变化，主要是淘汰 MiG - 17F，接收 10 架 Su - 24MK。

2002 年，俄罗斯航空军用生产联合公司苏霍伊交付的 60 多架苏霍伊式战斗机中，10 架 Su - 24MK 出口给阿尔及利亚。2006 年 3 月，通过免

① MILITARY POWERS，法国战略与非洲出版社，1987，第 29 页，转引自赵慧杰编著《阿尔及利亚》，社会科学文献出版社，2006，第 294 页。

② MILITARY POWERS，法国战略与非洲出版社，1987，第 29 页，转引自赵慧杰编著《阿尔及利亚》，社会科学文献出版社，2006，第 294 页。

③ MILITARY POWERS，法国战略与非洲出版社，1987，第 29 页，转引自赵慧杰编著《阿尔及利亚》，社会科学文献出版社，2006，第 295 页。

除阿尔及利亚对俄罗斯的债务，俄罗斯国防出口公司与阿尔及利亚签署了一笔价值 75 亿美元的交易。该项交易包括 2S6M 通古斯卡防空系统、SA－19 地对空导弹、8 部 S－300PMU2 型防空导弹系统、36 架 MiG－29SMT 战斗机、28 架 Su－30MKA 战斗机、180 辆 T－90 主战坦克、两艘基洛级柴电潜艇、16 架 Yak－130A 高级教练机，以升级其常规武库。

在这笔交易中，28 架 Su－30MKA 和 36 架 MiG－29SMT、16 架 Yak－130A 高达 35 亿美元的交易属于空军。2008 年 2 月，经过阿尔及利亚的技术评估，因为机体质量差，米格飞机被退回俄罗斯。当年 5 月，两国政府达成了新的交易，以 16 架符合阿尔及利亚空军需求的 Su－30MKA 多用途战斗机批量替换 36 架米格飞机。目前，该项交易已执行完毕。

2007 年，俄罗斯向阿尔及利亚交付了 Kornet－E 反坦克攻击武器、BMP－2VS 步兵战车、3 架 Su－30MK 战斗机，以及两艘经现代化改造的 866EKM 柴油潜艇，还与阿尔及利亚签订协议，为其维修小型导弹艇和巡逻艇。同年，阿尔及利亚斥资 5 亿美元，订购了 38 套铠甲－S1 弹炮结合防空系统。该系统于 2012 年交付。

2008 年，俄罗斯乌拉尔车辆厂共生产 175 辆 T－90 主战坦克，其中 53 辆向阿尔及利亚出口。

2003～2010 年，阿尔及利亚主战坦克的进口额为 8.3 亿美元。截至 2010 年 9 月，俄罗斯出口到阿尔及利亚的坦克为 185 辆 T－90S，为阿尔及利亚改造的坦克为 250 辆 T－72S。BMP－3 步兵战车一直是俄罗斯畅销的出口装甲战车，出口国也包括阿尔及利亚。

2011 年，俄罗斯武器出口交付额高达 132 亿美元（101 亿欧元），其中 15% 出口到了阿尔及利亚。

由于出口到非洲国家的俄罗斯航空设备需要维修、检查和改进，俄罗斯国防出口公司提供了各种各样的升级组件。该公司邀请其非洲合作伙伴共同建立了"联合地区维护和服务中心"，其中包括位于阿尔及利亚的航空检修厂。目前前线的机队主要配置俄罗斯产的飞机，由 Su－30 和 MiG－29 组成。

另外，乌克兰根据 1997 年军火合同提供 67 辆 T－72 型主战坦克、32

辆 BM0 - 2 型步兵战车、14 架 Mi - 24 武装直升机。2011 年，乌克兰共向全球 62 个国家提供武器装备和相关服务，主要进口国包括阿尔及利亚。截至 2014 年 10 月，苏联解体以来的 20 多年里，在乌克兰出口坦克型号中，T - 72 坦克的出口数量最多、市场范围最广。从出口数量来看，乌克兰向非洲地区出口的 T - 72 坦克数量最多，其中向阿尔及利亚出口交付了 88 辆。白俄罗斯根据 1998 年军火合同向阿尔及利亚提供了 36 架 MiG - 29S 战斗机。捷克根据 2001 年军火合同向阿尔及利亚提供了 17 架 L - 39ZA 战斗机。

（二）与西方国家的军事合作

1. 与美国、德国的合作

伊朗伊斯兰革命后，美国与阿尔及利亚的军事合作开始启动。1984 年，阿尔及利亚派出 100 名军事人员赴美国培训。1981 ~ 1989 年，阿尔及利亚接收了美国供应的 18 架 C - 130H 大力神、12 架门特 T - 34 和 12 架豪客比奇，用于运输和训练。

1998 年，美国向阿尔及利亚提供了用于军事训练的援助款项 12.5 万美元。1999 年，美国向阿尔及利亚赠送了一批武器装备，其中包括 C3I 指挥系统。阿尔及利亚与美国订有举行联合军事演习的协定。2000 年阿美两国海军首次举行代号为"SAR"的联合海上军事演习，美国为联合演习提供了有关装备。2001 年以来，阿尔及利亚与美国的安全合作增加，美军参加了阿尔及利亚撒哈拉以南的训练任务。

阿尔及利亚陆军、海军曾派出少量军官赴德国学习。2009 年，阿尔及利亚政府与阿联酋阿尔巴集团签订了一项军用车辆生产协议。协议金额为 7.2 亿美元，其中一部分资金将注入提亚雷特公司位于阿尔及利亚中部的工厂。提亚雷特公司将耗资 1.2 亿欧元在两年内生产 10000 辆装甲车，并耗资 2 亿欧元生产装甲车发动机。阿尔巴投资公司将与 5 家德国公司合作。曼·富乐斯塔尔公司、戴姆勒公司、道依茨公司、MTU 公司和莱茵金属公司将负责处理该项目的工程问题。为了实施项目，阿尔及利亚、德国和阿联酋的企业已经组建了 3 家联合股份公司。除了提亚雷特公司之外，另外两家位于阿尔及利亚东部的工厂也被邀请参与轻型装甲车的生产。通过国家商用车辆公司（主要业务是制造卡车和公共汽车），阿尔及利亚工业部也参与到该项目之中。这次合作有望增加阿尔及利亚的转包合同业务，并在一定程度上提升其国防工业能力。

2011 年，德国批准向阿尔及利亚交付价值 2.48 亿美元的 54 辆狐式装甲运兵车，以及价值 3.64 亿美元的其他军用车辆。另外，德国还与阿尔及利亚签订了价值 27.1 亿美元的 2 艘军舰合同。2011 年 6 月，负责德国国防出口批准工作的安全内阁，批准了价值 100 亿欧元（140 亿美元）向阿尔及利亚提供两艘 MEKO 级护卫舰的防务合作计划。阿尔及利亚与德国签订 MEKOA - 200 护卫舰购买合同，列俄罗斯国际军贸分析中心发布的 2012 年 20 大重大武器出口项目第 17 位。

2014 年 8 月，德国经济和能源部部长批准了一份合同，同意德国莱茵金属公司（国防承包商）在阿尔及利亚境内建造一家完整的装甲车工厂。该合同价值 2800 万欧元，包含狐式装甲运兵车及相应配件的生产线。

2. 与英国、法国的合作

20 世纪 80 年代，50 多名阿尔及利亚陆军军官赴英国培训。海军方面，根据两国签署的一项协议，英国负责向阿尔及利亚的梅尔斯·克比尔海军基地进行技术转让；英国派出两名军事专家专门负责阿尔及利亚海军基地的技术改造，同时，英国军方接收阿尔及利亚海军人员赴英国培训。1997 年，英国援赠了军舰。空军方面，2005 年，西格玛航空航天公司（加拿大 Vector 公司旗下，位于英国）成功地为阿尔及利亚空军的 T56 飞机发动机进行了维护。

法国派出少量军事技术人员帮助阿尔及利亚军队建设。1980 年前后，在阿尔及利亚军队中工作的法国军事专家共有十多人。阿尔及利亚军队派往法国军事院校学习的军官非常有限。1995 年，法国援助了松鼠直升机的建造。2007 年，法国 SAFRAN 集团旗下萨基姆防务安全公司交付 3～5 微米波长热像仪，将其出口至阿尔及利亚，安装在俄罗斯制造的 BMP - 3 步兵作战车上。2008 年 6 月，阿尔及利亚与法国泰勒斯公司签订了价值 1 亿欧元的合同，向油井提供安全装备。当月，阿尔及利亚与法国总理费龙签订了国防合作协议，该协议的签订有望扩大阿尔及利亚从法国购买的武器规模。

3. 与北约的军事合作

阿尔及利亚是北约地中海对话机制的对话国之一。2002 年 5 月、2003 年 10 月，阿尔及利亚海军与北约南欧扫雷舰队举行了两次联合军事演习，演习的目的是提高反恐能力，共同保障地中海运输通道的安全。在每次演习中，北约均派出 6 艘驱逐舰到阿尔及利亚海域进行扫雷方面的军事演练。2004 年 6 月，北约伊斯坦布尔首脑会议建议，将北约与地中海南岸 7 国的对话机制提升为伙伴关系。2006 年 4 月，北约与地中海对话国举行双边工作会议，议定强化反恐情报交流，增加联合军事演习次数，确保地中海水域的航行安全。2010 年 3 月，北约军事委员会主席表示，北约愿意在地中海对话框架内加强同阿尔及利亚的军事合作。

（三）与非洲国家的军事合作

在非洲国家中，阿尔及利亚与南非的军事合作突出。1998 年，南非援助了阿尔及利亚 UAV 指挥系统的建设。1999 年，南非根据军火合同提供了 33 架 Mi－24 直升机。2000 年 9 月，两国政府签署了《国防合作协定》，以加强两国的军事交流。根据协定，两国军队将开发一套联合军事训练体系；两军将不定期举行联合军事演习；两国将建立专门工作小组来确定两国的军事合作项目。

2000 年、2001 年，阿尔及利亚采购了南非的武器装备。2000 年采购资金为 1.74 亿南非兰特，2001 年为 5.04 亿南非兰特，主要用于购买改良的 Mi－24 攻击直升机和相关的猎豹反坦克导弹。

2003 年，南非肯特隆动力公司生产了大批猎豹远程反坦克导弹。2004 年，猎豹导弹装备阿尔及利亚空军改进型 Mi－24 攻击直升机。阿尔及利亚还是南非迪奈尔公司的猎豹空对地反坦克导弹首家公开客户。

2005 年以前，南非丹尼尔光电子公司阿尔戈斯 550 转塔（机载传感器转塔）的用户包括阿尔及利亚空军，高级技术与工程部为阿尔及利亚空军按超级雌鹿 Mk Ⅲ 直升机标准对 Mi－24 直升机进行了升级。Mi－24A/D 武装直升机通过升级可使用较新型的反坦克导弹，阿尔及利亚换装了南非的 MOKOPA 导弹。

阿尔及利亚与北非及萨赫勒地区国家的军事合作比较密切。北非国家方面，1983 年 10 月，阿尔及利亚、突尼斯两国国防部正式签署军事合作协议。根据协议，两国军队成立军事合作混合委员会，以监督协议的实施，促进两军的合作。此外，两国军队高层的交往不断，两军保持经常性互访。萨赫勒国家方面，阿尔及利亚、毛里塔尼亚、尼日尔、马里四国建立了联合军事参谋团，参谋团以阿尔及利亚南部的塔曼拉塞特为基地。

二 对外军事援助

（一）对非洲国家的军事援助

阿尔及利亚积极支持非洲人民的民族解放斗争。从 1963 年起，阿尔及利亚军队支持莫桑比克军队反对葡萄牙殖民主义者的斗争，多次为莫桑比克军队提供武器援助，并为其培养军事指挥人才，莫桑比克军队中的早期军官多数是在阿尔及利亚接受培训的。在 1966~1967 年的安哥拉民族解放战争中，阿尔及利亚空军派出飞行员驾驶 MiG－17、MiG－21 支援安哥拉军队。

阿尔及利亚军队曾向毛里塔尼亚军队提供物资支持；向布基纳法索提供武器装备，并派出人员帮助其空军训练飞行员。阿尔及利亚军队所属院校及训练中心多次接收毛里塔尼亚、贝宁、布基纳法索、马里、尼日尔、卢旺达、布隆迪、马达加斯加等非洲国家派出的军事学员，帮助这些国家培养高级军事人才。

（二）对阿拉伯国家的军事援助

阿尔及利亚积极支持阿拉伯民族解放事业。人民军所属院校及训练中心多次接收也门等阿拉伯国家派出的军事学员，帮助这些国家培养高级军事人才。阿尔及利亚军队曾向突尼斯军队提供武器援助。

在 1967 年、1973 年的两次中东战争中，阿尔及利亚都派出军队参加阿拉伯国家反对以色列的战争。在第三次中东战争期间，阿尔及利亚派出 2 个 MiG－17F 中队、1 个 MiG－21F13 中队、1 个 Su－7BMK 中队、1 个摩托化团驻扎埃及参战，以支持阿拉伯盟军。在第四次中东战争中，阿尔及利亚派出 1 支 MiG－21 飞行中队、1 个装甲旅、1 个摩托化团参战，这是阿尔及利亚向国外派兵规模最大的一次，时任总统布迈丁还亲赴莫斯科，说服苏联领导人为阿拉伯国家提供武器援助。

第六章

社　会

第一节　国民生活

一　就业和收入

（一）失业率

失业率是国民生活的重要衡量指标，是指积极找工作的人的数量占劳动力市场的比重。阿尔及利亚的就业不足和失业问题长期存在。独立初期，由于法国殖民主义的后遗症，劳动力就业严重不足。经过多年的努力，城市失业人口大幅减少。1980 年之前，失业率保持在 10% 左右。

1980 年以后，政府进行经济体制改革，调整经济发展战略，与此同时，国际市场石油、天然气价格骤降，失业率再次攀升。加之人口增长过快，1990~2000 年，失业率为 24.36%~29.49%。其中，2000 年的失业率高达 29.49%，是多年来失业率的最高值。

进入 21 世纪后，政府加大解决就业问题的力度，失业率逐年下降。2003 年失业率为 23.7%。[1] 2004 年失业率为 17.7%，首次回落到 20% 以下。2013 年失业率为 9.8%，首次回落到 10% 以下，这也是多年来失业率的最低值。

政府非常重视国民的就业问题。2008 年，政府出台了支持就业的项目。就业扶植计划被列入五年计划（2010~2014 年），其中 1500 亿第纳尔预算被用于支持大学生就业和职业培训，800 亿第纳尔被用于帮助小微

---

① Phillip C. Naylor, *Historical Dictionary of Algeria*, The Scarecrow Press, 2006, p. 204.

企业创业，1300 亿第纳尔被用作失业补助，该计划还提出在 5 年内创造
300 万个就业机会。2012 年，阿尔及利亚与欧盟签订合作项目，以加强阿
尔及利亚政府对就业市场的干预，激发求职动力，解决失业问题。另外，
欧盟还给予阿尔及利亚 450 万欧元，帮助改善其就业环境，涉及三个项
目：一是 2008 年的支持就业项目，二是青年就业，三是 2015 年开始的促
进就业平等项目。

2013 年 9 月，阿尔及利亚劳动人口达到了 1196.4 万，较 2012 年同期
增加了 4.7%。女性劳动力达到了 227.5 万，占劳动力总数的 19%。2013
年就业人口约为 1078.8 万，其中 28% 为女性。就业增长主要来自自主创
业，贸易和服务业的就业机会增长也比较明显，建筑业、工业和农业吸纳
的就业人口都有所增长。女性就业的增长则主要得益于公有部门。2013
年的失业率为 9.8%，其中男性失业率为 8.3%，女性失业率为 16.3%。
受教育水平越高，失业率下降越显著。2017 年，阿尔及利亚的劳动力达
到 1182 万。[①]

阿尔及利亚 2003~2017 年的失业率及就业增长率如表 6-1 所示。

表 6-1　阿尔及利亚 2003~2017 年的失业率及就业增长率

单位：%

年份	失业率	增长率	年份	失业率	增长率
2003	23.72	—	2011	9.96	0.10
2004	17.65	-25.55	2012	10.97	10.32
2005	15.27	-13.54	2013	9.82	-10.65
2006	12.27	-18.03	2014	10.60	7.84
2007	13.79	10.24	2015	11.20	—
2008	11.33	-17.84	2016	10.20	—
2009	10.16	-10.29	2017	10.13	—
2010	9.96	-2.03			

资料来源：世界银行，https://data.worldbank.org/indicator/SL.UEM.TOTL.ZS? locations =
DZ，访问时间为 2019 年 2 月 27 日。

---

① 美国中央情报局，https://www.cia.gov/library/publications/resources/the-world-factbook/
geos/ag.html，访问时间为 2018 年 7 月 27 日。

（二）国家最低工资

阿尔及利亚虽然属于中高等收入国家，但基本工资仍是民众月收入的主要组成部分。为保障国民生活，阿尔及利亚实行国家最低工资制度。国家最低工资，即雇主必须支付给其雇员的合法的最低工资数额。

在社会主义年代，最低工资是政府支付给其雇员的最低工资，也被认为是其他正式部门的最低工资。这一工资还为其他人，比如失业人员设定了框架，具有保障性质。1978 年，最低工资的标准为每月 1000 第纳尔。

1990 年，政府与阿尔及利亚总工会达成协议，从 1991 年 1 月起把国家最低工资提高到每月 1800 第纳尔，当年 7 月又提高到 2000 第纳尔。这一协议还把政府雇员的最低工资提高到 2500 第纳尔。在持续的工资政策改革中，政府后来决定将工资谈判的权力下放。作为结果之一，自治的国有企业遵循了行政部门的工资等级表，被允许和它们的雇员独立谈判。

1990 ~ 1998 年，政府先后 8 次提高国家最低工资。2001 年，国家最低工资提高到 8000 第纳尔。2003 年底，政府把国家最低工资提高到 10000 第纳尔，该标准从 2004 年 1 月起执行。2004 年之后，政府根据经济发展状况，三次提高国家最低工资。

2014 年以来，受到国际油价波动等因素的影响，阿尔及利亚的经济发展出现了疲软的状况，因此，国家最低工资一直没有变化，仍为 2012 年 1 月以来的标准，即每月 18000 第纳尔。考虑到通货膨胀因素，国家最低工资的实际购买力出现下降。

1995 ~ 2018 年的国家最低工资标准如表 6 - 2 所示。

表 6 - 2 1995 ~ 2018 年的国家最低工资标准

单位：第纳尔/月，美元/月

年份	国家最低工资	换算为美元的最低工资
2018	18000	—
2013	18000	230.5
2012	18000	236.8

续表

年份	国家最低工资	换算为美元的最低工资
2010	15000	202.8
2006	12000	—
2004	10000	—
2001	8000	—
1998	6000	—
1997	4800	—
1995	4000	—

资料来源：国别经济，https：//countryeconomy. com/national-minimum-wage/Algeria，访问时间为 2018 年 7 月 27 日。

（三）贫困率

贫困率即贫困人口数占总人口数的比例，贫困人口是指每天的生活费用低于 1.25 美元的人口。由于政府采取积极措施，大力发展经济，阿尔及利亚的贫困率总体上呈下降态势。为保障贫困人口的生活，政府在发展经济的同时为贫困人口发放补贴、津贴等。

1988 年、1995 年、2011 年的贫困率如表 6 - 3 所示。

表 6 - 3　1998 年、1995 年、2011 年的贫困率

单位：%

年份	贫困率	增长率
1988	7.1	—
1995	6.4	- 10.14
2011	5.5	—

资料来源：世界银行，https：//databank. worldbank. org/data/reports. aspx？ source = poverty - and - equity - database，访问时间为 2019 年 2 月 27 日。

（四）基尼系数

基尼系数是判断国民收入分配公平程度的指标。阿尔及利亚 1988 年

的基尼系数为 40.19，1995 年为 35.33。[1] 2007 年，基尼系数为 35.3。[2]
由此可见，阿尔及利亚的收入差距有所改善，原先收入差距较大，之后的
收入差距相对合理。

（五）人均国民总收入

阿尔及利亚属于中高等收入国家，其人均国民总收入数据如表 6 - 4
所示。

表 6 - 4 阿尔及利亚人均国民总收入数据

单位：美元

年份	人均国民总收入	年份	人均国民总收入
2003	1920	2010	4460
2004	2240	2011	4580
2005	2700	2012	5140
2006	3090	2013	5480
2007	3580	2014	5470
2008	4200	2015	4830
2009	4270	2016	4360

资料来源：世界银行，https：//data. worldbank. org. cn/country/algeria? view = chart，访问时
间为 2018 年 7 月 24 日。

二 物价和消费

（一）通货膨胀率

阿尔及利亚的通货膨胀率在 20 世纪 90 年代达到顶峰。1994 年的
个别月份通货膨胀率高达 38.48%；1995 年全年通货膨胀率为
29.78%。1995 年以后，宏观经济形势好转，政府采取积极措施抑制通
货膨胀，通货膨胀率明显下降，1996 年通货膨胀率为 18.68%。2000

[1] 蒙迪指数，http：//www. indexmundi. com/facts/algeria/gini-index，访问时间为 2015 年 8
月 5 日。
[2] 世界卫生组织，Country Profile：ALGERIA，2010。

年以后，阿尔及利亚经济运行良好，通货膨胀率大幅下降。2000 年的通货膨胀率仅为 0.34%。此后，阿尔及利亚的通货膨胀率一直处于较低的水平。

2003～2018 年阿尔及利亚的通货膨胀率如表 6－5 所示。

表 6－5　2003～2018 年阿尔及利亚的通货膨胀率

单位：%

年份	通货膨胀率	年份	通货膨胀率
2003	4.27	2011	4.52
2004	3.96	2012	8.89
2005	1.38	2013	3.25
2006	2.31	2014	2.92
2007	3.67	2015	4.78
2008	4.86	2016	6.40
2009	5.73	2017	5.59
2010	3.91	2018	4.27

资料来源：蒙迪指数，http：//www.indexmundi.com/facts/algeria/inflation，访问时间为 2019 年 1 月 12 日。

（二）消费者物价指数（CPI）

阿尔及利亚的消费者物价指数长期处于上涨状态，各个年度的上涨幅度不一。

阿尔及利亚 2003～2016 年的消费者物价指数及增长率如表 6－6 所示。

表 6－6　阿尔及利亚 2003～2016 年消费者物价指数及增长率

年份	指数	增长率（%）	年份	指数	增长率（%）
2003	4.3	—	2006	2.3	67.51
2004	4.0	－6.74	2007	3.7	58.70
2005	1.4	－65.21	2008	4.9	32.14

续表

年份	指数	增长率（%）	年份	指数	增长率（%）
2009	5.7	18.29	2013	3.3	-63.39
2010	3.9	-31.86	2014	2.9	-10.38
2011	4.5	15.56	2015	3.6	—
2012	8.9	96.59	2016	2.6	—

资料来源：2003～2014 年数据，参见国际货币基金组织，IMF World Economic Outlook（WEO），April 2015，http：//knoema. com/atlas/Algeria/CPI-inflation，访问时间为 2015 年 8 月 5 日，2015～2016 年数据，参见经济聚焦，https：//www. focus-economics. com/country-indicator/algeria/consumption，访问时间为 2018 年 7 月 23 日。

（三）家庭消费支出

阿尔及利亚的家庭消费支出从总体上看呈增长态势。但是 20 世纪 90 年代，家庭消费支出有较大的波动，不时出现下降。政府从 1994 年开始对家庭生活必需品实行补贴。1996 年，政府向困难家庭发放补贴，每户家庭每月可享受 900 第纳尔的补贴。从 2000 年开始，家庭消费支出稳步增长。

阿尔及利亚 2003～2018 年的家庭消费支出如表 6-7 所示。

表 6-7　阿尔及利亚 2003～2018 年的家庭消费支出

单位：美元

年份	家庭消费支出	年份	家庭消费支出
2003	27473350000	2011	62264390000
2004	32900280000	2012	63693860000
2005	34841290000	2013	74115560000
2006	37105170000	2014	77746060000
2007	42772900000	2015	68069370000
2008	51612430000	2016	68035350000
2009	51535760000	2017	72397790000
2010	55327180000	2018	73488470000

资料来源：蒙迪指数，http：//www. indexmundi. com/facts/algeria/household-final-consumption-expenditure，访问时间为 2019 年 1 月 12 日。

另外，根据世界银行提供的数据，阿尔及利亚家庭消费支出占 GDP 的比例，1960～2014 年平均值为 48.26%，其中最低值为 2014 年的 28.61%，最高值为 1964 年的 65.51%。①

（四）恩格尔系数

恩格尔系数是食物支出占消费支出的比例，用来衡量一个家庭或一个国家的富裕程度。阿尔及利亚的恩格尔系数较大，表明居民家庭尚不富裕。家庭购买食物的支出，1994 年占家庭消费支出的 57.7%，1997 年底上升到 71%。之后几年情况有所好转，但食物消费始终排在家庭消费的首位。之后是住房，接着是交通和通信，最后是服装。

三　社会保障

阿尔及利亚的社会保障体系比较健全，总体而言，包括养老保障、医疗保障、住房保障、社会福利等方面。

（一）养老保障

养老保障方面，阿尔及利亚实行退休金或养老金制度。退休职工根据工龄的长短，领取在职工资 75% 至 100% 的退休金或养老金。职工退休年龄为 60 岁。工作年限至少为 15 年的退休人员，均可得到全额退休金。退休金的数额根据家庭条件的差异而有所不同。国家退休金管理局主要负责正式部门职工退休金的发放，该机构在全国各省设有分支机构。

国家社会保险管理局主要负责企业职工社会保险金的发放，该机构在全国各省设有分支机构。

农业劳动者（含农业工人）不属于上述机构管理，另由其他社会保险机构负责。

（二）医疗保障

医疗保障方面，在实施公立医院免费医疗制度、疾病保险与生育保险

---

① 全球经济在线，http://www.theglobaleconomy.com/Algeria/household_ consumption/，访问时间为 2015 年 8 月 8 日。

制度①的同时，政府发放病假补助、产假补助、工伤补助、药品补助等各种有关医疗卫生的福利。

病假补助是为患病职工提供的实物福利或现金补助。职工患病 1～15 天，可享受日工资收入 50% 的补助（如患大病、重病或住院治疗可享受 100% 的补助）；职工患病 16 天至 3 年（某些特殊情况可延长至 4 年），可享受 100% 的补助。最低日补助标准为最低小时工资的 8 倍。

产假补助是为休产假的职工提供的实物福利或现金补助。生育职工可享受工资收入 100% 的补助，最高可享受 14 周的全额工资。最低日补助标准为最低小时工资的 8 倍。孕妇在预产期前 1 周必须停止所有工作。产假补助和病假补助均由疾病与生育保险基金承担。

在工伤事故造成受害人丧失劳动能力期间，根据伤势情况，受害人可获得收入损失的赔偿，此为工伤补助。工伤事故包括在工作中为履行劳动合同所造成的人身伤害，以及在上下班途中发生的意外事故。

另外，还有药品补助。2007 年，社会保障电子卡（简称社保卡）开始使用，第三方可以通过社保系统直接向签约药房支付费用，参保者本人无须支付社保系统中包括的款项。全国的签约药房有 1 万多家，参保者不论其工作地或居住地如何，均可持卡到任何一家签约药房购药。慢性病患者也享有第三方为其处方支付的补助，虽然没有金额限制，但有相应的机制防止药物滥用、药量加倍或处方作假。非慢性病患者每人每季度有两张处方、各 3000 第纳尔的额度，可由第三方直接为其支付。社保卡的受益者超过 3400 万人。

（三）住房保障

阿尔及利亚的住房短缺，住房建设不能满足国民需求。原因有两个方面：一是独立以来政府的注意力主要集中在重工业，政府的支出大部分用于重工业的发展；二是未加控制的人口增长和城市化的推进，导致人口持续不断地从乡村向城市迁徙，城市人口激增，城市的棚户区不断扩张。

从 1979 年开始，政府采取措施，加大投资力度，加快住房建设。

---

① 关于这两种制度，详见下文的医疗卫生制度部分。

1979~1982年，城市新建住房104万套。此外，政府鼓励住房建设。1981年，政府出台《国家财产转让法》，允许将国家房产出售给私人，房款可一次付清，也可申请贷款；国家在土地、资金方面提供优惠，鼓励私人建房；银行积极投入住房开发，向建房单位提供奖励，吸收储户参加住房储蓄。

1994年，政府新建住房81584套；1995年，政府新建住房16万套。1999~2001年新建住房356242套。住房短缺问题有所缓解，但仍不能满足居民的住房需求。

2010年，政府出台了2010~2014年公共投资规划。根据规划，用于住房建设的投资将达到37000亿第纳尔，规划中共包含200万套住房，其中包括70万套农村住房；120万套将在5年计划期内交付使用，其余80万套在2014年年底前开工，于2015~2017年完成。

（四）社会福利

阿尔及利亚政府重视社会福利。除了各种有关医疗卫生的福利之外，其他的社会福利包括：基本食品实行价格补贴、公有住房实行低廉租金、全民享受免费义务教育、国家正式职工享受子女补贴。另外还有家庭补助、老职工补助、失业补助等福利。家庭补助的额度根据家庭的收入决定。失业补助是在非自愿失业的情况下由政府提供的生活保障，失业者需提供此前的工作情况，例如工作时间和薪水等。

第二节 社会治理

一 家庭

独立战争和社会主义政府（本·贝拉至沙德利）的教育，使阿尔及利亚社会中女性地位发生变化。大批女孩子被送到学校学习。之后，很多人继续进行大学学习，并在城市追求职业生活。

虽然如此，20世纪90年代早期，强有力的家庭生活传统依然统治着阿尔及利亚的大多数地区。性别之间的某种区分作为一个基本的社会原则，影响着个人和家庭。性别成为最重要的社会地位决定因素之一。女性隔离的实践虽不普遍，但是男性和女性在公共生活中具有很大程度的不同。无论男性还是女性，均被相同的文化、价值观、传统和信念所约束。

（一）家庭和家庭事务

1. 大家庭

大家庭是传统的家庭模式。独立前，阿尔及利亚家庭的基本单位，特别是在农村地区，是由祖父母、他们结了婚的儿子和家庭、未婚的儿子、未婚的女儿或离异或丧偶的带着孩子的女儿，或其他相关的成年人组成的大家庭。家庭的结构是父权和父系，资深男性成员做出所有影响家庭福利的重大决策，划分土地和工作任务，并作为代表与外人打交道。在大家庭中，每个已婚夫妇通常有一个单独的房间，房门向家庭院敞开，并准备单独的饭菜。女性在男性权威下度过自己的一生，首先是他们的父亲，然后是丈夫，并且被期望把自己的全部奉献给家庭的活动。孩子们由所有的家庭成员共同抚养，成员们传递给孩子们家庭团结的观念和价值观。

一个单一的父系家族成员生活在一个筑有围墙的院子里，共同承担家庭公共土地上的工作。血统表达了坚持一种荣誉准则的团结，这种荣誉使其成员有义务对需要的亲属提供援助，甚至把那些已经去城市找到了工作的成员黏在一起。在柏柏尔人的团体中，家族的荣誉和财富是很重要的，以至于血亲复仇是正义的。

2. 核心家庭

自独立以来，阿尔及利亚社会的家庭规模越来越小，一般由夫妇双方和他们的未婚子女组成。一旦年轻人结婚并且能够负担起一个家庭，或者一个大家庭的家长去世，男性成员和他们的家属都会分开，形成不同的家庭。

趋向更小的核心家庭的态势，已经影响了城市和农村地区的大家庭结构。这种趋势在城市更为明显。核心家庭正在迅速成为普遍的家庭结构。许多因素逐渐引发了这种变化，包括城市化和工资劳动的发展。

在 20 世纪 90 年代早期，年轻的、受过良好教育的阿尔及利亚人倾向

支持小家庭，而不是像前几代人那样的大家庭。他们更喜欢生活在独立的寓所，有更少的孩子，独立经营他们自己的生活。

3. 婚姻

20世纪90年代初，阿尔及利亚继续拥有中东最保守的婚姻法，严格遵守伊斯兰婚姻的要求。伊斯兰婚姻的目的，是加强已经存在的家庭关系。由于男性和女性分别构成两个相对独立的社会群体，日常活动与社会交往一般发生在同性之间，因此婚姻通常是一个家庭的事务而非单纯的个人事务，父母会为其子女安排婚事、选择结婚对象。

伊斯兰婚姻是民事契约而非圣礼。新娘利益的代表和新郎利益的代表谈判以达成婚姻协议。尽管在法律上，未来的配偶必须同意这一协议，但他们通常都不参加协议的谈判。协议规定了联盟的条款，并概述了婚姻破裂之后的追索权。

随着女性在政治与经济生活中扮演越来越重要的角色，父母为其子女安排婚事的现象有所减少，但仍旧非常普遍。婚后的家庭由丈夫主导，妻子服从丈夫，并为其提供支持。女性成为家庭主妇，负责家庭事务和照料家人。男性外出工作，并在外参与一些日常活动，例如购物、社交等。

（二）男性和女性

1. 独立战争之前的女性

在阿尔及利亚，妇女传统上被认为比男人更弱，无论是在身体方面还是精神方面。家庭的荣誉在很大程度上取决于女性的行为，因此，女人应该端庄、谦虚、谨慎。不得体的行为会破坏家庭的荣誉。女性的忠贞被认为是维持家庭荣誉的根本。女性如果被发现有违法行为，通常都会受到惩罚。女孩被抚养长大，被认为比男性差而必须受到照顾。男性则被教导要相信他们有资格照顾和关心女性。

男性的法定婚龄为21岁，女性为18岁。结婚后，新娘一般住在新郎的家庭、村庄或社区，婆婆对儿媳有较强的权威。婆婆和儿媳之间容易产生矛盾。一个女人生儿子后，她在丈夫的家里开始获得地位，母亲宠爱她们的男孩，照顾男孩的时间经常比女孩长得多。母亲和儿子之间的关系温暖而亲密，父亲则是更为遥远的"身影"。

传统上，对女性纯洁性的关注导致了对其活动的显著限制。女性在她们的成年生活中，大多数时间生活在院墙后面，或访问类似庭院的其他女性。一个女性被不相关的男性看到，被认为是不恰当的，在许多地区妇女公开戴面纱。

法国殖民主义者积极反对面纱，认为这是一个民族的、宗教的信仰和价值观的象征，并试图系统性地加以破坏。在压力之下，阿尔及利亚人顽固地坚持戴面纱，独立后实际上增加了面纱的使用。这一发展也导致了另一后果，即妇女享有的自由权利增加了。面纱提供了移动的隔离工具，妇女更频繁地进入公共场合。

在传统的制度范围内，妇女的待遇有相当大的变化。在阿拉伯部落，女性可以继承财产；在柏柏尔部落则不能。在柏柏尔人的社会，女性角色根据其所在地区而有所差异。卡比尔女性一直是最受限制的，丈夫不仅能休妻，还能禁止她再婚。沙维亚女性的境遇要好得多，被允许选择自己的丈夫。图阿雷格女性在社会事务中有很高的参与度，在家庭财务上有较强的控制权。

2. 独立战争之后的女性

在独立战争期间，女性和男性并肩对法作战，并在男性缺席的情况下维持了家庭的生活，因此，她们实现了一种新的自我认同，并获得了男性在一定程度上的接受。战争结束之后，一些妇女保持着她们新获得的解放，并积极参与国家的建设，而其他人则回到传统的家庭角色。

1962 年后，女性的地位开始提高，主要是因为家庭成员的受教育程度提高，更广泛的经济和社会发展，以及越来越多的女性开始寻求有报酬的工作。20 世纪 50 年代中期，约有 7000 名妇女被登记为工薪阶层。1977 年，共有 138234 名妇女，或 6% 的活跃的劳动力从事全职工作。到了 20 世纪 80 年代中期，分别有 250000 名妇女，或 7% 的劳动力从事全职工作。许多妇女受雇于国家部门，成为教师、护士、医生和技术人员等。

到 1989 年，劳动力中的妇女数量已增至 316626 人，超过总劳动力的 7%。但是，劳动力中的妇女数量可能比官方统计数字高出许多，因为农村劳动力中的妇女几乎没有被列入官方统计数字。被忽略的原因是，她们是无报酬的家庭成员；在文化上，一个父权制社会的家庭负责人不会公开承认或普查家庭里成为工人的女性。事实上，广大农村妇女全职工作，应该算是阿尔及利亚劳动力的一部分。

女性佩戴面纱的现象在独立后有所增加。特别是在乡村地区，伊斯兰传统观念的影响比城市更为深远，女性很难突破社会传统和固有模式。

（三）家庭法

家庭法是一套规范婚姻家庭关系的法律规定，是有关妇女地位和权利的真正战场。一部分人希望阿尔及利亚的家庭生活按照西方世俗主义的模式来组织，但另一部分人赞成符合伊斯兰原则和伦理的家庭结构。家庭法草案提出之后，社会争论不休，并搁置了至少三次，最终在1984年成为法律。在此前的1981年，该法的规定引起了国民议会中的女性成员和阿尔及尔街头示威女性的强烈反对，这在阿尔及利亚历史上几乎是前所未有的事件。

虽然《1984年家庭法》的一些规定比1981年的草案更为宽松，但在本质上还是反映了伊斯兰保守派的影响力。该法的主要精神包括：家庭是社会的基本单位；丈夫是家庭的负责人，妻子服从丈夫。根据伊斯兰教法，穆斯林女性不能嫁给非穆斯林；一夫多妻制在一定条件下是允许的（虽然实践中很少）；女性不能与男性平等地继承财产。女性可以在特定的情况下起诉离婚，包括丈夫遗弃、不尽扶养义务等。离婚案件中，7岁以下孩子的监护权归妻子，但孩子长大些时监护权则回归丈夫。阿尔及利亚独立以来，离婚率一直稳步上升，但是离婚对男性而言要比女性容易得多。

家庭法的历史证明了阿尔及利亚社会协调西方的、现代主义的价值和伊斯兰价值之间的困难。家庭法在1964年、1972年、1981年被三次搁置，最终于1984年通过。它强化了伊斯兰教法，而伊斯兰教法则表达了不断增长的伊斯兰主义者的关切。该法使女性主义者受挫，因为它在结婚、离婚、继承方面重申了父权制，与1976年宪法关于性别平等的原则相抵触。2005年2月，布特弗利卡政府以总统法令的形式，对该法进行了适度修改。修改考虑了男性对女性的"辅导"角色，以及关于结婚、离婚的议题。法定婚龄规定为 19 岁（原先为女性 18 岁，男性 21 岁）。此外，妻子必须认可一夫多妻制。在离婚案件中，丈夫必须给妻子和孩子提供居住保证。然而，有关"监护"的总的父权制被保留下来。

有关修改其至废除家庭法的事务引起了政治上和社会上的关切。伊斯兰主义者反对修改家庭法，但也呼吁通过全民公投来决定这个问题。布特弗利卡的一些政治盟友主张改革家庭法。另一些党派主张废除家庭法。各个党派在家庭法问题上的纠葛，被僵化的父权制复杂化，不仅是关于家庭法修改的问题，也是阿尔及利亚政治伊斯兰的角色和民主化的问题。

二 社 区

（一）城市化

阿尔及利亚的城市化进程处于不断推进之中。按联合国的估计，阿尔及利亚的城市人口比例，1960 年为 30%，1977 年为 41%，1981 年为 44%。根据世界银行《世界发展报告》的数据，1990 年大约 52% 的阿尔及利亚人口居住在城市地区。

城市化部分是通过人口增长来实现的。人口增长把村庄变成了城镇，把城镇变成了城市。除了人口增长之外，城市移民起到了重要的作用。

独立以后，一个从乡村到城市的巨大人口转移开始持续进行，最大的城市吸引了这些移民。在 20 世纪 70 年代，非官方的估计认为，170 万名农民在阿尔及尔、奥兰、君士坦丁和安纳巴四大城市定居。但 1977 年的人口普查数据显示，许多小城镇和城市的人口增长更快，这可能是 20 世纪 70 年代经济和行政权力下放的结果。

阿尔及尔是最大的城市化地区。1954 年，阿尔及尔的人口不到 50 万人，主要是欧洲人。到 1966 年，尽管大部分欧洲居民不在了，但阿尔及尔的人口增加到近 100 万人。1987 年的人口普查数据显示，拥有 148.3 万名居民的阿尔及尔人口仍在增长。2000 年，阿尔及尔的人口增加到 320 万人。

除了阿尔及尔之外，其他主要城市的人口在 1977～1987 年也增长了：奥兰的人口从 49 万人增加到 59 万人；君士坦丁从 34.4 万人增加到 43.8 万人；安纳巴从 24 万人增加到 31 万人；巴特纳从 10.2 万人增加到 18.2

万人；塞蒂夫从 12.9 万人增加到 16.8 万人；布利达从 13.8 万人增加到 16.5 万人。

20 世纪 80 年代中期，城市化的速度非官方估计是每年为 5.6%。这引起了政府规划部门的关注。政府资助的土地改革计划和农村住房投资，旨在提高农民的生活质量，从而稳定农村人口，放慢大规模城市化的节奏，缓解城市住房的压力。

在大规模的城市化进程中，农村人口比例逐年下降，从独立初期占人口总数的 70%，下降到 2000 年的 40% 左右。很多阿尔及利亚人离开乡村，到城市中寻找工作。这种人口从乡村向城市的迁移，对仍在乡村生活的人们也造成了很大的压力。目前，阿尔及利亚 2/3 以上的人口生活在城镇和城市中。其中，一些较穷困的家庭只能生活在棚屋中，没有自来水、电力或下水道设施。

城市人口占总人口的比例如表 6-8 所示。

表 6-8　城市人口占总人口的比例

单位：%

指标	1960 年	1980 年	2000 年	2015 年	2016 年	2017 年
比例	31	44	60	71	71.30	71.90

资料来源：世界银行，http://databank.worldbank.org/data/reports.aspx? source = 2&series = SP. URB. TOTL. IN. ZS&country = ，访问时间为 2018 年 7 月 24 日。

（二）人口密度

阿尔及利亚地广人稀，人口密度非常低。根据阿尔及利亚政府的数据，87% 的人口居住在 17% 的国土上。20 世纪 90 年代中期，人口密度为每平方公里 10.5 人，从每平方公里 2500 人的阿尔及尔到每平方公里不足 1 人的中撒哈拉沙漠，各地差别极大。所有的大城市和大部分农村人口分布在一个从海岸延伸、长约 100 公里的四边形上，从西邻摩洛哥延伸到东邻突尼斯。在这一地区，土地的使用方式有所不同。在西部，原法国殖民者的葡萄园和柑橘林所在的地区是社会化自管农场区。阿尔及尔以东一小段距离是凸起的土地，朝向东部的是卡比利亚和奥雷斯山区。卡比利亚地区距离阿尔及尔约两小时高速路车程。在那里，密集的农村人口居住在偏远山区，不受外界的影响，以纯粹的形式保持着柏柏尔人的语言和风俗。

在人口稠密的北部地区，人口的平均密度并没有从西到东平稳地变化。在更远的内陆，人口密度向南通过高原和撒哈拉阿特拉斯山脉逐步下降，每平方公里平均从 49 人下降到 10 人。在撒哈拉大沙漠，从北到南人口减少的趋势是非常明显的。在撒哈拉沙漠的北半部，人口密集的绿洲之间的公路距离很少超过 170 公里。阿尔及利亚撒哈拉的南半部，分布着数万名图阿雷格人，唯一的重要城镇是霍加尔高原深处的塔曼拉塞特。

2017 年，阿尔及利亚每平方公里的平均人口为 17 人，仍是一个低人口密度的国家。表 6 - 9 为 1967~2017 年的人口密度数据。

表 6 - 9　1967~2017 年的人口密度数据

单位：人/平方公里

年份	人口密度	年份	人口密度
2017	17	1994	12
2016	17	1990	11
2015	17	1986	10
2013	16	1983	9
2012	16	1978	8
2008	15	1973	7
2004	14	1967	6
1999	13		

资料来源：国别经济，https://countryeconomy.com/countries/Algeria，访问时间为 2018 年 7 月 27 日。

三　社会组织

（一）工会

工会从其实质来讲，是市民社会的重要组成部分之一，是一个有凝聚力的、实质性的选民群体。但在社会主义年代，情况有所不同。阿尔及利亚总工会成立于 1956 年 3 月，当时阿尔及利亚工人已被禁止参与法国总

工会。国家独立之后，尽管阿尔及利亚总工会努力保持独立，但还是在 1963 年被民阵接管，失去了独立性。在党的组织和国家的社会主义原则之下，总工会变成了一个行政机构，而非一个独立的利益集团。总工会一贯反对大规模罢工和游行示威，支持政府禁止在某些工业部门罢工的立法，因为罢工、游行示威等活动威胁生产活动和经济运行。20 世纪 80 年代中期，所有的成员工会被跨越多个行业整合进联合会。1984 年之后，作为对代表工人增加独立活动的反应，这些大的联合会被分解成更小的工人代表大会，大型工会的政治力量大大降低，总工会的管理控制得以加强。在接下来的几年里，罢工的数量急剧下降。

20 世纪 80 年代中期，由于经济环境不断恶化，总工会的附属工会开始变得更为独立。20 世纪 80 年代末，尽管工会的隶属关系仍然存在，并服从党组织的指令，但随着政治自由化而来的工会活动激增。1989 年至 1992 年 1 月，随着宪法的修改和政体的变更，工会的活动增加到前所未有的强度。总工会内部分裂，一些新的、更小的、更活跃的工会如伊斯兰工会在 1990 年建立，罢工和示威活动迅速增加，使以前休眠的工人运动迅速政治化，工人罢工的频率陡然增加且规模扩大。劳动部的数字显示，1989 年每月的罢工数为 250 次，为前一年数量的 4 倍。

工人运动的发展证明了在截至 1992 年 1 月 11 日政变期间民主化推进的真实性。工人普遍不支持经济自由化，罢工阻碍了政府的大量自由市场改革。对于不断增长的群众政治活动尤其是工会活动，政府的反应和容忍是 20 世纪 90 年代民主化可能成功的清晰证据。但是，这一进程随后受到伊斯兰主义者和军队的阻断。伊斯兰工会从属于伊阵，在内战期间受到限制。总工会的总书记在 1997 年被暗杀。

国有企业的私有化重组会导致更多的失业，总工会是反对国有企业私有化的。如今的总工会是阿尔及利亚的主要工会，有 10 个附属工会，涉及服务业、制造业。总工会受到当局的资助。2003 年 2 月的罢工成功地使布特弗利卡政府放慢了私有化的步伐，因为私有化威胁就业。总工会尤其反对石油部门的自由化。

阿尔及利亚有节制的自由化使独立工会兴起。阿尔及利亚记者工会在

2001 年组建。独立的工会主义是与阿尔及利亚的政治和经济自由化密切相连的。2005 年，总工会与政府同意重述石油法案，显示了政府与国内最大工会之间的密切合作。

（二）青年和学生组织

民阵组织了阿尔及利亚全国学生联盟，但党组织的指示对学联的影响力不及总工会等其他受民阵影响的机构。民阵无法有效控制全国学联。学生的抗议和抵制显示出其独立趋势。在整个 20 世纪 60 年代，学联相当活跃，即便政府试图平息运动。罢工、抵制、学生团体和政府官员之间的其他暴力冲突搅乱了许多大学的正常活动。为应对这一局面，政府在 1971 年终止了学联。学生运动随后被吸收到温顺的、没有威胁性的阿尔及利亚全国青年联盟。

青联是由民阵控制的青年组织的国家集团，是唯一被官方承认的青年团体，在 1976 年国民宪章列明的国家协会名单上。尽管 20 世纪 70 年代末的学生示威游行活动短暂飙升，但是高中生和大学生对青联越来越冷漠、缺乏兴趣。这部分是因为一些地方组织的存在，并开展与青联类似的活动。1993 年，青联的大部分花名册中都没有包括学生。

像社会主义年代的其他社会组织一样，民阵的主导作用转化成对党的宣传、动员的强调，而非注重组织自身的目标。实现这些目标对学生会的领导提出了挑战。工会领袖们面对一个幻想破灭的选区：那些完成数年教育的学生找不到工作，大量贫困和失业的青年对遥远的权威机构缺乏信心，年轻人没有对独立战争的记忆（他们当时太年轻了，无法记住）。在 1988 年 10 月暴乱中，人们涌向街头，在 6 天的骚乱中，正是学生首先组织起来并构成了游行示威的主体。

当今的阿尔及利亚青年面临巨大的挑战。虽然接受过教育，但工作不可得。每年进入就业市场的数以万计的青年无法找到工作。青年的异化是 1988 年 10 月暴乱的原因之一，也是他们被伊斯兰主义吸引的原因之一。受过教育的青年发现，自己在经济上失业，在政治上受阻。药物滥用、犯罪、消沉和自杀等问题不断加剧。2001 年，青年的抗议震动了卡比利亚。青年的受挫与屈辱可能导致孤注一掷的行动，甚至是恐怖

主义活动。

截至 2014 年 9 月，约 70% 的阿尔及利亚人的年龄在 30 岁以下。[1]
2016 年，阿尔及利亚人口年龄中位数为 27.8 岁。[2] 失业、疏离感、排斥
等问题仍旧影响阿尔及利亚青年。

（三）农民组织

全国农民联盟于 1973 年由民阵正式组建。农民联盟是总工会的补充，
受控于农业部，几乎没有开展过自主的活动。农民联盟的组织比较复杂，
在地方和区域层次上有很多附属的管理机构。因为农业部承担了农民联盟
宣称的许多功能，农民联盟的自治比其他国家协会少。大多数农业土地在
布迈丁时期国有化，农民联盟因此由有很少或没有非集体化土地的农民组
成。在作为党的组织被创建之前，农民联盟缺少独立的历史，由此，农民
联盟与总工会、学联等同行协会相比，在政治上更不活跃，凝聚力更弱，
影响力更小。

政府努力振兴农业部门，克服小农固有的局限性，这一努力改善了农
业工人的一般生产条件，促进了服务业发展。沙德利时期，政府下放了一
些权力，打破了大部分国有土地的所有权，但主张所有国有土地恢复原状
的要求继续存在。这些要求明确地来自一些派别，这些派别自 1988 年以
来已经从农民联盟中脱离出来，形成了自己独立的农业合作社。农业私有
化改革之后，独立的农业工会开始出现。

（四）企业家阶层

阿尔及利亚的政治体制和国家的社会主义方向排除了小企业主的发
展，激起公众强烈的反对资本主义的情绪。沙德利的经济自由化措施将许
多国营企业改制成私人实体，并培育小企业主专业协会或雇主协会中活跃
的、有凝聚力的团体。雇主协会持续不断地保持与政府对话，有力地支持
了政府的改革，并坚持其游说活动。雇主协会包括超过 10000 名成员，并

---

① 青年政策，http：//www.youthpolicy.org/factsheets/country/algeria/，访问时间为 2019 年 2
月 3 日。

② 美国中央情报局，https：//www.cia.gov/library/publications/the-world-factbook/rankorder/
2177rank.html，访问时间为 2018 年 7 月 23 日。

稳步扩大。它的成员包括阿尔及利亚雇主联合会、阿尔及利亚经济运营商联合总会、阿尔及利亚商人和工匠总工会。

（五）女性运动

独立以来，阿尔及利亚的女性运动取得了一些成就，但是阿尔及利亚妇女仍然退居从属地位，社会地位不如邻国突尼斯和摩洛哥。独立战争结束后，在战争中扮演了重要角色的妇女被希望回归家庭，扮演她们传统的、惯常的社会角色。尽管如此，1962 年，作为动员社会各界支持社会主义道路的一部分，政府创建了阿尔及利亚全国妇女联合会。1965 年 3 月 8 日，全国妇联举行了第一次游行以庆祝国际妇女节，近 6000 名妇女参加。

妇联从来没有引起女性主义者的兴趣，也无法吸引农村工人成为会员，而这些农村工人是最容易受到父权传统攻击的。由此，妇联的活动有很大的局限性。1964 年，价值组织创建，这是一个促进传统的伊斯兰价值观的群众组织，是对女性运动的一个重大打击。伊斯兰传统的复苏在很大程度上是对殖民期间法国殖民主义者的反击。在殖民时期，法国试图通过推动更好的教育和消除面纱来"解放"阿尔及利亚妇女。革命成功以后，许多阿尔及利亚人回首这些努力时，把它们视为法国殖民主义者对阿尔及利亚人的"分而治之"策略。伊斯兰教和阿拉伯传统则成为强大的动员力量和民族团结的标志。

虽然妇女的就业权、政治权利等都较为有限，但妇女接受高等教育的机会增加。在大部分人看来，妇女似乎满足于接受教育之后回到家中。从小学到大学的各级教育或技术培训，招生人数急剧上升，女性学生占比超过 40%。

女性运动的另一个主要成就是《哈米西提法》。由法蒂玛·哈米西提起草的法案在 1963 年被提交国民议会，主张把最低法定结婚年龄提到 19 岁。这一变化极大地促进了女性对教育的追求。

国民议会为女性设置了一个少有的公开论坛。在本·贝拉统治时期，没有女性成员进入国民议会，但女性被允许在大会上提出决议，例如《哈米西提法》。独立后早期，没有女性在任何关键性的决策机构任职。

1965 年 6 月 19 日政变以后，布迈丁暂停了国民议会，论坛的平台没有了。1976 年国民议会恢复时，9 名妇女入选。

在地方和区域一级，女性的公共参与度显著上升。早在 1967 年初，就有 99 名女候选人入选市政议会（全国共有 10852 个职位）。到 20 世纪 80 年代末，各省和地方议会中的妇女数量已上升至近 300 人。

1976 年国民宪章在保证男女之间的法律平等方面有了重大突破。宪章承认女性的受教育权，并明确了女性在社会、文化和经济方面的角色。但截至 1993 年初，离开家庭参加工作的女性数量仍远低于突尼斯和摩洛哥。

1981 年，由保守的伊斯兰主义者支持并提出的家庭法，威胁到女性运动已经取得的相关成果，导致了数百名女性的抗议。示威活动在阿尔及尔举行，活动虽不是由全国妇联官方组织的，但许多示威者是其成员。女性对家庭法的反对意见是，该法没有包含足够的改革。有关家庭法的争论迫使政府收回成命。1984 年，对家庭法的一个保守的修订被提交给国民议会。在更多的争论出现之前，国民议会迅速通过了家庭法。1981 年家庭法提案列明了妻子离婚的六种理由，对一夫多妻制施加了一些限制，并明确规定如果在婚姻契约中列明或经其丈夫同意，妻子婚后可到外面工作。

在家庭法修改意见中，由女性发起的离婚规定大幅缩减，对一夫多妻制的限制也是如此，但最低法定婚龄分别提高到女性 18 岁、男性 21 岁。尽管法律修改了，但对大多数女性来说变化不大。此外，有人主张，关于妻子的权利规定了具体的行使条件，但对于丈夫的权利缺乏相应的具体行使条件，而且女性仅仅依靠婚姻获得法律独立，而男性无论婚姻状况如何，在 18 岁时即获得法律独立，这含蓄地强调了女性的弱势地位。抗议示威活动被再次组织起来，但在 1984 年 6 月 9 日国民议会通过家庭法之后，抗议活动没有产生太大的影响。

在 20 世纪 80 年代初，一批新的妇女团体出现，如男女法律平等委员会和阿尔及利亚妇女解放协会，但积极参与这些运动的女性数量仍然有限。由于害怕政府的报复和公众的嘲笑，许多女性远离妇女团体。与此同时，政府也逐渐接受了女性在公共领域中的作用。1984 年，政府任命了首位女性部长。自那时以来，政府承诺为女性创造数十万个新的就业机会，但经济危机使这一目标无法实现。1992 年 1 月国民议会被解散时，有一些女性代表在其中任职，但是 1993 年统治阿尔及利亚的最高国务委员会没有任何女性，隶属于最高国务委员会的全国协商委员会，60 名成员中有 7 名女性。对世俗政权及国家走社会主义道路的理想幻灭，以及传统的伊斯兰团体的重新兴起，进一步妨碍了女性运动。领导阿尔及利亚的社会政治文化的父权传统和军事当局，是妨碍女性运动的另外两大因素。

女性对激进伊斯兰主义的出现充满忧虑。许多人把伊阵在选举中的成功解释为对女性公民权利的威胁。女性团体大声疾呼，支持取消 1991 年选举的第二轮投票，以阻止伊阵政府的出现。内战期间，女性成为被攻击、被暗杀的目标。女性还批评政府缺乏透明度。作为回应，政府也处理了一些有关家庭法的议题。2005 年 2 月，关于家庭法的温和修正得以实现，包括男女双方的法定年龄为 19 岁、妻子同意之下的一夫多妻制、丈夫须保证离婚之后妻子和孩子的居留权等。

当今阿尔及利亚有一些著名的、活跃的政治女性，最典型的是文民盟的赫丽达·突米。她因在 2004 年 4 月选举中的总统候选人身份，成为阿拉伯世界首位竞选总统的女性。女性现在已经建立了相关组织，追求公民权利。她们不断呼吁改革甚至废除家庭法，结束侮辱性的父权制。

阿尔及利亚女性在文学艺术和体育方面取得了很多成就。与邻国摩洛哥和突尼斯相比，阿尔及利亚女性在家庭外工作的比例偏低。但是，阿尔及利亚女性已经开始扮演日益重要的政治、社会和经济角色。此外，受教育的女性数量不断增长，这对传统的父权制无疑是一个挑战。

四　社会阶层结构

阿尔及利亚社会的发展受到历史因素和外来因素两方面的影响，传统的柏柏尔社会以家庭、氏族和部落为单位，其生活环境是乡村。阿拉伯人到来后，伊斯兰的社会结构打破了柏柏尔人的传统社会结构。从法国殖民时期开始，才出现了一个可识别的现代阶层结构。独立以来，尽管国家秉持对平等主义理想的承诺，阶层结构还是经历了进一步的分化。

（一）独立战争与阿尔及利亚社会的变化

在法国殖民统治下，阿尔及利亚的社会逐渐发生变化。独立战争以激变的力量冲积着阿尔及利亚社会，战争胜利引起了其他重大的社会变革。战争的影响渗透到乡村和城市的个人、家庭内部。

作为对冲突和战争的反应，个人的认识、能力和社会角色都得到了发展。女性原先习惯于庇护和隔离生活，突然发现自己投身到了具有革命精神的战斗之中。对于许多人来说，战争提供了第一次离开家庭的独立活动机会。许多年轻人摆脱了他们的家庭和他们的长辈，获得了独立的个人特质和社会地位。

法国人在战前有专门的农村人口安置政策，名为集结计划。在该计划之下，法国人修建了若干强化定居点——搬迁中心，聚集了200多万名村民。残酷的战争在全国大部分地区进行了近八年，破坏了许多村庄。阿尔及利亚因战争流离失所的人数不能准确地知晓，但独立后阿尔及利亚当局将超过300万人暂时性或永久性地迁移。在1965年，约200万人留在中心。到1972年，他们的数量明显减少，一些中心关闭，几个中心成为永久居民区。

由于人口的大规模迁移，大部分人失去了其与祖居土地的联系以及与土地支持的社会团体的联系。家庭成员与同胞氏族成员和大家庭成员分开了。法国人提供的住房适合核心家庭而不是传统的大家庭。以前依靠农场经营来生活的人变得习惯于现金经济的运作。

小的家族社区的消失，消除了以前存在的靠社会声誉和闲言碎语的社会控制。相反，搬迁中心的居民开始发展与陌生人之间的"团结"，因为这些陌生人与他们分享共同的命运。旧社区的破坏特别影响女性的生活。从村庄来的女性，在农村戴面纱是罕见的。但当家庭和旧社区的监督、限制不复存在之后，这些女性反而不由自主地选择了面纱，作为一种在社会上公开抛头露面的手段。

传统的代际关系被推翻了，阶级差异也被淹没了。年轻人可以适应新的方式，但老年人难以适应新变化，所以被迫放弃了以前的声望和权威。此外，农村人变得对舒适生活和消费更感兴趣，这取代了以节俭为代表的传统乡村生活。

（二）现代社会的各个阶层

独立之初的阿尔及利亚社会，与解放战争开始时的条件差异很大。欧洲人在 1962～1963 年撤出阿尔及利亚，留下的社会主要由目不识丁的农民和数量可观的城市工人构成。据估计，1964 年，不到的 1% 的人口属于20 世纪 50 年代的中上阶层。留在阿尔及利亚的受过教育的人口不足以填补在政府和工业部门中欧洲人空出的位置。战功的标准也是进入社会的考量，那些积极参与战斗或遭受损失的人，有资格获得特殊利益。

在殖民地时期，阿尔及利亚最重要的社会区别是欧洲人与阿尔及利亚人之间的区别。欧洲人中有大的实业家、中产阶级的商人、专业人士、农民、非熟练工人。阿尔及利亚人中有富裕的商业和专业家庭、失地的农村劳动者。独立战争开始后，欧洲人与阿尔及利亚人之间的区别被战争期间所有阿尔及利亚人遭受的障碍和歧视模糊了，让位于阿尔及利亚人民团结一致追求独立的思想。

1. 精英阶层

欧洲人社区的迁走和现代教育系统雏形的出现，导致社会精英的构成发生变化，其中最有影响力的集团包括法语培训专家、公务员、军官和民族解放阵线的高级官员。一些本土企业家缺乏大的影响力，但管理政府及其附属企业的官僚和技术官僚开始形成一个明显的极具影响力的团体，这个团体中产生了大量负责公共行政和国有企业事务的高层人员。较高的受教育程度超过任何其他单一因素，成为新的精英成员的标准。

布迈丁在 1967～1978 年担任总统期间，致力于推动伊斯兰社会主义。他认为，由于阿尔及利亚早期的伊斯兰教有自己的平均主义倾向，这样就与社会主义没有矛盾。理论上虽然如此，但实际上，自 20 世纪 60 年代以来，社会主义道路导致了大量的社会矛盾和紧张关系。

布迈丁政府有时因其国家资本主义的倾向而被批评，因为它一心一意

追求工业化，而这会导致一个繁荣而有能力的精英阶层的出现。1968 年之后，布迈丁逐渐让越来越多的年轻的官僚和技术官僚进入政府机构。到 20 世纪 70 年代末，他们形成了行政和管理精英的一部分——精英们组成政府部门，计划和运营国有工业部门。这个新的社会团体虽然在很大程度上控制了这个国家，但仍须与军队共享地位和影响力，在高级政治官员的监督下行使职责。表面上，政府显性的意识形态——社会主义道路、伊斯兰平均主义阻碍社会阶层的形成，但这一相对富裕和强大的精英阶层实际上是通往平等社会道路上的重要障碍。

官僚和技术精英多是受西方思想影响的现代主义者。一般而言，他们赞成阿尔及利亚社会的现代主义观点，并认为，所有的社会成员，包括女性，应当积极参与改变环境，以适应社会及其成员的需要。在社会主义导向的阿尔及利亚，民族国家、自决和国家计划的概念主导了精英成员。随着社会变得更加现代化、城市化，以及国民受教育程度不断提高，地方忠诚和家庭关系的重要性下降。

2. 中产阶级

除了官僚和技术精英外，中产阶级由如下人员组成：国有工业和服务企业员工；小商人和店主；专业人员，如教师、医生、律师；工匠。商人这个独立后的社会阶层人数大大增加，他们填补了因法国人离开及独立后经济对于服务业和熟练劳动力的需求而产生的空档。按阿尔及利亚的标准，中产阶级规模较大，大多居住在城市和大的城镇。2011 年，中产阶级的收入为 15000～25000 第纳尔，各行业的平均收入为 24468 第纳尔。

3. 城市工人

随着建国后经济的不断发展，城市化的工人阶级形成了。这一群体主要在国有和私人工业如建筑、公共工程、交通运输等领域工作。与城市中产阶级一道，这一群体在规模上稳定扩大。

另一个相当大的群体也在城市中出现，它们由失业者组成。大量的失业者是年轻男性，他们中很多人是来自农村地区的移民，常常被迫居住在肮脏的房屋中。他们通常只会阿拉伯语一门语言，缺乏工作技能，且只受过小学教育，移民和失业者的生存依赖国家福利制度。

4. 农村农业工人

这个阶层包括中小地主（土地所有者）、拥有土地的和失地的农民，以及那些曾在大型国有农场工作的工人。这个阶层的一些成员受益于20世纪70年代和80年代初的土地分配。其他的人士，如中等地主，依靠土地的再分配和大型农业企业的形成而生存，主要受益于政府在农村地区的道路建设和优惠投资。

（三）传统与现代的冲突

为了增强国民对国家文化的自豪感，1970年，官方发起了文化革命，以恢复历史古迹，并通过广播、电视、新闻、图书馆、博物馆等相关手段来表达文化主题。在文化革命没有提供指导的经济和政治领域，遵循1962年《的黎波里纲领》的理论指导。《的黎波里纲领》拒绝资本主义，认为资本主义与西方殖民主义势力是相关联的，并否认经济系统，认为经济系统将使阿尔及利亚依赖西方。相反，它主张实行社会主义制度，主张国家控制生产手段和国家发展计划。在政治方面，它选择了一党制的政治体制，认为这代表了农村和城市群众的愿望。文化革命的其他方面，包括以阿拉伯语替代法语，在教育机构消除外国教师和外国的影响，并认为这是建设一个具有独特属性、以遗产和成就为骄傲的阿尔及利亚的政策的重要组成部分。

文化革命是政府的社会和文化倡议。1971年7月4日，胡阿里·布迈丁发表演讲，断言为了完成阿尔及利亚的工业和农业革命，需要开展一场文化革命。文化革命表明，布迈丁政权相信，民族国家建构的目标不仅是有形的，也是无形的；思想和记忆需要解放。国家历史遗产中心在1974年建立。文化革命表明了实现阿尔及利亚社会和语言的阿拉伯化的强烈愿望。然而，直到20世纪70年代末期，阿拉伯化仍是缓慢的。显著的是在1980年"柏柏尔之春"和1985年的抗议期间，柏柏尔人抵制对其文化的不公。在民阵内部，也有人呼吁对阿尔及利亚的非阿拉伯人口给予更多的关注。20世纪80年代早期，多元认同的思想开始出现。然而，20世纪80年代末期，随着伊斯兰反对党，特别是伊阵的

出现，阿拉伯化得到了极大的促进。

沙德利总统时期，布迈丁时代的文化革命议程被搁置，但阿尔及利亚文化上、历史上的自我探索仍然持续进行着。这从历史研讨会和其他会议的召集可以看出。"烈士纪念塔"在 20 世纪 80 年代早期完成。1986 年 1 月发布的国民宪章包含"阿尔及利亚社会的历史基础"一节，描述了阿尔及利亚历史，尤其是马西尼萨和朱古达开始抵抗外国势力的"连续性"。来自法国的"国家档案"以一种连续性的双边议题的形式回归，强调了阿尔及利亚社会中历史主义的发展。

1990 年的《阿拉伯化法》计划 20 世纪 90 年代末在官方程序和文件以及高等教育中完全使用阿拉伯语。这部法律受到了柏柏尔人，尤其是卡比利亚人的激烈批评。2002 年柏柏尔语被提升为民族语言之后，有人要求柏柏尔语也应当被承认为官方语言。布特弗利卡从文化革命的原则中转向，表达了对讲法语者更多的同情。阿尔及利亚是全球第二大讲法语的国家。2005 年早些时候，阿尔及利亚政府宣布它将成为法语国家组织的一员。

文化革命计划曾遭受疏忽和项目资金短缺的困扰，受到影响的项目包括古迹和考古遗址、博物馆、艺术项目、出版业。1981 年，阿尔及利亚革命史国际研讨会成功举办。1983 年年末，沙德利总统发出新的号召，要求认真关注文化事务和阿尔及利亚民族史研究。到 1985 年，文化革命进行了 15 年，但是除了语言和教育之外，其他方面的发展成就很难衡量。

随着阿尔及利亚在 20 世纪 80 年代和 90 年代早期继续现代化，数百万名阿尔及利亚人在传统主义与现代主义之间被撕裂，传统不再要求他们绝对忠诚，但现代主义无法满足他们的心理需求和精神需求。这种困境特别影响国家的青年。受教育的年轻女性在学习和职业上的诱惑与丈夫和父亲的要求之间被撕裂了。年轻人面临文化行为与成就的冲突模式、现代阿拉伯语流利与法语流利的要求之间的冲突，忠诚于伊斯兰教与现代化的世俗主义之间的冲突。首先出现的问题是青年失业问题，青年的失业率在 20 世纪 90 年代初达到了惊人的 41%（相比 30% 的整体工作年龄人口比例）。由于没有有效的解决方案，失业成为年轻一代无聊、沮丧和幻灭的一个主要因素。许多年轻人成了伊斯兰拯救阵线的主要支持者，伊阵的支持者充斥全国的大学校园和各大城市。年轻人是 20 世纪 80 年代末以来与政府军持续不断的冲突以及政治不稳定的主要因素。

第三节　医疗卫生

一　医疗卫生概况

阿尔及利亚独立前，医疗卫生条件极差，民众生活困苦，饱受各种流行病和传染病的侵害，其中包括疟疾、肺结核、霍乱、伤寒、痢疾等。当时阿尔及利亚人民的生活条件极差，儿童死亡率居全球前列。本土化的医疗卫生机构和医疗服务几乎没有，只有极少数阿尔及利亚人能获得救治。在法国殖民者定居的城市有大量医院，但在广大的农村地区，民众只能依靠土法医治疾病。独立前的阿尔及利亚每 1000 万人只有大约 300 名医生与之对应。

基于这种情况，发展医疗卫生事业成为阿尔及利亚独立后的首要工作之一。1962 年，政府制订专项计划，采取了一系列措施，以减少流行病、普及医疗保障、推广疫苗接种、治理环境、建立母婴保障体系等。到 20 世纪 70 年代中叶，阿尔及利亚的医疗卫生条件大大改善，医疗卫生事业取得了很大的进步。从 20 世纪 90 年代开始，政府设立专门机构，负责推进医疗卫生体制改革。此举不仅完善了医疗救治体系，还促进了新型公共医疗卫生机构的建立。目前，阿尔及利亚的医疗卫生事业在非洲处于领先地位。

二　医疗卫生制度

（一）以公立医院为主的免费医疗制度

公立医疗卫生机构是阿尔及利亚医疗服务的主体。虽然有一小部分私人医疗机构存在，但大多数的医疗服务是由公立部门提供的。阿尔及利亚从 1972 年 12 月开始实施公立医院免费医疗制度。1975 年以后，一个新的、免费的国民卫生保健系统建立起来，门诊医疗、药品、住院对所有国民全部免费。2014 年，人均卫生支出为 932 美元，卫生支出占 GDP 的比例达到 7.2%。[①]

（二）医疗保险制度

阿尔及利亚从 1984 年起实行医疗保险制度，设立了疾病与生育保险基金。保险基金的缴费标准为：被保险人缴纳工资收入的 1.5%；雇用单位或雇主缴纳职工工资总额的 12.5%；政府不负责交费。保险基金对发生的医疗费用予以报销，具体分为疾病保险和生育保险两项。

1. 疾病保险

疾病保险的报销范围包括保持和恢复个人健康所需的预防和治疗服务。获得医疗报销需要符合一系列的要求或标准，包括按照注册医生的治疗方案进行治疗，注册保险基金或在一定期限内支付所要求的最低限额的会费。根据治疗方案以及被保险人或保险人的情况，医疗保险的报销金额各不相同。

一般而言，保险基金对被保险人实际支出的医疗费用的 80% 予以报销，大多数情况下无法报销 100% 的费用。职工就医时需先行垫付医疗费，然后由基金给予报销。报销的范围包括：一般治疗费、外科手术费、住院费、药品费、化验费、检查费、牙科治疗费、整形治疗费、职业病治疗费、理疗费，以及就医时的交通费。

保险基金对慢性病患者或低收入的病人给予医疗支出费用 80% ~ 100% 的补偿。26 种慢性病可给予全额补偿，包括糖尿病、心血管疾病、癌症、呼吸道疾病和其他重大疾病。

另外，保险基金的承保范围包括工伤事故。工伤事故的受害者可以报销包括住院、治疗、药物等在内的一切费用。医疗费用的报销根据适用的疾病保险价格而定，保险基金必须支付病人的相关费用。

---

① 世界卫生组织，http://www.who.int/countries/dza/en/，访问时间为 2018 年 7 月 24 日。

2. 生育保险

生育保险的报销范围包括职工生育时所支出的一切医疗费用。具体而言，包括与产妇怀孕、生产等相关的费用，覆盖孕妇与新生儿 8 天所有的医疗与药品消费支出。

另外，疾病与生育保险基金设立了病假补助与产假补助。

三 医疗服务与保障

（一）医疗资源

1. 资源组织方式

阿尔及利亚的医疗资源按照地区和卫生区进行组织。全国划分为 5 个地区：中部地区、东部地区、西部地区、东南部地区、西南部地区。卫生区是由医院和门诊设施等构成的网络。一个卫生区由 1 家综合医院、1 家或多家城乡妇产科中心、医疗保健中心和药房组成。这些医疗设施由专业诊所和教学医院补充。在全国层次上，3 家地区性的制药企业监督药品的批发、采购和分销，1 家公立公司进口和维护医疗设备，多家医药单位生产有限数量的血清、疫苗和其他药物。

考虑到青年人群的需求，政府更为支持预防性的卫生保健和诊所。1984 年，政府制订了计划，把医疗卫生部门从治疗系统转变为预防系统，这样更适合青年群体的需求。比起投资昂贵的医院，政府强调医疗保健中心和专业诊所以及强化免疫计划。

2. 医疗机构

独立初期，医疗设施的缺口很大，住院床位缺口约为 39000 张。政府把法国殖民当局建造的医院收归国有，改造为公共医疗卫生机构。1967～1969 年，医疗基础设施开始完善。20 世纪 70 年代以后，人口不断增加造成了国民就医的压力，政府投资对公立医疗卫生机构进行扩建。1969～1979 年，医疗基础设施扩大了 2 倍。[①] 20 世纪 80 年代中期，政府先后投

---

① 《阿尔及利亚卫生系统的历史与现状》，https：//www.tomohna.net/vb/showthread.php？t = 12102，访问时间为 2017 年 8 月 8 日。

资建立了一批大学医院中心，即大学附属医院，缓解了国民就医的压力。

阿尔及利亚的医疗机构分公立和私立两种类型。公立医疗机构包括国立公共卫生机构、省立公共卫生机构等，其中国立公共卫生机构包括大学医院中心和专科医院，由政府直接投资和管理。大学医院中心是医学院的附属医院，通常是综合性医院。13 家大学医院中心的病床总数为 13045 张；31 家专科医院的病床总数为 6203 张。各省设有省级医疗卫生机构，5 个地区分别为 53 家、62 家、39 家、21 家、12 家。

2005 年，阿尔及利亚全国共有 2720 个基础卫生单位、1650 个卫生中心、13 所大学医院、178 所综合医院、80 家专科医院。总体上，每 380 人拥有 1 张医院床位。医院的平均占有率为 55%，住院的平均时间为 6 天。①

私立医疗机构的分布很不均匀。除南方的塔曼拉塞特省外，全国各省都有私人诊所。私人行医最多的省份是君士坦丁省。

3. 医护人员

1962 年，阿尔及利亚的医生不足 500 名。1964 年，阿尔及利亚国立医学院建立，此后医护人员的队伍开始不断壮大。1965 年以前，阿尔及利亚仅有 1319 名医生，其中仅有 285 人为阿尔及利亚人。每 8092 名阿尔及利亚人仅对应 1 名医生；共有 264 名药师，即每名药师对应 52323 名阿尔及利亚人；共有牙医 151 名，即每名牙医对应 70688 名阿尔及利亚人。②

到 1991 年，阿尔及利亚约有 23000 名医生，也就是每 1200 名居民对应 1 名医生，每 330 人对应 1 名护士。大约 90% 的人口能够接受医疗保健，边远乡村的人民到达医疗保健服务机构仍有一定的困难。

1996 年，阿尔及利亚医生总数为 39355 人，其中包括药剂师 3866

---

① 《卫生与福利》，美国国会图书馆，http://countrystudies.us/algeria/68.htm，访问时间为 2015 年 8 月 8 日。
② 《阿尔及利亚卫生系统的历史与现状》，https://www.tomohna.net/vb/showthread.php?t = 12102，访问时间为 2017 年 8 月 8 日。

人；医疗辅助人员85297人，其中包括护士15884人。① 2001年，医生总数达到47292人。2003年，平均每1000人拥有1名医生、2.1张病床。

医护人员队伍虽然发展很快，但也存在一定的问题。一是地区分布不均。医生更容易在北方的城市里找到，而不是在南方的撒哈拉地区。二是护理人员短缺。20世纪80年代中期以来，护理人员与医生之比从5.7∶1下降到2.7∶1，原因包括护理人员的薪资较低、晋升机会较少、护理学校难以招到好的老师等。此外，在医务人员培训系统的一次改革中，大量的护理学校在20世纪80年代末期被暂时关闭，这进一步减少了护理学校的注册人数。

（二）医疗服务与保障类别

1. 疾病防治

疾病的发生与人民的贫困、营养缺乏、公共卫生环境较差、干净饮用水短缺、个人对于卫生保健知识和现代卫生习惯的认识不足有关。在完善医疗基础设施的基础之上，阿尔及利亚的公共卫生条件得以改善，居民获得清洁水源的比例上升，政府开始推广肺结核、疟疾等流行病的疫苗接种。

传染病方面，肺结核、沙眼、性病是严重的疾病。结核病被认为是最严重的健康危害，接着是沙眼。只有一小部分人完全免于蝇眼感染，这种感染直接或间接地导致失明。2003年，15～49岁的人群中有0.1%感染艾滋病。胃肠道疾病、肺炎、白喉、猩红热、腮腺炎是比较常见的疾病，其他疾病如伤寒、霍乱、痢疾、肝炎，在所有年龄组的居民中都存在。疟疾和小儿麻痹症在过去流行，现在已被控制。

慢性非传染性疾病方面，根据阿尔及利亚有关部门所做的2002年全国家庭卫生情况调查，11.4%的居民患有一种慢性病，其中男性患病比例为9.7%，女性为13.1%；农村居民患病比例为12.1%，城市居民为10.3%；60岁以上的老年人半数以上患有慢性病。②

---

① 阿尔及利亚国家统计局，http：//www. ons. dz/sante/sant9596. htm，转引自赵慧杰编著《阿尔及利亚》，社会科学文献出版社，2016，第342页。

② 中华人民共和国驻阿尔及利亚民主人民共和国大使馆经济商务处，http：//dz. mofcom. gov. cn，转引自赵慧杰编著《阿尔及利亚》，社会科学文献出版社，2006，第339～340页。

2. 妇女儿童保健

阿尔及利亚有地方一级的公立妇产医院，5 个地区分别为 96 家、118 家、94 家、58 家和 46 家。

婴儿死亡率下降明显。婴儿死亡率 1965 年为 15.4%，1990 年为 6.7%。[①] 2000 年下降到 36.85‰。

2015 年，孕产妇死亡率为 140/100000，该项指标排世界第 62 位。2017 年，婴儿死亡率为 19.6‰，该项指标排世界第 81 位。[②]

3. 卫生应急

卫生与人口部于 1995 年 2 月建立了一个新型公共医疗卫生机构 "16 急救中心"（SAMU 16）。中心总部设在阿尔及尔大学医院中心，行政管理由大学医院中心负责。中心主要负责阿尔及尔的急救医疗，此外按地区划分设立了 4 个急救分中心：穆斯塔法大学医院中心急救中心、巴博·露艾德大学医院中心急救中心、波尼·梅苏大学医院中心急救中心和鲁伊巴医院急救中心。政府创建这家机构是对原有医疗救治体系的一种改革尝试，目的是提高急救医疗的服务能力，在最短的时间里为急症病人提供及时有效的救治，降低危急病人的死亡率，充分发挥急救医疗在现代医疗中的重要作用。

（三）国民卫生状况相关数据

近年来，阿尔及利亚的医疗卫生事业取得了不小的进步，表 6 - 10 为 2007～2016 年部分国民卫生状况数据。

表 6 - 10 2007～2016 年部分国民卫生状况数据

指标	数据	年份
医师密度（名医生每千人）	1.19	2007
医院床位数密度（张病床每千人）	1.9	2015
饮用水源比例（%）	83.6	2015
卫生设施比例（%）	87.6	2015

① 《卫生与福利》，美国国会图书馆，http：//countrystudies. us/algeria/68. htm，访问时间为 2015 年 8 月 8 日。

② 美国中央情报局，https：//www. cia. gov/library/publications/resources/the-world-factbook/ geos/ag. html，访问时间为 2018 年 7 月 27 日。

续表

指标	数据	年份
成人艾滋病患病率(%)	0.1	2016
成人艾滋病患者数量(人)	13000	2016
成人艾滋病死亡数量(人)	200	2016
成人肥胖患病率(%)	27.40	2016
5 岁以下儿童体重不足比例(%)	3	2012

资料来源：美国中央情报局，https：//www.cia.gov/library/publications/resources/the-world-factbook/geos/ag.html，访问时间为 2018 年 7 月 27 日。

另外，阿尔及利亚人口的预期寿命不断提高，也反映了医疗卫生事业的进步。具体数据如表 6-11 所示。

表 6-11 阿尔及利亚人口的预期寿命

单位：岁

年份	预期寿命（女性）	预期寿命（男性）	预期寿命
2016	77.33	74.87	76.08
2015	77.10	74.67	75.86
2014	76.87	74.46	75.64
2013	76.64	74.24	75.42
2012	76.41	74.01	75.19
2011	76.17	73.76	74.94
2008	75.31	72.8	74.03
2005	74.13	71.46	72.77
2003	73.19	70.43	71.78
2001	72.22	69.39	70.78
1999	71.29	68.41	69.82
1996	70.04	67.01	68.50
1981	60.82	58.22	59.52
1967	50.01	48.41	49.21
1962	47.80	46.33	47.05

资料来源：国别经济，https：//countryeconomy.com/demography/life-expectancy/Algeria，访问时间为 2018 年 7 月 27 日。

四 医学教育和研究

医学教育是独立后政府的优先事项之一。独立初期，国内仅有阿尔及尔大学医学院能够培养医生，每年从该校毕业的医生为 30~40 名。独立一段时间之后，君士坦丁大学开始培养医生。20 世纪 70 年代，穆罕默德·萨迪格·本·叶海亚就任高教科研部部长，之后开始与外国，特别是东方国家合作培养医生。

20 世纪 80 年代中期，阿尔及尔大学和阿尔及尔科技大学设有医学院、牙科学院和药学院；君士坦丁大学设有医学院、药学院；奥兰大学设有医学院。塞蒂夫大学中心也能进行医疗训练。此外，政府维持着阿尔及尔、君士坦丁、奥兰的公立卫生学校，培训医疗辅助人员，这些学校从中学招生。

医学院培养了大量的医生：20 世纪 80 年代的前半段，每年为 800~1000 人，后半段更多。几千名女性进入医学院学习。1990~1995 年，约有 25000 名新医生毕业，大多数能在公立卫生部门找到工作。独立后的 50 多年来，医学院陆续培养了约 8 万名医生。

另外，20 世纪 70 年代中期以来，政府做出了很大的努力来培训女护士、女技师。两年制的护士课程在阿尔及尔和其他地区中心的中等教育层次上开设。助产士的培训在奥兰、君士坦丁进行。

截至 2012 年，医学院的数量达到 11 所。其中，4 所在中部，分别位于首都阿尔及尔、布利达、蒂齐乌祖和贝贾亚；4 所位于东部的安纳巴、塞蒂夫、巴特纳和君士坦丁；其余 3 所位于西部的奥兰、西迪·贝勒·阿贝斯和特雷姆森。另外，还有 3 所医学院于 2013 年在南部开始新建。

知名的大学附属医院包括阿尔及尔大学附属医院、君士坦丁大学附属医院、巴特纳大学附属医院、奥兰大学附属医院。

第七章

文　化

第一节　教育

独立之前，阿尔及利亚的教育体系是排他的，目的是培养殖民地的精英。1963 年，阿尔及利亚国民教育部成立，一个开放的、包容的教育体系开始建立起来。

一　教育政策

（一）教育阿拉伯化

教育阿拉伯化，即学校教学的首要和主要语言为阿拉伯语。这一政策的背后，是阿尔及利亚的教育由殖民主义教育向民族教育的转变和民族国家认同的嬗变。在法属殖民地时期，殖民当局推行同化政策，禁止使用阿拉伯语教学。1962 年 10 月，阿尔及利亚政府通过决议：废除一切同化阿尔及利亚的殖民法令，开办阿拉伯语学校。20 世纪 60 年代早期，阿拉伯语在初等教育领域取代了法语。20 世纪 60 年代晚期，阿拉伯语在中等教育领域被确立为教学语言。20 世纪 70 年代初，布迈丁政府确立了阿拉伯语在教育领域的主导地位。20 世纪 80 年代初，教育阿拉伯化取得重要进展，政府聘请了数以万计来自埃及、叙利亚等国家的阿拉伯语教师在中学和大学任教，实现了中学教学的阿拉伯化。

沙德利时期，政府制定了一项旨在加快普及教育和提高全民族文化素质的政策，正式提出教育要实现阿拉伯化。1989 年，政府确定了发展国

民教育的四项原则，重申推行教育的阿拉伯化。当年，高等教育的阿拉伯语教学获得了长足进展，自然科学学科在一定程度上实现了阿拉伯语教学。1990 年 12 月，国民议会通过了《阿拉伯化法》，规定国家教育机构全部实行阿拉伯化教学。从 1991 年开始，阿拉伯语被授权在各个等级的教育中使用。

教育阿拉伯化是独立后的政府既定政策，但阿尔及利亚国内对这一政策始终存在分歧，政策实施的过程曲折多变。一方面是因为柏柏尔人的抵制。另一方面是因为法语作为科技转移的有效方法在国内持续使用。1992年，全国协商委员会批准了《冻结阿拉伯化》的法令，高等院校已经实施的阿拉伯化教学随即停止。1996 年 12 月，泽鲁阿勒政府颁布《普及阿拉伯语法令》，规定自法令颁布之日起，19 个月内在全国各大学实现以阿拉伯语为教学语言。这使教育阿拉伯化在各高等院校继续推行。1996 ~ 1997 学年，高等院校人文社会学科已经完全实现了阿拉伯语教学。

除了阿拉伯语外，柏柏尔语和法语也是阿尔及利亚学校教育的语言。2003 年以来，柏柏尔语被允许作为教学语言，这既是为了减轻对国外阿拉伯语教师的依赖，也是为了应对柏柏尔人有关阿拉伯化的抱怨，更好地维护民族国家的统一。另外，法语和英语在 1992 年被作为外语一并引进，但学生只能选择其一（8 年级时可以选择第二外语）。由于法国殖民的历史，法语几乎成为所有学校的第一外语，大多数受过教育的阿尔及利亚人通晓阿、法双语，因此，1991 年之后，法语仍在许多高等院校的科技领域使用，经常是高等教育课程和私立学校的教学语言；阿拉伯语作为教学语言，在高等教育领域的大多数非技术类院系中使用。

（二）财政支出优先保障教育

独立之后，政府把教育与工业一并放在国民经济发展计划的首要位置，投入大量财力来发展民族教育事业。自独立到 20 世纪 80 年代，教育经费的支出一直占政府财政预算的 25% ~ 40%。1989 年 9 月，政府提出改革教育体制的计划，为实施这一计划，政府进一步增加了对教育的经费投入。内战期间，极端主义者以学生和学者为目标，威胁国民教育体制。政府支出转向安全领域。即便如此，1996 年，教育支出仍占国家预算的 16.4%。[1] 1999 年，教育支出约占 GDP 的 6%。[2] 2002 年，教育经费达到 1822.85 亿第纳尔，是 1963~1964 学年教育经费（7.197 亿第纳尔）的 253.28 倍。2008 年，教育支出占国家预算的 1/4，占当年 GDP 的 4.3%。[3]

基础教育实行九年一贯制义务教育。1971 年，政府实行教育改革，引进了九年制基础教育。此后，政府为 6~15 岁的儿童实行免费义务教育。[4] 1976 年，政府再次进行教育改革，在确认义务教育的同时，保证义务教育对所有人免费开放。沙德利时期，政府强调普及义务教育、提高国民受教育率，重申全面实行一贯制教育，即从小学到初中的九年一贯制教育。九年一贯制义务教育政策就此完善，即 6~16 岁的少年儿童，必须接受系统的免费基础教育，完成小学到初中的学习。

高等教育享受国家补贴。国家向大学生发放奖学金和伙食津贴，并为符合条件的大学生提供生活补助。生活补助的标准分为三类：第一类为每月 900 第纳尔，第二类为每月 800 第纳尔，第三类为每月 600 第纳尔。生活补助由国家专门设立的大学事务管理局负责发放。大学生的住宿费用全部由国家负担。政府在全国 38 个拥有大学教育机构的城市共建有 120 个大学生公寓，家庭居住地距离就读学校超过 30 公里的学生能够享受国家提供的住宿。大学生享受政府补贴的公共交通和政府提供的月票补助。

（三） 教育的三大优先任务是科学技术课程、教师培训、成人识字班

重视科学是阿尔及利亚教育的重要原则之一。一个熟练的工人和技术阶级的产生，需要强调技术教育和职业教育。科学技术课程因此成为教育发展的优先任务之一。除此之外，阿尔及利亚的教育还有教师培训、成人识字班两项优先任务。

---

① Phillip C. Naylor, *Historical Dictionary of Algeria*, The Scarecrow Press, 2006, p. 208.

② 联合国国家百科全书，http://www.nationsencyclopedia.com/Africa/Algeria-EDUCATION.html，访问时间为 2015 年 7 月 21 日。

③ 美国中央情报局，https://www.cia.gov/library/publications/resources/the-world-factbook/geos/ag.html，访问时间为 2018 年 7 月 27 日。

④ 世界文化百科全书，http://www.everyculture.com/A-Bo/Algeria.html#ixzz3gmMZGlGY，访问时间为 2015 年 7 月 21 日。

独立之初，阿尔及利亚共有 18000 名中小学教师，其中 1700 名是阿尔及利亚人。1985 年，71% 的高中教师是外国人。[①] 沙德利时期，政府制定的加快普及教育和提高全民族文化素质的政策提出教育要实现阿尔及利亚化。1989 年，政府确定的发展国民教育的四项原则重申实现教育的阿尔及利亚化。由于教育阿尔及利亚化这一原则要求，教师队伍主要依靠阿尔及利亚人。尽管政府投入了财政经费等物质资源，但是由于人口快速增长，教师严重短缺，教育系统面临很大压力。

1997 年，小学教师人数为 170956 人，学生人数 4674947 人。中学教师人数为 151948 人，注册学生人数为 2618242 人。1998 年，小学生师比为 28∶1。[②] 虽然师资队伍逐渐壮大，但由于适龄儿童和青少年的数量加倍（以 2008 年为界的过去 12 年），政府没有合适的方案来培训充足的教师，阿尔及利亚面临教师短缺。教育系统无法提供足够的合格教师。教师培训由此成为教育的优先任务之一。

另一优先任务是提高成人识字率[③]。面对独立以后的高文盲率，政府大力发展成人识字班，成人识字率明显提高。1965 年的成人识字率为 20% 左右。1977 年，成人识字率为 42%；1990 年，成人识字率达到 57%，其中男性为 70%，女性为 45%。[④] 2000 年，成人识字率为 66%，但性别之间的鸿沟依然存在，其中男性识字率为 76%，女性识字率为 57%。[⑤] 2002 年，成人识字率为 69.9%，其中男性为 79.6%，女性为 60.1%。2008 年，成人识字率为 69.9%，其中男性为 79%，女性为 61%。根据 2012 年的人类发展指数，阿尔及利亚的成人识字率为

---

① 世界文化百科全书，http：//www.everyculture.com/A-Bo/Algeria.html，访问时间为 2015 年 7 月 21 日。

② 联合国国家百科全书，http：//www.nationsencyclopedia.com/Africa/Algeria-EDUCATION.html，访问时间为 2015 年 7 月 21 日。

③ 指 15 岁及以上的男女两性识字率，即能读写的比例。

④ 世界文化百科全书，http：//www.everyculture.com/A-Bo/Algeria.html#ixzz3gsDZYLq4，访问时间为 2015 年 7 月 21 日。

⑤ 联合国国家百科全书，http：//www.nationsencyclopedia.com/Africa/Algeria-EDUCATION.html，访问时间为 2015 年 7 月 21 日。

72.6%，居世界第93位，稳居非洲第4位。① 根据2015年的估计，阿尔及利亚的成人识字率为80.2%，其中男性为87.2%，女性为73.1%。②

二 教育体制

（一）教育机构以公立为主，实行双重监管

1976年的教育改革有一项重要内容，即确定教育属于国家的专属领域，这明确排除了私营部门、伊斯兰教对教育的参与和干涉。由此，阿尔及利亚的教育机构，无论是基础教育机构还是高等教育机构，均由国家投资兴建，属于公立性质，受政府部门领导。中小学方面，1976年，私立学校被废除。大学方面，阿卜杜·卡德尔伊斯兰科学大学作为国内唯一的伊斯兰大学，虽由阿卜杜·卡德尔清真寺创建，但也属于公立高等院校。为了减轻国家的财政负担，2004年，政府通过行政法令修改了1976年的改革内容，明确允许建立私立教育机构，同时要求这些机构受到完善的监管。但当今阿尔及利亚的私立学校极少。

在监管方面，基础教育机构由国民教育部监管，高等教育机构中的大学和大学中心由高教科研部监管，高等教育机构中的其他专门院校由与其专业最相关的部长和高教科研部合作监管。与此同时，所有公立学校均受教育部门和宗教事务部门的联合监管，伊斯兰研究是公立学校课程体系的必要组成部分。7年级及以上的学生每周须学习1小时的伊斯兰课程，7年级以下的年轻学生每周须学习两小时的伊斯兰课程。

（二）学制

阿尔及利亚的教育体系比较健全，包括初等教育、中等教育、高等教育。高等教育实行三级学位体系，即学士学位、硕士学位、博士学位。具体学制如下。

---

① 联合国开发计划署，UNDP（The United Nations Development Programme）International Human Development Indicators-As of October 15th, 2012, http://hdr.undp.org/en/data/profiles/，访问时间为2015年7月22日。

② 美国中央情报局，https://www.cia.gov/library/publications/the-world-factbook/fields/2103.html，访问时间为2018年7月24日。

1. 初等教育

初等教育分为 3 个等级。第 1 等级主要教授阿拉伯语和数学，时间为 3 年；第 2 等级主要教授阿拉伯语，时间为 3 年，外语教学（法语或英语任选其一）在这一等级开展。第 1 等级、第 2 等级即通称的小学教育，平均每周的教学时间为 27 ~ 32 小时。初等教育的第 3 等级即通称的初中教育，时间为 3 年，平均每周的教学时间为 32 ~ 35 小时。

上述初等教育的第 1 ~ 3 等级，就是九年义务教育阶段（1 ~ 9 年级）。有些九年一贯制学校教授 9 年的基础课程。完成 9 年初等教育后，学生应当参加国家基础教育证书考试，通过者获得基本教育文凭，可以进入中等教育。

2. 中等教育

中等教育为 10 ~ 12 年级，分为两个方向。中等教育即通称的高中教育（upper secondary school）。从中等教育开始，获得基本教育文凭者进行分流。学生分流的依据包括他们个人的偏好、他们的教师和顾问的意见、BEF 考试的结果、在 9 年级的全面表现、每个专业上的空余数量等。如果获得基本教育文凭者不寻求中学毕业会考（即中等教育文凭），那么他们能够获得 1 ~ 4 年的专门职业培训。

寻求中学毕业会考的学生，被分流到两个方向：普通教育与技术教育（专门技术/职业教育）。从中等教育学习开始到获得文凭，学生需要在普通学校、技术学校或联合学校接受 3 年的教育。

普通教育的主要目标是为学生下一步的研究做准备。接受技术教育的学生也可以选择在高等教育机构进行下一步的研究，但是，其培训主要面向职业上的追求，经常与企业、公共机构和工会协同进行。

在中等教育的第 1 年，学生需要学习三类核心课程中的一类：语言和社会研究（文学）、科学（自然和物理）、技术（数学、物理学和技术）。在接下来两年的学习中，学生循着他们选择的核心课程进一步专门化。

中等教育每学年共 36 周，分为 3 个学期。除了外语学科之外，阿拉伯语是所有学科的教学语言。在自然科学、物理学和数学方面专门化的学生，要接受补充的法语课程，为他们在高等院校的训练做些准备，因为高等院校的科学和数学仍旧通常使用法语教学。

完成学习、通过考试之后，接受普通教育的学生，获得普通中等教育文凭；接受技术教育的学生，获得技师文凭。

学生在中等教育结束的时候参加中学毕业会考，能否进入高等院校，取决于毕业会考成绩。考试难度较大，通过率较低。90%以上的通过者是在普通学校注册的学生。

3. 高等教育的传统学位体系

传统上，国立学院提供两年半的专业培训课程，颁发高级技师文凭。一些学院招收持有中等教育文凭者，提供 5 年的工程课程，颁发工程师文凭。1991 年以来，教育部门逐步撤出高级技师文凭，转而支持 3 年制的大学应用学习毕业文凭。

更为通常的情形是提供 4 年的课程学习，颁发学士学位或高等文凭。学士学位授予大学、师范院校和专门院校的人文和社会科学毕业生，在科学和技术领域则颁发高等文凭。在技术院校学习 5 年课程，则颁发工程师文凭。

另外一些 5 年制的学位包括国家建筑师文凭、药剂师文凭、兽医博士学位。医学博士学位需要 7 年的学习。

硕士文凭为第一级研究学位，学制为 2 年，向相关的长期课程毕业者提供。

博士学位是最高学位，向硕士文凭持有者开放，要求 3～5 年的原创研究，在学术期刊上发表至少 1 篇文章，撰写并答辩学位论文。

4. 改革之后的学位、学分、课程体系

阿尔及利亚大学的学位框架原来模仿法国，比较繁杂。目前政府正在进行改革，逐步代之以三级学位体系，以便与国际社会兼容。这一改革，即 LMD 体系。该体系准备引进法国的新的学士、硕士、博士学位模式。根据 2004 年的行政法令，改革在 10 所大学进行试点。新的学位框架结构与欧洲博洛尼亚进程确定的改革相似：

学士：相当于在中等教育文凭之上学习 3 年；

硕士：相当于在学士学位之上学习 2 年；

博士：相当于在硕士学位之上学习 3 年；

另外，为了与新引进的欧洲学分转换系统相一致，阿尔及利亚还建立了新的学分累加系统。

高等教育的课程为标准化课程，由高教科研部设定。

（三）学年制度

阿尔及利亚的学年从每年 9 月初起到第二年 6 月底止，每学年一般分为两个学期，也有的学年分为 3 个学期。过去 12 年（以 2015 年 7 月为界），入学人数翻番，超过 500 万人。

三 基础教育

基础教育即高等教育之前的教育阶段，包括初等教育、中等教育。独立后，阿尔及利亚的基础教育发展很快，基础教育机构的数量、入学率、学生人数均有大幅提升。

（一）基础教育机构

基础教育机构包括阿尔及利亚的九年制学校（含小学、初中两个阶段）和高中（含中等专业学校）。各类学校的数量显著增加。1963 年，基础教育机构共有 2666 所，其中高中有 39 所。1996 年，国立九年制学校共有 15426 所，高中有 3038 所。[1] 2002 年，全国的基础教育机构增加到 21277 所。2015 年，全国新建了 263 所国立九年制学校、157 所高中。[2] 截至 2018 年，阿尔及利亚约有 19000 所九年制学校。[3]

（二）学生

1. 入学率、毕业率

1954 年学龄儿童入学率为 16%。1966 年，学龄儿童入学率为 45.36%，其中女童入学率为 32.28%。1967 年学龄儿童入学率为 50%。

---

[1] http：//education.stateuniversity.com/pages/22/Algeria – PREPRIMARY – PRIMARY – EDUCATION.html，访问时间为 2019 年 2 月 6 日。

[2] 联合国儿童基金会，UNICEF Annual Report 2015：Algeria。

[3] http：//northafricapost.com/22414 – algeria – running – cash – fund – primary – schools – pm – says.html，访问时间为 2019 年 2 月 6 日。

20 世纪 90 年代，完成小学教育的儿童数量稳步增长，尤其是女性儿童。1990 年，80% 的学生小学毕业，其中女性毕业率为 74%，男性为 87%。到了 2003 年，93% 的学生完成了小学教育。虽然小学的入学率相对较高，但是 1999 年，只有 59% 的适龄人口进入中学学习。[①]

2003～2016 年的小学总入学率如表 7－1 所示。

表 7－1 2003～2016 年的小学总入学率

单位：%

年份	总入学率	年份	总入学率
2003	106.003	2010	115.226
2004	107.000	2011	116.462
2005	107.675	2012	117.924
2006	108.194	2013	119.365
2007	109.518	2014	118.339
2008	109.177	2015	115.719
2009	112.255	2016	113.647

资料来源：世界银行，https://data.worldbank.org.cn/country/algeria? view = chart，访问时间为 2018 年 7 月 24 日。

2. 学生人数

2002 年，全国基础教育机构共有学生 773.7 万人，其中小学和初中生人数为 669.59 万人，与 1966 年的 122 万人相比，增加了 4.49 倍；高中生人数增加更为明显，独立初期阿尔及利亚穆斯林中基本没有高中学生，到 2002 年，高中学生人数达 104 万人。

2005 年，1～9 年级（小学、初中）的注册学生总数为 6617976 人。[②]

---

① 世界教育新闻与评论，http://wenr.wes.org/2006/04/wenr-apr - 2006 - education-in-algeria/，访问时间为 2015 年 7 月 22 日。
② 世界教育新闻与评论，http://wenr.wes.org/2006/04/wenr-apr - 2006 - education-in-algeria/，访问时间为 2015 年 7 月 22 日。

2005 年，10 ~ 12 年级的注册学生总数为 1123123 人。①

2009 ~ 2010 学年，国民教育部调查统计的学生人数为：预备学校为 427913 人，小学为 3309312 人，中学为 3052953 人，中等专业学校为 1170645 人，合计 7960823 人。

四 高等教育

（一）发展阶段

阿尔及利亚的高等教育经历了漫长的发展历程。独立以来，高等教育发展经历了四个阶段。

第一阶段是国立高等院校奠基阶段。在此阶段，阿尔及利亚国民教育部于 1963 年成立，这是阿尔及利亚高等教育发展史上的重要事件。

第二阶段是教育体系改革阶段。第一次改革是 1971 年。之后，1982 年进行了调整，1984 年进行了更新。在此阶段，阿尔及利亚高教科研部于 1970 年成立，阿尔及利亚的大学教育从真正意义上开始发展。

第三阶段是根据 1999 年 4 月 4 日出台的 99 – 05 号法令，促进高等教育与阿尔及利亚经济社会同步发展。

第四阶段是自 2004 年起，在阿尔及利亚大学采用国际通行的学士、硕士和博士培养体系。

（二）高等教育机构

1962 年独立之时，高等院校学生集中于阿尔及尔大学及其在奥兰和君士坦丁的分校。时至今日，高等学校已遍布全国，高等学校的数量和网络获得了长足发展。目前阿尔及利亚共有 97 所开展高等教育的院校，其中有 48 所大学（含 4 所大学分校）、10 所大学中心、20 所国立高等学院、7 所高级师范学院、12 所预科（预备）学校。这些学校分布在全国 48 个省，共有 1000 间实验室。2011 ~ 2012 年，各级各类学校共接收学生 130 万人。

---

① 世界教育新闻与评论，http：//wenr. wes. org/2006/04/wenr-apr – 2006 – education-in-algeria/，访问时间为 2015 年 7 月 22 日。

此外，两个综合预备课程班拥有教授高等教育课程的资质。[①] 在上述教育机构中，大学中心是阿尔及利亚高等教育改革的产物，多组建于 20 世纪 90 年代中期以后，一般由 2~4 个学院组成。

（三）学生

1954 年，阿尔及利亚每 10 万人口中仅有 7 人受过高等教育。在独立前夕的 1959~1960 学年，阿尔及利亚唯一的一所大学——阿尔及尔大学的 5400 名大学生中，只有 585 名是土著学生。1961 年，阿尔及利亚登记在册的大学生为 1317 人，就读于阿尔及尔大学及其在奥兰和君士坦丁的分校。

独立以来阿尔及利亚高等院校的数量和招生人数获得了突飞猛进的发展。在高等教育领域，学生的总注册人数自独立以来呈指数增长：2809 人（1962 年）、19213 人（1970 年）、79351 人（1980 年）、258995 人（1989 年）、423000 人（1999 年）。[②] 1999~2000 学年，大学生注册人数为 42.8841 万；2002~2003 学年，在校大学生人数超过 60 万。在这 4 个学年当中，大学生人数增加了近 18 万。

2010~2011 学年大学生人数为 120 万，1962~2012 年大学生人数增长了约 426 倍，这些大学生分布于 48 个省的各个高等院校。时至今日，每 10 万人口中有 3000 人曾受过高等教育。

女大学生人数比例的增长是阿尔及利亚高等教育发展的一个方面。1972 年，女大学生人数占大学生人数比例为 23%，2000 年为 50%，2010 年达到了 59%。在人文社科专业，女大学生的比例高达 69%。

研究生教育也获得了发展，2011~2012 学年，登记在册的硕士研究生为 20000 人，博士研究生为 34000 人。

独立后的 50 年内（1962~2012 年），政府共派出 50000 名留学生前往欧洲、美国、非洲和亚洲的高等院校深造。与此同时，阿尔及利亚高等院校也接收世界各国的留学生。2003 年，大约 6000 名外国学生在阿尔及

---

① 中华人民共和国教育部，http：//www.jsj.edu.cn/n1/12061.shtml，访问时间为 2015 年 7 月 22 日。

② 世界教育新闻与评论，http：//wenr.wes.org/2006/04/wenr-apr-2006-education-in-algeria/，访问时间为 2015 年 7 月 22 日。

利亚的高等教育机构注册，其中 4000 名来自讲法语的非洲地区。2011年，留学生人数为 8053 人，来自 59 个国家，而 1970 年仅有 400 人，增长了约 19 倍。

政府执行的五年计划，将大学生人数从 2010 年的 120 万人提升至 2014 年的 200 万人。这一计划使新的大学和院系在几乎所有的市镇建立起来。

（四）著名大学

1. 阿尔及尔大学

阿尔及尔大学是阿尔及利亚最古老的大学，是阿尔及利亚现代高等教育和科研发展的重要基地。该校起源于 19 世纪法国殖民统治时期创建的高等教育机构，前身是 1859 年建立的医学院，1879 年增设了理学院、文学院和法学院。1909 年，这些院系合并，阿尔及尔大学正式建立，包括医药学院、科学学院、文学院、法学院。

阿尔及利亚独立后，政府接管了这所大学，并逐步加以改造和扩建，阿尔及尔大学获得了长足发展。阿尔及尔大学的组织、结构、教学和研究的方向随之不断发展变化。1998 年，根据行政法令，阿尔及尔大学被分成 6 个学院（Faculty），即法学院、经济与管理科学学院、医学院、社会科学学院、文学与语言学院、宗教研究学院。

2001 年，根据行政命令，阿尔及尔大学建立了政治科学与传媒学院，其他学院也进行了重组和更名。据此，阿尔及尔大学共有 7 个学院：法学院、经济科学与管理学院、医学院、人文与社会科学学院、政治科学与传媒学院、文学与语言学院、伊斯兰科学学院。

2009 年，政府再次颁布行政法令，对阿尔及尔大学的重组和运行予以规范。根据行政法令，阿尔及尔大学的组成学院包括 3 个：法学院、医学院、伊斯兰科学学院。

2018 年，阿尔及尔大学共有学生 1 万多人，图书馆藏书约为 80 万册。

2. 胡阿里·布迈丁科技大学

胡阿里·布迈丁科技大学是阿尔及利亚最大的大学。该校成立于 1974 年，是在原阿尔及尔大学工学院的基础上成立的。由于该校成立于布迈丁执政时期，故以其名为校名。该校下设 8 个学院：生物科学学院，化学学院，土木工程学院，地球科学、地理与区域规划学院，电子计算机工程学院，数学学院，机械与过程工程学院，物理学院。该校提供的课程包括计算、理论数学和应用数学、物理、化学、生物学、地质学、土木工程、电子、信息技术、工艺工程、机械工程等，拥有超过 20000 名学生。

胡阿里·布迈丁科技大学拥有适应现代大学要求的、齐全的设施。该校与西方大学，尤其是与法国的大学紧密合作，教师和他们的法国、加拿大魁北克以及其他国家的同行之间存在协议，以开展训练和研究。许多阿拉伯和非洲学生获得助学金在胡阿里·布迈丁科技大学学习。除了地理课程以阿拉伯语授课外，其他所有课程都以法语授课。2010 年，根据大学学术表现排行榜，胡阿里·布迈丁科技大学是阿尔及利亚最好的大学。①

3. 国立理工学院

国立理工学院的前身是法国人于 1925 年开办的阿尔及利亚工业学院，1962 年 11 月重组，1963 年正式招生。该校以培养工程师为主，设有基础科学系、化学工程系、土木工程系、电气工程系、电子系、环境工程系、水力学系、工业工程系、语言系、机械工程系、冶金工程系、采矿工程系。除本科教育外，该校还开展硕士研究生和博士研究生教育。

4. 国立行政学院

国立行政学院创建于 1964 年，初期由总统府直接领导，以培养国家独立后急需的高级行政管理人员、司法人员和外事秘书为主。1980 年以后，该校增加了公共卫生机构管理、城市管理、高等院校管理等专业，1982 年改由公共机构与行政改革部领导。1987 年，该校划归高教科研部领导。1990 年年初，该校增设了公共管理专业，并开展人员培训和干部进修课程。

---

① 世界大学学术排行榜，http：//www.urapcenter.org/2010/，访问时间为 2015 年 7 月 22 日。

第二节　科学技术

一　科技政策

（一）科学优先

2007年，科学被定义为国家的优先事项，这一政策有利于阿尔及利亚的科技研发。2011年，阿尔及利亚的科学预算增加至国内生产总值（GDP）的1%，这是五年前的3倍。[①] 政府在当年承诺，将进一步增加其科学预算。

（二）科学发展若干准则

政府在1995年6月召开了首次全国科研工作会议，会议通过的国家科研纲领强调，基础理论和应用科学的研究必须有助于解决国民经济优先领域所出现的问题，并服务于国家的社会与经济发展。政府还提出，科学研究的发展应充分利用国家现有的人力、设备及资金，做到合理化发展；注重基础研究和应用研究，使之与实验开发平衡发展，并与国家的整体发展相协调，努力促进和加强科研成果的推广与转化。

（三）注重科研的国际合作

2006年，阿尔及利亚与美国签署了里程碑科技合作协定。这是美国和阿尔及利亚之间的首个科技合作协定，旨在为广泛的科技活动提供一个法律机制，并鼓励美国和阿尔及利亚科学界互动。这些活动将通过共享科技信息、科技专家的交流、召开联合研讨会和会议、科技专家训练、开展联合研究项目来进行。高优先级领域包括海洋和海洋领域、气象、农业、能源、空间、卫生问题、生物技术、信息和通信技术、科学技术教育和可持续发展科学。

2012年，阿尔及利亚和欧盟签署了科技合作协定，该协定构成了一

[①] https：//unladtau.wordpress.com/2011/10/05/science-planning-in-algeria/，访问时间为2015年7月26日。

个框架和优先议程，以定义共同利益、优先任务、政策对话和科技合作的必要工具。

（四）提高公众的科技意识

政府将每年的 10 月 9 日定为科技信息日，在当天举行科技推广、科技交流等活动。

二 科技体制

（一）最高研究委员会

最高研究委员会（High Committee of Research）是科技工作的最高管理机构，经历了一个长期的发展历程。高教科研部在 1973 年建立了国家科学研究理事会（National Council of Scientific Research）。该理事会在 1975 年被国家科学研究办公室（National Office of Scientific Research）取代。国家科学研究办公室本来是准备负责国家研究政策的，但因为政府部门之间的冲突，它的活动被限制为在阿尔及尔大学、君士坦丁大学、奥兰大学、安纳巴大学创建多个大学中心，这些中心由学术研究人员运作。

1984 年，国家科学研究办公室被直属总理的科学和技术研究委员会替代。1987 年，科学和技术研究委员会被最高研究委员会（Scientific and Technical Research）替代。最高研究委员会直属总统，委员包括科技界的著名学者和政府部门的高级官员，委员会主席由总统担任。最高研究委员会的主要职责是：确定国家科技发展的方向、制定国家的科技政策及有关的科研规划、协调全国的科研活动、评估国家的科研状况及发展前景。

（二）国家科学研究局

国家科学研究局成立于 20 世纪 80 年代中期，是科研活动的管理执行机构，负责组织和管理全国的科研工作、科研单位的研究活动和科研计划。其宗旨是促进科研，指导科技研究与开发。主要职责包括：指导大学和下属研究机构的科研活动；管理国家科研经费的使用和科研项目的实施；提供科技情报，出版科技刊物；沟通各科研机构与成果应用部门之间的联系；培训科研人才。国家科学研究局在私人基金和私人研究项目中也有一定程度的参与。

（三）高教科研部

高教科研部于 1970 年建立。该部设有负责科学研究的部长级代表。1993 年，高教科研部创建了国家研发署，负责制定从事科研与技术开发活动的规章，为科研人员获取信息、开展学术交流提供支持。另外，高教科研部设立了各学科的专门委员会，负责协调下属高等院校的科研计划和项目的实施。

三 主要科研机构

阿尔及利亚的科研机构分为国家科学研究局下属研究机构、大学附属科研机构，以及阿尔及利亚科学技术院。

（一）国家科学研究局下属研究机构

国家科学研究局下属研究机构由政府财政拨款资助，主要由国家科学研究局管理，也有一些机构受政府和高教科研部直接管理。由于各种变化的发生，到 2005 年，国家科学研究局的体系非常复杂。国家科学研究局运营了 18 个研究中心，研究领域包括：生物学、人类学、海洋学和渔业、天文学、天体物理和地球物理学、可再生能源、干旱地区、技术转让及其他领域。这些研究中心与大学附属科研机构共同承担国家科研项目。

（二）大学附属科研机构

大学附属科研机构由大学自主设立，不同的大学设置的附属科研机构不同，依大学自身的科研力量而定。科研力量较强的大学，科研机构的数量也较多。大学附属科研机构主要由高教科研部管理。

1987~1997 年，学习科学和工程的学生人数占大学（包括学院）注册人数的 58%。科学训练主要在以下大学进行：胡阿里·布迈丁科技大学、奥兰科技大学（1975 年）、安纳巴大学（1975 年）、布利达大学（1981 年）、布迈德斯大学（1981 年）、君士坦丁大学（1969 年）、奥兰塞尼亚大学（1965 年，Oran Es-Senia）、特雷姆森大学（1974 年）、费尔哈特·阿巴斯塞蒂夫大学（1978 年）。

（三）阿尔及利亚科学技术院

2015 年 3 月，阿尔及利亚科学技术院的有关文件被呈交政府并获得批准，只待总统法令颁布。高教科研部负责制定候选人的学术标准。

四　研究开发与成果

阿尔及利亚独立以后，取得了很大的技术进步，特别是在钢铁和石化工业方面。但总体上看，阿尔及利亚的科技比较落后，技术工人长期严重短缺，并且对外国技术依赖严重。

在独立后的前二十年，阿尔及利亚的科学研究基本上为教学和培训服务。从一开始，科学研究和政治独立之间就产生了冲突，这种冲突源于两套系统之间产生的张力：一方面是专业化自治；另一方面是制度化控制。职业化的过程使研究人员具有更大的独立性，这与政府在制度化的过程中行使控制权相冲突。政府有可能对科学研究人员专业自主性的愿望构成一种不间断的政治和行政阻碍。这种情况不利于科学共同体的出现及其调整与国家的关系。

20 世纪 80 年代，最高研究委员会和国家科学研究局成立。从 1995 年全国首次科研工作会议开始，政府在政策层面对科技研发加强了支持，特别是资金支持。1995 年，政府在国家财政支出中设立了专项基金——科研与技术开发国家基金，由国家拨款和税收提成作为主要资金来源，为科研项目提供资金保障。1996 年 2 月，政府首次实行科研项目招标。当年，全国高等院校和科研机构的 1.6 万名科研人员参加竞标，最终 370 个项目得以签约。即便如此，2002 年，阿尔及利亚的高技术出口总额为 2100 万美元，仅占国家制成品出口总额的 4%。科研开发与成果可见一斑。

2007 年科学成为国家的优先事项以来，阿尔及利亚的科技研发取得了很大的成就，这可能比 1962 年国家独立以来的任何时期都多。[①] 然而，阿尔及利亚目前的科研开发努力面临诸多障碍。官僚主义比较严重，行政上的繁文缛节构成科学研究的障碍，导致研发效果不佳。研究条件比较落后，不利于科学研究从初级阶段迈向高级阶段。社会环境不利于科学精英

---

① https://unladtau.wordpress.com/2011/10/05/science-planning-in-algeria/，访问时间为 2015 年 7 月 26 日。

从科学研究中创造财富。熟练的技术劳动力匮乏导致很多科研项目无法实现。展望未来，阿尔及利亚的科学研究事业有待进一步发展。

第三节　文学艺术

阿尔及利亚文学艺术是在融合阿拉伯伊斯兰、柏柏尔、法国等各种文化的基础上逐步形成的，是具有鲜明的民族特色的文学艺术。

一　文学

在阿尔及利亚的现当代文学史上，阿拉伯语诗歌因其体裁特点而比较发达，阿拉伯语小说在独立之前凤毛麟角，独立之后因阿拉伯化政策才逐渐繁荣起来。另外，因为长达百年的法国殖民主义统治历史，阿尔及利亚的法语文学（包括法语小说、诗歌）比较发达。

（一）阿拉伯语诗歌

穆罕默德·伊德（1904～1979年），诗人，现代阿尔及利亚新古典派诗歌的先驱之一，被誉为阿尔及利亚的"诗王"。他的代表作是《比拉勒》，这是阿尔及利亚第一部诗歌剧，把伊斯兰初期的奴隶比拉勒塑造成为一位英雄，意在号召阿尔及利亚人民保持伊斯兰属性。

穆夫迪·宰克里亚（1908～1977年），诗人、剧作家，阿尔及利亚国歌《誓言》的词作者，人民军军歌的词作者，被誉为"阿尔及利亚革命诗人"。他的主要作品有《神圣的火焰》（1961年）、《菩提树荫下》（1965年）、《出发》、《痛苦的心》、《神圣进军歌谣》等。他在20世纪70年代出版了两本诗集：《阿尔及利亚的伊里亚德》（1972年）、《巨神的启迪》（1976年）。他还创作了剧本《大革命》。

萨利赫·海莱费（1932～），诗人，被认为是革命的阿尔及利亚的喉舌，1960年获得埃及文学艺术最高理事会颁发的诗歌奖。他的代表作是诗集《神奇的阿特拉斯山》（1968年）、《你是我的意中人》（1974年）。

伊姆提亚兹（1908～），诗人、作家，著有《文学家的生活》《我们的诗人与现实》《今后道德展望》《过去时代的伊迪亚人》等。他的作品以表现知识分子的凄惨遭遇和壮志难酬的心情为主。

穆罕默德·沙伊希（1918～），诗人，主要作品有《低语与呐喊》《斋月之新月》等。他的作品以提倡阿拉伯伊斯兰文化和阿拉伯民族主义为主。

阿尔及利亚现当代的著名阿拉伯语诗人还有哈姆德·赖马丹（1906～1929年）、赖比欧·布沙麦（1916～1959年）、萨阿达拉等。①

（二）　阿拉伯语小说

艾哈迈德·里德·胡胡（1911～1956年），小说家，阿尔及利亚现代阿拉伯语小说的先驱。代表作是《麦加的姑娘》，这是阿尔及利亚第一部阿拉伯语长篇小说。其他作品还有短篇小说集《哈基姆的驴子》（1953年）、《有灵性的女人及其他》（1954年）、《人的性格》（1954年）等。他的作品语言幽默、诙谐，内容多反映阿拉伯妇女卑下的地位，鼓励其摘去面纱、接受教育、走向社会。

阿卜杜·哈米德·本·海杜盖（1925～1996年），小说家，代表作是长篇小说《南风》（1971年）。他还出版了多部短篇小说集，包括《七支火炬》《作家》《无头雕像》等。他的作品以描写农村生活及女性为主。

祖胡尔·瓦妮茜（1935～），小说家，著有长篇小说《龙杰与妖怪》（1993年）等作品。她的作品多描述阿尔及利亚人民的抗法斗争，批判落后的传统习俗。

艾赫拉姆·穆斯苔阿妮米（1953～），小说家、诗人，著有长篇小说《肉体的记忆》（1993年）等作品。

塔希尔·瓦塔尔（1936～），小说家，阿尔及利亚作家协会的创始人之一。他的代表作是长篇小说《拉兹》（1974年），此外还出版了长篇小说《地震》（1976年）、短篇小说集《我心中升起的烟》（1962年）等作品。他的作品以反映反法武装斗争、土地革命为主。

拉希德·布杰德拉（1941～），小说家、诗人，原用法语写作，著有法语小说《休妻》（1969年）。从1981年开始，他改用阿拉伯语进行文学写作，创作了小说《一千零一年的思念》等作品。

---

① 仲跻昆：《阿拉伯现代文学史》，昆仑出版社，2004，第413页。

阿尔及利亚当代用阿拉伯语创作的著名作家还有艾布·伊德·杜杜（1934～）、米尔扎格·巴格塔什（1945～）、伊斯梅尔·艾姆卡特（1951～）、吉拉里·海拉斯（1952～）、瓦希尼·艾阿赖志（1954～）、穆罕默德·艾敏·扎维（1956～）等。①

（三）法语文学

让·阿姆鲁什（1906～1962年），作家、诗人，主要作品有《尘埃》《秘密的星星》等。他的作品以注重修辞和思想内涵见长。

穆鲁德·费拉翁（1913～1962年），作家，主要作品有《穷人的儿子》（1950年）、《大地与鲜血》（1953年）、《上坡路》（1957年）、《卡比利亚的日子》等。由于其在阿尔及利亚文坛上的影响，他去世后，政府专门出版了《费拉翁全集》并设立了"费拉翁文学奖"。他的作品以反映民族解放斗争为主。

穆鲁德·马默里（1917～），作家，主要作品有《被遗忘的山丘》（1952年）、《公正人睡着了》（1956年）、《鸦片和木棒》（1965年）等，其中《鸦片和木棒》是阿尔及利亚现实主义文学的代表作，是第一部描写阿尔及利亚民族解放战争的小说。

穆罕默德·狄布（1920～2003年），小说家、诗人，主要作品有《阿尔及利亚三部曲》——《大房子》（1952年）、《火灾》（1954年）、《织布机》（1957年），长篇小说《非洲的夏天》（1959年）、《记住大海的人》（1962年）、《奔走在荒凉的海岸上》（1964年）、《追猎能手》（1973年）等。他是一位多产作家，被誉为"阿尔及利亚的高尔基"，曾获得阿尔及利亚作家协会奖、诗歌协会奖，其作品《大房子》曾获得"费拉翁文学奖"，《记住大海的人》和《奔走在荒凉的海岸上》被誉为阿尔及利亚现代派文学的代表作。

马利克·哈达德（1927～1978年），作家、诗人，著有小说《最后的印象》（1958年）、《我献给你一只羚羊》（1959年）、《学生与功课》（1960年）、《鲜花码头不回答》等，创作的诗集有《危险中的悲剧》

---

① 仲跻昆：《阿拉伯现代文学史》，昆仑出版社，2004，第422页。

（1956 年）、《请听我的呼唤》（1961 年）。其作品主要描写人民的悲惨生活和人民的独立斗争。

卡提布·亚辛（1929～），作家，主要作品有长篇小说《娜吉玛》（1956 年）、剧本《被围着的尸体》（1959 年）等，其作品主要表现争取独立、自由和解放的斗争历程。

阿西娅·杰巴尔（1936～2015 年），作家，主要作品有长篇小说《渴望》（1957 年）、《焦急的人们》（1958 年）、《新世界的儿女》（1962 年）、《天真的云雀》（1967 年）等。1991 出版小说《远离麦地那》。1996 年出版长篇小说《阿尔及利亚白种人》。1996 年获得美国纽斯塔特文学奖。1997 年获得阿尔及利亚尤瑟纳尔文学奖。2000 年获得德国书业和平奖。2005 年她入选法兰西学院，成为该学院首位阿拉伯女院士和第 5 位女院士。她的作品被人们广泛翻译。

著名法语诗人还有让·舍拉克（1926～1973 年）、巴什尔·哈德什·阿里（1920～）等。[①]

二 音乐舞蹈

（一）音乐

阿尔及利亚的民族传统音乐源远流长，丰富多彩。各个地区的音乐虽具有不同的风格，但都热爱抒情和诗歌，共同的主题包括爱、荣誉。不同传统乐种在演奏时，要配合不同的服饰和乐器。举其要者，传统乐种包括：纳赫里音乐、阿拉维音乐、特尔基音乐、廷迪音乐、塞蒂夫音乐、卡比尔音乐、安达卢西亚音乐、沙阿比音乐。其中，后三种音乐比较特殊。

卡比尔音乐旋律悦耳，拥有众多听众，著名的卡比尔音乐人包括伊迪尔·阿亚特·曼古莱特、卢纳斯·马图卜。安达卢西亚音乐是由摩尔难民从安达卢西亚带来的，在许多古老的海岸城镇保存着，具有古典的风味。沙阿比音乐是安达卢西亚音乐与马格里布地区民间音乐融合的产物，老一代阿尔及利亚人更为接受这种音乐形式。

---

① 仲跻昆：《阿拉伯现代文学史》，昆仑出版社，2004，第 423 页。

音乐也受到全球化趋势的影响。说唱风格的"莱"是一种现代的歌曲与信息形式，是一种流行风格的音乐，自认为是民族音乐。"莱"在年轻一代中深受欢迎，是国内最流行的音乐形式，也是阿尔及利亚在海外最为知名的音乐形式，被誉为阿尔及利亚的文化象征之一和阿尔及利亚当代最伟大的音乐贡献。"莱"是阿尔及利亚现代文化史的历史隐喻，是一种当地与欧洲的乐器与风格的混合物。

传统乐器的代表是欧德琴。欧德琴是一种像弦琴的乐器。此外，当地还有管乐器马格鲁纳，能够提供独特的区域的声音。

达赫马尼·本·阿奇尔（1912～1976年）是阿尔及利亚传统音乐的伟大人物之一。奥斯曼尼·巴里（1953～2005年）是一位著名的图阿雷格音乐家，也是爵士乐的探索者，蜚声世界音乐圈。卢纳斯·马图卜、阿亚特·曼古莱特都是阿尔及利亚现代音乐的天才。内战期间，著名的音乐家成为极端主义者的目标，不少音乐家被害。

（二）舞蹈

阿尔及利亚的舞蹈主要是民族舞，以各地的传统舞蹈为主，外来舞蹈的元素甚少。每个地区都有具有代表性的传统舞蹈，受到人们的广泛喜爱。

阿尔及尔舞蹈是阿尔及尔地区的舞蹈。这种舞蹈以表现该地的婚礼习俗为主，是传统婚礼仪式中的一种集体舞蹈。阿尔及尔舞蹈的风格温柔含蓄，节奏舒缓，动作简捷，突出队形变换。

塞蒂夫舞蹈是塞蒂夫地区的舞蹈。塞蒂夫舞蹈为丰收之舞，在丰收之后进行，表达着农夫的幸福。人们穿着背心黑色、白色衬衫，头戴帽子，演奏塞蒂夫乐器。

图阿雷格舞蹈是生活在阿尔及利亚南部塔曼拉塞特和霍加尔山的图阿雷格人的舞蹈。图阿雷格舞蹈表现游牧、狩猎和战斗，在婚礼和图阿雷格人的节日进行。人们穿着黑色无袖长衣、黑白相间的长头巾，手持剑和盾牌舞蹈。

阿拉维舞蹈是阿尔及利亚西部最普遍的舞蹈，男性用脚和肩膀的动作来庆祝胜利和骄傲。舞者表达他们对土地的依恋以及他们的耐力。

纳赫里舞蹈是特雷姆森山区牧羊山民的舞蹈，意味着山区居民的勇气和喜悦。在当地的婚姻仪式中可能出现这种舞蹈。

沙维亚舞蹈是代表阿尔及利亚东北部的地方民俗舞蹈，已有 200 余年的历史，代表着游牧民族人民的好客和善良。

卡比利亚舞蹈是卡比利亚山区的舞蹈。舞蹈形式丰富，以胯部的动作为主，较为激烈、奔放，其中具有代表性的是鸽子舞，表现鸽子、猫头鹰和看守人相互之间的斗争。

让·达利舞是君士坦丁地区的舞蹈。这种舞蹈无特定剧情，节奏欢快、奔放，或为集体舞蹈，或为女性独舞。

三 影视戏曲

（一）电影作品

阿尔及利亚电影反映了很多的民族文学主题：英雄主义、性别、觉醒、异化、社会主义、伊斯兰主义和移民。阿尔及利亚是阿拉伯世界最大的电影生产国之一。早在阿尔及利亚共和国时期，临时政府就意识到，电影作为阐发阿尔及利亚独立意愿的手段具有跨国的重要性。临时政府在1957 年、1960 年分别制作了两部电影。

阿尔及利亚的电影导演在当今世界非常卓越，举其要者如下。穆罕默德·拉克哈达尔·哈米纳（1934～ ）是阿尔及利亚最著名的导演之一，执导了《奥雷斯山之风》（1966 年）、《烽火年代》（1975 年）。艾哈迈德·拉舍迪（1938～ ）执导了《苦海余生》（1966 年）、《鸦片与警棍》（1969年）、《阿里的奇幻之国》（1978 年）。迈扎克·阿鲁阿舍（1944～ ）执导了《奥玛尔·卡特拉多》（1976 年）、《磨坊》（1985 年）。穆罕默德·布阿马利（1941～ ）执导了《烧炭人》（1972 年）、《遗产》（1974 年）。阿卜杜勒－阿齐兹·多尔比（1938～ ）执导了《努阿》（1972 年）。希德·阿里·马齐夫（1943～ ）执导了《黑色的汗水》（1970 年）、《游牧民族》（1975年）、《莱伊拉与他者》（1977 年）。

从电影主题看，阿尔及利亚的独立电影非常有名。阿尔及利亚独立是20 世纪六七十年代阿尔及利亚电影作品的主题，典型作品有《如此年轻的和平》（1965 年）、《奥雷斯山之风》、《苦海余生》、《阿尔及尔战役》

（1966 年）等。除了独立战争和去殖民地化主题外，随着时代的发展，阿尔及利亚电影的主题也发生变化。从 1971 年开始，出现了一批反映农业革命的电影，典型作品是《烧炭人》和《努阿》。1975 年以后，出现了一批反映女性解放、批判官僚主义的电影，主要有《莱伊拉与他者》《磨坊》。城市青年的困境也是一个常见的主题，典型作品是《奥玛尔·卡特拉多》。

阿尔及利亚电影经常在国外赢得赞誉，尤其是独立电影。1967 年，《奥雷斯山之风》获得法国戛纳国际电影节最佳处女作奖，《阿尔及尔战役》获得三项奥斯卡提名。1976 年，《炭火编年史》获得戛纳国际电影节金棕榈奖。《奥玛尔·卡特拉多》1976 年获得戛纳国际电影节提名奖和迦太基国际电影节大奖，并获得 1977 年第 10 届莫斯科国际电影节银奖。1981 年，《阿里的奇幻之国》获得第 12 届莫斯科国际电影节银奖。1987 年，《马西尼萨》（1981 年）在国际电影和考古学会阿尔及尔会议上获得一等奖。

20 世纪 80 年代中期，阿尔及利亚电影开始衰落，重要作品逐渐变少。20 世纪 90 年代以来，尽管面临许多挑战和困难，阿尔及利亚还是生产了一些有质量的电影，其中包括亚米纳·舒维卡（1954 ~ ）的《拉希达》（2002 年）、贝尔卡西姆·哈吉（1950 年）的《灯塔》（2004 年）、迈扎克·阿鲁阿舍的《巴布瓦迪市》（1994 年）等作品。

（二）戏剧

阿尔及利亚独立后，正规的戏剧创作开始出现，其中包括用阿拉伯语和法语创作的戏剧。阿拉伯语戏剧方面，比较有影响的剧目是根据朱尔吉·泽丹的小说改编的舞台剧《征服安达卢西亚》，这是第一部用标准阿拉伯语演出的剧目。阿尔及利亚的戏剧艺术比较大众化，作品题材多样，剧目新颖，语言平实，适合普通观众观赏。

四　美术

（一）绘画

阿尔及利亚独立后的最初几年，绘画艺术出现了断裂。在结构层面的最显著变化是 1963 年国家美术联盟的建立。接近社会主义理想的美学获得了明显优势，推广民间艺术的号召也随处可见。艺术家的表现形式趋于单一化，较具代表性的是伊斯梅尔·萨姆森和丹尼斯·马丁内斯。尽管独立之初的绘画艺术按照社会主义方向前进，但时光荏苒，目前具有艺术生命力的主要是以下流派。

1. 写实派

民间传统画家大都是写实主义画家，主要有穆罕默德·拉希姆（1896～1975年）、穆罕默德·哈密姆奈、艾布·塔里布、塔马姆·马格丹尼、艾卡蒙等。他们的作品多为瓷画，以表现马格里布地区的历史、民俗、民族英雄和民族传统为主，绘画风格融合了阿拉伯、波斯和奥斯曼土耳其的民间艺术风格。

穆罕默德·拉希姆是阿尔及利亚美术艺术的鼻祖，也是20世纪最伟大的细密画家，他创造了富有特色的阿尔及利亚细密画派，在国际画坛享有盛名。阿尔及利亚美术艺术史的源头与穆罕默德·拉希姆的细密画有着密切关系。阿祖奥·马米里、阿卜杜·哈利姆·哈姆奇、穆罕默德·塔曼的画作都体现了对现代艺术元素的融入，从印象派到融入派，发展出一种与众不同的肖像语言。

2. 抽象派

阿尔及利亚抽象派绘画的开创人是阿卜杜拉·本·安塔尔和穆罕默德·赫达。他们在儿童时代移居法国。20世纪20～50年代，许多年轻的艺术家提出了新的美学追求，即将传统的阿拉伯伊斯兰书法与西方抽象艺术融为一体。穆罕默德·赫达、哈马德·伊萨哈姆、穆罕默德·拉乌尔、舒克里·迈斯利的作品的重要性在阿尔及利亚独立后立刻凸显出来。

穆罕默德·赫达认为，如果具象绘画用"标准"这个术语来表达，那么抽象派绘画是文化涵化的结果。"符号画家"生于20世纪30年代，从60年代开始创作，从阿拉伯绘画的抽象韵律中寻找灵感。1970年，诗人让·塞纳克创造了这个词。他在阿尔及尔开办了"54画廊"，在陈述中他写道：54画廊的目的是成为一个和人民持久接触的研究画廊，在这个画廊中，我们把艺术家聚集在一起，包括阿尔及利亚艺术家或与我们的国家有深刻联系的艺术家。我们断言，我们的艺术家不仅能够发掘出祖国母亲被彻底破坏的面目，而且在复兴的过程中，艺术家能够创立一个新的形象并且不断关注它。

3. 奥齐姆派

1967 年，秉持将传统的阿拉伯伊斯兰书法与西方抽象艺术融为一体这一理念的阿尔及利亚画家，参加了奥齐姆派大集会，创建了奥齐姆团体。奥齐姆派对文身这种艺术表现方式进行了探索。这个团体于 1967 年、1968 年、1971 年在阿尔及尔、布利达举办了几次展览。

1980 年柏柏尔之春后，阿尔及利亚艺术家开始关注柏柏尔历史和文化遗产。许多艺术家、画家、诗人反对主流的艺术组织，特别是国家美术联盟所代表的具象艺术。他们反对联盟排除很多活跃画家的政策。

他们以文身为支点发声。文身建立在柏柏尔传统遗产的基础上。虽然阿拉伯语言文化倾向于覆盖柏柏尔文化，流行符号的造型传统仍旧保存着。他们声明：文身出现在多个世纪以前高原洞穴的墙壁上；它直到今天仍然存在，在起伏的历史中有时秘密，有时公开……我们想表明，即便它是神秘的，它也比坟墓要强。

20 世纪 80 年代以来，新一代的马格里布艺术家开始出现。他们大多数人在欧洲受训。当地的移民社群中的艺术家探索新的技术，以应对艺术市场全球化的挑战。他们把自身认同的各种不同元素汇集在一起，有着第一代或第二代移民的标记。他们强调用"局外人"的眼光看待阿拉伯世界的相关议题。

4. 艾萨巴赫尼派

20 世纪 70 年代初至 80 年代，一些艺术家开始尝试摆脱学院派的画风，马立克·萨拉赫、希拉勒·祖比尔的作品体现了这种尝试。在动荡的 20 世纪 90 年代，他们的教学活动沉寂。近年来这一派画家开始复苏。他们与卡里姆·西古阿、阿慕尔·巴拉斯等画家创立了艾萨巴赫尼派。

（二）传统工艺

传统艺术和工艺品，如地毯制造、陶器、刺绣和珠宝制作等，在阿尔及利亚全境流行，但某些地区因特定物品而知名，如格尔达亚的地毯、图阿雷格人居住地区的银首饰和剑。

五　文化设施

阿尔及利亚十分重视文化设施建设，政府投资兴建了一大批文化娱乐设施，为大众文娱提供了方便的条件。

（一）电影院

阿尔及利亚的电影放映由国家垄断，各地都有政府投资的电影放映设施。全国各大城市都建有设施齐全、规模较大的国家电影院。国家电影院一般设有1个规模较大的电影厅和几个小型的放映厅，并具有收藏、保存、展出影片资料等功能。各大中城市都有电影馆或电影厅。

阿尔及尔拥有的电影放映设施为全国之最，有多家电影馆和电影厅。新闻与文化部下属的电影资料馆设有放映厅，对外接待团体或个人，主要放映国内外有保存价值的老电影。新闻与文化部还在阿尔及尔投资建造了一个规模较大的现代化电影院，主要为举办新影片的首映式和国际电影节之用，平时也放映新上映的影片。

2006年观影人数为70万人次，2007年总票房为10万美元。[1] 2009年，共有19块银幕。[2]

（二）剧院

1954年民族解放战争爆发后，一批戏剧工作者于1958年在突尼斯创办了一个正式的剧团——阿尔及利亚民族解放指挥剧团。该剧团有30余人，演出一些反映民族解放战争的剧目。1962年独立后，在这个剧团的基础上组建了阿尔及利亚歌剧院。该院的老院区位于阿尔及尔的穆罕默德·杜里广场，可容纳上千人。

2016年2月，由中国北京城建集团援建的全新的阿尔及利亚歌剧院正式竣工并运营。该剧院的建设历时三年，是一座现代化的、多功能的大型剧院，包括18500平方米的歌剧院和1083平方米的设备用房，可容纳

---

[1] 联合国教科文组织，"Table 11：Exhibition-Admissions & Gross Box Office（GBO）"，UNESCO Institute for Statistics，Retrieved 5 November 2013。

[2] 联合国教科文组织，"Table 8：Cinema Infrastructure-Capacity"，UNESCO Institute for Statistics，Retrieved 5 November 2013。

1390 名观众，是阿尔及利亚最大的剧院，也将成为阿尔及利亚的文化艺术中心。除了阿尔及利亚歌剧院外，政府在安纳巴、君士坦丁、奥兰、西迪·贝勒·阿贝斯分别投资建立了 4 家剧院。

（三）博物馆

博物馆主要由政府投资兴建。阿尔及尔拥有的博物馆数量最多，包括 6 家国家级博物馆：巴尔多史前史和民族志博物馆（简称巴尔多博物馆）、国家文物博物馆、国家民间艺术和传统博物馆、国家现代与当代艺术博物馆、儿童博物馆、国家人民军博物馆。除首都之外，全国各主要大中城市都建立了博物馆。

巴尔多史前史和民族志博物馆主要致力于历史学和考古学，收集品包括化石、史前的石头和陶器，并举办一些岩画展览，这些岩画来自阿尔及利亚撒哈拉地区的塔西利·恩·阿耶尔国家公园。

国家民间艺术和传统博物馆、国家现代与当代艺术博物馆，均聚焦阿尔及利亚人中的艺术人才，并精选国际作品进行展出。

君士坦丁塞达博物馆位于君士坦丁，聚焦阿尔及利亚丰富的历史和文化，展示艺术、雕塑以及从考古遗址获得的史前古器物。博物馆还通过绘画、雕塑、钱币、基督教的文物，讲述罗马城市的生活。

谢尔谢勒博物馆坐落在海港小镇谢尔谢勒之中，拥有丰富的希腊和罗马时代的文物。

贝尼·阿巴斯博物馆位于绿洲小镇贝尼·阿巴斯，主要展出沙漠动物、化石、阿尔及利亚的传统艺术和手工艺。

（四）国家美术馆

国家美术馆始建于 1930 年，由法国建筑师保罗·凯汪设计。美术馆分为 3 个展区：民族绘画展区、雕塑艺术展区、西方绘画展区。馆内藏有 7000 多幅 14~20 世纪西方艺术家的摄影和绘画作品，17~19 世纪西方著名的瓷器珍品，以及铜塑、木雕、泥塑、瓷画等作品。馆内还藏有 1500 余幅现代艺术作品，包括水彩画、铅笔画、卵石画、雕刻作品等，以及一些传统工艺作品。此外，馆内辟有儿童绘画厅、音乐厅和织绣活动厅，专供参观者使用。

（五）人民宫

人民宫位于阿尔及尔市中心，与巴尔多史前史和民族志博物馆相邻，前身是已故前总统布迈丁的官邸。在庆祝国家独立 25 周年之际（1987 年 7 月 3 日），该官邸正式被定名为人民宫，并向大众开放。人民宫内最早的建筑是建于 1791 ~ 1797 年的夏宫。后来法国人在夏宫旁边按照奥斯曼土耳其风格另建一座宫殿，即主宫，以供当时驻阿的法国统治者会见各国使节和外宾之用。今日的人民宫已经成为大众文化活动的重要场所。每逢节假日，人民宫的各种展览、演出活动吸引着众多民众。

第四节 体育

一 体育组织

（一）青年与体育部

阿尔及利亚独立后，政府设立了青年与体育部（简称青体部），管理与体育有关的一切活动。根据 1990 年 8 月修订的青年与体育部工作职责规章，青体部有关体育方面的主要职责为：研究全国体育机构的组织及发展，并提出具体建议；推动全国各层次体育活动的开展，特别是教育机构、劳动群体以及残疾人体育活动的开展；鼓励和推动各级体育协会组织开展体育活动；促进竞技体育项目的发展，为国家高水平体育人才的培养创造条件。

（二）阿尔及利亚国家奥委会

阿尔及利亚国家奥委会是代表阿尔及利亚的国家奥林匹克运动委员会，1963 年 10 月成立，1964 年 1 月被国际奥林匹克委员会承认。该委员会是国家奥委会联合会的成员，也是非洲国家奥委会联合会的成员。其分支机构包括下述运动联合会（协会）：非洲体操联合会、阿尔及利亚田径联合会、羽毛球协会、拳击联合会、皮划艇联合会、马术联合会、击剑联合会、足球联合会、体操联合会、手球联合会、柔道联合会、帆船联合会、游泳联合会、乒乓球联合会、网球联合会、举重联合会、摔跤联合会。

阿尔及利亚还建立了多个单项运动联合会，包括射箭、田径、羽毛

球、篮球、拳击、独木舟、皮划艇、自行车、马术运动、击剑、体操、手球、冰上曲棍球、内联曲棍球、柔道、帆船、足球、游泳、滑雪、网球、乒乓球、跆拳道、排球、举重、摔跤等体育运动。

阿尔及利亚国家奥委会在国内外赛事上发挥了重要作用。1964 年 10 月，阿尔及利亚国家奥委会首次派出运动员参加东京奥运会。之后的历届奥运会，阿尔及利亚国家奥委会都派出代表团参加（1976 年蒙特利尔奥运会除外）。在 1984 年的洛杉矶奥运会上，阿尔及利亚运动员首次在田径和拳击项目上获得奖牌。

国内的相关赛事，一般由青体部与单项运动联合会共同组织。2005 年 9 月，青体部与阿尔及利亚田径联合会协力组织了"民族和解赛跑"。

二　体育政策

（一）重视体育教育和研究

阿尔及利亚意识到体育的社会和文化价值，试图把体育纳入国家的总体发展政策，这样能使整个社会受益。《体育和运动教育法》在 1977 年出台，产生了深远的影响。1978 年，国家体育教育中心更名为国家体育科学与技术学院，1985 年更名为国家体育科学与技术高等教育学院。该学院以培养体育顾问和体育管理顾问为主，开设长期教育、短期培训和人员进修课程，并开展体育科学研究。

青体部制定的《青年与体育：国家科研规划》提出，把国民体育运动作为应用社会科学和应用生物学加以研究，把参加体育运动视为国民的一项权利，把体育运动水平的提高作为一项专业技术培训，把体育设备的生产作为工业生产，规划还提出了体育经济的理念。

（二）重视高水平运动员培养

1998 年 10 月，国家促进青年体育运动基金会被授权投资和资助国家青年体育运动。为缩短高水平运动员在国外学习进修的时间，促进运动成绩的提高，该基金会在国内投资建立了国家体育精英培养中心，包括 1999 年建立的格海尔穆体育精英培养中心、2001 年在安纳巴建立的塞拉伊迪体育精英培养中心，它们是国内培养高级体育人才的专门机构。

三 国民体育活动

(一) 大众体育

阿尔及利亚国民热爱体育活动。赛马、射击、击剑是阿尔及利亚人文化娱乐的重要组成部分。在沙漠地区，赛马、赛驼非常受欢迎。国际象棋、跳棋、纸牌等游戏也是文化娱乐的一部分。此外，下述体育活动是比较重要的官方体育活动。

1. 足球

足球是阿尔及利亚最为方便和最受欢迎的运动。早在独立战争期间，民阵组织的足球队就参加了一些比赛和体育赛事。独立后，阿尔及利亚足球联盟（AFF）作为阿尔及利亚足球俱乐部的协会，负责组织全国比赛和阿尔及利亚国家足球队的国际比赛，包括阿尔及利亚足球锦标赛（16 家职业联赛俱乐部参赛）、阿尔及利亚杯。AFF 还是非洲足球联合会的成员。

阿尔及利亚国家队在 1982 年、1986 年、2010 年和 2014 年分别晋级国际足联世界杯。2014 年，阿尔及利亚国家队首次晋级世界杯 16 强。此外，几家足球俱乐部赢得了非洲大陆和国际赛事的奖杯，比如塞蒂夫的 ES 俱乐部和卡比利亚的 JS 俱乐部。卡比利亚足球队在各种赛事中表现神勇。

著名的阿尔及利亚球员包括：勒克达·贝卢米、拉希德·马赫鲁菲、哈桑·拉勒马斯、拉巴·马杰尔、萨拉·阿萨德和贾梅尔·齐达内。

2. 手球

手球是广受欢迎和参与的运动，仅次于足球。阿尔及利亚国家男子手球队是非洲最好的男子手球队之一。该队 7 次获得男子手球非洲锦标赛冠军（1981 年、1983 年、1985 年、1987 年、1989 年、1996 年、2014 年），4 次获得全非运动会金牌，多次获得世界锦标赛和奥运会的手球冠军，是世界上的伟大球队之一。国家女子手球队也多次在非洲锦标赛和泛阿拉伯运动会的比赛中获奖。国内的手球俱乐部水平很高，赢得了许多国际冠军。

3. 田径

田径是阿尔及利亚的重要运动之一。阿尔及利亚的中距离跑（800

米、1500 米、5000 米）非常有名，在国际田联锦标赛中有许多优胜者，在奥运会上也获得了一些金牌。一些运动员在 20 世纪 90 年代的田径比赛中夺冠，包括努尔丁·穆赛利、哈西芭·布麦尔卡、陶菲克·马赫鲁菲、努里娅·梅拉赫·贝尼达，他们都是中距离跑运动员。值得一提的是，在 1992 年的巴塞罗那奥运会上，哈西芭·布麦尔卡获得 1500 米跑的冠军，这是阿尔及利亚运动员首次获得奥运会金牌。

4. 拳击

阿尔及利亚有许多非洲和世界拳击冠军，在奥运会上获得了许多奖牌。其中有几个名字非常闪耀，包括世界冠军穆罕默德·本·古斯米亚、鲁西夫·哈马尼，以及 1996 年亚特兰大奥运会冠军侯赛因·苏尔坦尼。

5. 自行车赛

自行车赛中有一些大名鼎鼎的人物，包括哈姆扎·马吉德，他在 20 世纪 70 年代末和 80 年代初的全国比赛中多次获得黄色领骑衫。还有一些名字从 20 世纪 80 年代直到今天都十分耀眼，如希沙姆·沙巴尼、拉德阿尼·沙巴尼、阿卜杜·巴西特·哈纳希、伊兹丁·拉格巴等。

6. 武术

在越武道方面，阿尔及利亚数以万计的习艺者在 2011 年胡志明世界锦标赛中扬名。2012 年 1 月，阿尔及利亚成立了非洲越武道联盟。在柔道方面，阿马尔·贝尼赫利夫和阿里·伊德尔在各自的组别中获得过几次非洲冠军。也有一些女性，例如苏拉娅·哈达德和萨利马·苏阿克里，在非洲女子柔道锦标赛中获得奖杯。

7. 其他运动

阿尔及利亚排球队获得参加 2010 年世界排球锦标赛的资格，在过去的几次国际比赛中获得过冠军。篮球与排球一样重要，阿尔及利亚篮球队也获得过几次国际冠军。游泳方面，萨利姆·伊勒斯作为非洲、阿拉伯冠军，在奥运会上有良好表现。

（二）主办的重大体育赛事

阿尔及利亚作为东道主，主办过的重大体育赛事包括：1975 年地中海运动会、1978 年全非运动会、1990 年非洲国家杯、2004 年泛阿拉伯运动会、2005 年男子少年排球世界锦标赛、2007 年全非运动会。

第五节 新闻出版

阿尔及利亚的新闻出版原为国家垄断。1990 年，政府颁布了新的《新闻法》，允许更大限度的新闻自由。但是，在 20 世纪 90 年代内战期间，超过 70 名新闻记者被伊斯兰主义者暗杀。在通讯机构和广播电视媒体方面，阿尔及利亚出现了私人通讯社、广播电台、电视台。在印刷媒体方面，出现了私人报纸、出版社，政府对报纸没有直接的审查制度，私人出版社也非常活跃。虽然如此，很大比例的大众传媒仍然受到政府的控制，国家在新闻出版方面依旧占据主导地位。

一 通讯社

（一）阿尔及利亚通讯社

阿尔及利亚通讯社（简称阿通社）是阿尔及利亚的官方通讯社，也是全国最大的通讯社，在世界媒体领域代表阿尔及利亚，由通讯部监管。阿通社创建于 1961 年 12 月，当时是阿尔及利亚共和国临时政府的新闻机构。独立后，政府以章程赋予其公共服务使命。阿通社着手发展自己的采编队伍，在全国建立网络，购置技术设备。它还着手培养记者、通信技术人员和操作人员。1963 年 4 月，阿通社发送了本社新闻的电传，与全球主要通讯社建立了联系。

1985 年 11 月，阿通社变成具有经济和社会文化属性的国有公司。1991 年 4 月，阿通社变成了具有工商业属性的国有公司。

1993 年 1 月，阿通社迁移至新的办公场所，并采用新的通信技术。1994 年 1 月，阿通社首次采用计算机化的编辑系统，1995 年 4 月实现了新闻的自动发送。1998 年 2 月，阿通社建立了网站，当年 7 月发布了阿拉伯语网页和 APS 在线，在信息和通信的全球化之路上，这是一个新的起点。11 月，阿通社开始用卫星传播新闻，这能使它扩大服务范围。现在，顾客能够远程、实时使用阿通社的数据库和定制服务，订阅用户能够获得数字照片、信息产品。

在中央层面，阿通社由 12 位部门主编搜集和处理新闻，这些部门是政治部、社会部、文化部、体育部、综合部、地方部、调查与报告部、经济部、数据库部、国际部、翻译部、网络部。在地方层面，阿通社设立了覆盖全国的 12 个协调中心，这些协调中心的记者负责搜集新闻。在国际上，阿通社在 12 个国家的首都设有代表处，分别是华盛顿、莫斯科、巴黎、伦敦、布鲁塞尔、罗马、马德里、开罗、拉巴特、突尼斯、安曼、达喀尔。

（二）阿尔及利亚最新新闻社

阿尔及利亚最新新闻社（简称最新社）是一家图片新闻社，成立于 1990 年，是阿尔及利亚最权威的图片新闻报道机构。最新社在全国各地都派有记者，能够及时提供社会各个方面的分类图片新闻，各新闻单位都可以通过正常手续向其索要新闻图片。最新社与国内外各新闻媒体有广泛的合作关系，在国际上具有一定的知名度。1997 年，该社被世界新闻协会授予"体育新闻获奖者"，并获得当年"年度图片新闻大奖"。

（三）阿尔及利亚新闻社

阿尔及利亚新闻社（简称阿新社）是阿尔及利亚目前唯一的私人通讯社。阿新社筹建于 1996 年 1 月，之后因资金和行政归属等问题，3 年之后才正式创建并运营。阿新社提供的新闻以经济、社会、文化新闻为主，服务对象主要是企业、机关、报社、杂志社。阿新社每天提供英文、法文的新闻快讯，供企业和个人订阅，可通过传真或电子邮件发送给订户。阿新社还可以根据订户的特殊要求提供分类新闻。

二 印刷媒体

（一）阿尔及利亚的新闻自由

印刷媒体①与新闻自由联系更为紧密，因为印刷媒体比广播电视媒体

---

① 也可称为文字媒体或平面媒体。

更活跃，对当局的评论也更多。从新闻自由的角度看，阿尔及利亚的印刷媒体可以分为 5 个发展阶段。

1. 1962～1965 年

在这一阶段，报纸的编辑们是知识分子，这些知识分子隶属于民阵，享有一定程度的新闻自由。

2. 1965～1988 年

在这一时期，有 3 家主要的政府运营报纸，包括用阿拉伯语发行的《人民报》、用法语发行的《圣战者报》和《阿尔及利亚时事周刊》。国家官僚机构控制的政府文职人员取代了知识分子，新闻自由不复存在。

3. 1988～1992 年

大众的压力带来了新闻自由。1990 年，《新闻法》颁布，结束了政府对印刷媒体的垄断。作为结果之一，一些私人报纸开始出现，报界获得了更大的自由。私人新闻禁令被打破后，反对党开始发行自己的报纸。后来这些报纸逐步消失了。但是，主要的反对党仍能在独立报纸中表达观点。

4. 1992～2000 年

这一期间处于内战时期。军队支持的政府开始掌权，限制新闻记者的表达自由。许多报社被关闭，一些新闻记者被监禁，一些人失踪，还有一些人被暗杀。在这一期间，报纸的读者数量下降。

5. 2000 年以后

在这一阶段，新闻业重新获得了一些在 20 世纪 90 年代初失去的自由。实行新闻自由后，阿尔及利亚没有直接的新闻审查制度，但是，对于侮辱或诽谤总统、部长、法官、军队的言论，法律设定了监禁条款和罚款。通讯部不直接领导或监管印刷媒体，只是设定了对于印刷媒体的两项职能：将公民的知情权具体化，将国家新闻机构现代化。

2008 年 1 月，政府将国有印刷公司置于自己的直接控制之下，这些印刷公司印刷阿尔及利亚一半以上的私人报纸。政府通过控制印刷机和广告，加强了对印刷媒体的管控。

截至 2015 年，阿尔及利亚大多数的印刷出版物是私有的。国内有 45

家独立的出版机构（包括法语、阿语）和 4 家政府报纸[①]，其中两家为阿拉伯语报纸、两家为法语报纸。为了免于各种形式的政府压力，印刷媒体实行自我审查。

（二）报纸

阿尔及利亚的报纸种类较多。按发行频率，可以分为日报、周报；按所有者，可以分为政府报纸、私人报纸；按出版使用的语言，可以分为阿拉伯语报纸、法语报纸、英语报纸；按内容，可以分为综合性报纸和专业性报纸；按发行范围，可以分为全国性报纸和地方性报纸。

阿尔及利亚报纸的年发行量估计为 3.64 亿份。有 43 种日报，其中 20 种以阿拉伯语发行，由《消息报》领头。23 种为法语报纸，由《奥兰日报》领头。虽然阿拉伯语报纸有重大发展，并赢得了更大的读者群，但是法语报纸仍受到精英们的喜爱。在阿拉伯语报纸和法语报纸中，印刷的阿拉伯语报纸代表了 48% 的印刷报纸总量，法语报纸的总量占比为 52%。[②]

英语报纸主要是《北非日报》。专业性报纸包括《职业培训报》、面向青年学生的《苏克报》、面向移民群体的《加拿大移民日报》等。地方性报纸主要集中在奥兰和君士坦丁。阿尔及利亚具有影响力的重要报纸如下。

1. 政府报纸

《人民报》是两份全国性重要报纸之一，是一份阿拉伯语日报。该报原为民阵的机关报，1962 年在阿尔及尔创办。该报分别在阿尔及尔、君士坦丁和奥兰等地印刷发行，日发行量为 8 万份。作为一份老牌报纸，其发行量已经不如更多的独立出版物（即私人出版物）。

《圣战者报》是另一份全国性重要报纸，是最重要的官方法语日报，创建于 1962 年。起初是战争期间民阵的信息通报，在民族解放战士中发行。战争结束后，成了阿尔及利亚的主要报纸，作为民阵一党制政府的宣传阵地。1988 年，政府允许独立报纸发行，《圣战者报》继续发行。该报

---

① 欧洲报业中心，http：//ejc. net/media_ landscapes/Algeria，访问时间为 2015 年 8 月 1 日。
② 欧洲报业中心，http：//ejc. net/media_ landscapes/Algeria，访问时间为 2015 年 8 月 1 日。

至今仍是一份政府报纸，主要面向知识分子，日发行量为 20 万份。

2. 私人报纸

《消息报》是阿拉伯语日报，是实行新闻自由后发行的第一份私人报纸，由一群年轻的新闻记者于 1990 年 10 月创办。1993 年、1994 年、1996 年，该报曾先后三次被政府取缔。报纸主要面向知识分子，是知识分子群体探讨有关民主、经济发展、社会发展等问题的重要平台。该报采取小报版式，在阿尔及利亚全国以及法国、美国、加拿大三地发行。报纸的日发行量为 20 万份，是被最广泛阅读的报纸之一，占据报纸印刷总量（阿语、法语报纸）的 1/3。[①]

《地平线报》是第二大阿拉伯语日报，仅次于《消息报》。该报于 1985 年在阿尔及尔创建之时，社长由《圣战者报》社长兼任，但设有独立的编辑部。除刊载少量当日的重大新闻外，该报以软新闻为主，辟有 1 个英文版面报道国内新闻。该报文字简洁、通俗易懂、版面生动，体育版深受体育爱好者的欢迎。20 世纪 90 年代，该报开始独立发行。该报经常批评政府以及内战后仍然活跃的伊斯兰主义运动。该报还发行一份补充周报，名为 *Ech Chorouk El Ousboui*。

以上两份报纸都是员工自有的报纸。

《奥兰日报》是流行最广的法语报纸，1994 年在奥兰创办。该报因其高质量的新闻而知名，没有政治或宗教方面的归属。报纸的发行量估计为 10 万~20 万份，读者数量估计为 30 万~60 万人。

（三）杂志

阿尔及利亚的全国性新闻周刊有《阿尔及利亚时事周刊》《非洲革命》《圣战者周刊》《体育周刊》《目标周刊》《自由经济周刊》等。

《阿尔及利亚时事周刊》是一份具有很强社会影响力的法文周刊。该刊原是圣战者报社出版的一份新闻周刊，1965 年创办。该刊的主要读者是政府行政人员、知识分子和私营企业家，每周四出版，每期20~25 个版面，发行量为 25 万份。

---

① 欧洲报业中心，http://ejc. net/media_ landscapes/Algeria，访问时间为 2015 年 8 月 1 日。

《非洲革命》是与《阿尔及利亚时事周刊》并列的两家重要的法文周刊之一，一直是民阵的机关刊物。该刊在国内外名噪一时。多党制推行以后，该刊的影响力减弱。

（四）图书出版社

阿尔及利亚比较大的图书出版社包括巴赫扎克出版社、马尔萨出版社、纳克德出版社和特尔出版社。这些图书出版社兼营出版与发行业务。其中特尔出版社是目前最大的以出版高等院校教学用书为主的出版社，以出版文学、艺术、科学类的高等院校用书为主。

也有一些小型印刷出版企业只负责印刷与出版，不负责发行。莫甘印刷所就是一家只负责印刷和出版的企业，图书的发行与销售由莫甘书店负责。莫甘书店是阿尔及利亚销售图书种类最齐全的书店。

三 广播电视媒体

（一）广播电台

阿尔及利亚的国家广播电台是公共广播电台，负责广播节目的制作和播放。

基于 1987 年 7 月法令，创建了国家广播电台公司。基于 1991 年 4 月法令，正式建立公共广播电台。4 月的另一部法令确定了其规格。

公共广播电台的法律性质是具有工商业属性的公共机构，由通讯部监管。作为公共广播实体，其构成如下。

公共广播电台管理 3 个国家频道，即 1 频道，以阿拉伯语播出；2 频道，以塔马齐格特语播出；3 频道，以法语播出；每个频道均为 24 小时播出。

此外，公共广播电台还设有国际频道，播出语言包括阿拉伯语、英语、法语、西班牙语，均 24 小时广播。公共广播电台还包括分布于 48 个省首府的 48 个地方电台、02 专题电台以及吉尔调频（Jil FM）电台。

1998 年有关 1990 年新闻法的修正案明确允许私人广播电台的创建。地平线报媒体集团拥有地平线新闻频道，该新闻频道是集团的"新闻出口"。消息报媒体集团拥有消息报播出频道。

（二）电视台

阿尔及利亚的电视节目制作与播放主要由公共电视机构负责。

基于 1986 年 7 月法令，创建了国家电视公司。基于 1991 年 4 月法令，正式成立公共电视机构。公共电视机构的法律性质是具有工商业属性的公共机构，由通讯部监管。公共电视机构作为国家运营的实体，监督公共电视播出情况，管理下属 5 个电视频道：阿尔及利亚地方台、阿尔及利亚有线台、阿尔及利亚 3 台、电视 4 台、电视 5 台。

阿尔及利亚地方台播发全国各地信息，是全国电视节目播放的垄断单位，全国各地均能收看。该频道提供新闻、气象、经贸信息、电影、教育、体育、娱乐等电视节目。

阿尔及利亚有线台于 1994 年开播，是主要面向海外阿尔及利亚社群，特别是欧洲阿尔及利亚社群的频道。该频道以播放表现阿尔及利亚国内政治与经济发展现状节目为主，同时播放新闻、文化、娱乐、体育等节目。该频道的节目使用法语播放，被称为阿尔及利亚的法语国际台。阿尔及利亚有线台的节目还在线播放。

阿尔及利亚 3 台于 1999 年 12 月开播，是主要面向居住在阿拉伯国家的阿尔及利亚人的电视频道，以播放新闻节目为主，目的是加强移居国外的侨民与祖国的沟通。

电视 4 台为塔马齐格特语频道。电视 5 台为古兰经频道，播放伊斯兰宗教节目。

公共电视机构的总部位于阿尔及尔，设立了 4 个地区单位，分别位于西部的奥兰、东部的君士坦丁、西南部的贝沙尔、东南部的乌尔格拉。截至 2017 年 3 月，阿尔及利亚有线台和阿尔及利亚 3 台还开通了专门的高清电视频道。

另外，阿尔及利亚也有私人电视台。地平线报媒体集团拥有地平线电视台。地平线电视台是阿尔及利亚首家私人卫星电视台。新的媒体法通过之后，允许商人/新闻记者创建自己的电视台和广播电台。这个频道播出 10 个左右的专题电视节目，包括政治、商业、社会、体育、娱乐和音乐节目，也播出新闻节目。

（三）广播电视播出机构

广播电视播出机构是广播和电视节目播出的主渠道，该渠道由政府所有，由阿尔及利亚公共电视广播公司运营。

公共电视广播公司由通讯部监管。除播放公共电视机构制作的电视节目外，公共电视广播公司还负责转播外国电视台的节目。转播西方国家的电视节目时使用法语。公共电视广播公司在全国各地设立了40多个发射中心，建有卫星空间转发站、数字空间站等设施。

目前，通讯部负责投资建设地面数字电视网。2010～2018年，阿尔及利亚公共电视广播公司已经部署了80多个地面数字播放设备，播放公共电视机构的节目。①

1995年，公共电视广播公司建立了国际新闻中心，改善了媒体的工作环境，完善了重大事件中政府性的和制度化的沟通机制。这一中心建立的背景是记者和他们的信息源之间的接触不足。电信领域服务的商品化，也使记者与他们的报纸更为便利化。新闻记者通过成功的事件证明该中心是一个不可或缺的通信工具，其可提供更好的信息服务和覆盖媒体的商品。另外，这个中心可以作为一种交流手段，承接相关的文化和艺术活动。这些都是鼓励政府把国际新闻中心变成一个永久性实体的理由。2002年4月的行政法令规定了国际新闻中心的创建及其组织和运作方法，国际新闻中心正式建立起来。

国际新闻中心的使命如下。

首先，该中心接受常驻记者、特使和全国新闻工作者的采访，以报道新闻事件。为了使这种采访完全有效，记者可以面向和了解信息的不同来源，包括行政部门以及主要的经济、社会、文化、旅游机构。

其次，该中心组织记者招待会，由负责国内、国际专题的本国人和外国人做报告。参与者包括政经界的决策者，民间社会的名人、创作者或作家、分析师、观察家或高级专家。记者招待会或辩论的内容覆盖广泛的领

---

① 阿尔及利亚通讯部，http://www.ministerecommunication.gov.dz/en/node/202，访问时间为2015年7月28日。

域，议题可以由卸任总理或外国名人设置，或由一部文学作品或专门的研究报告引发。

最后，该中心提供了一个交流和聚会的空间。聚会、交流可以是不定期的，也可以是定期的，参加者包括阿尔及利亚的新闻记者、专业人士、外国新闻界的友好人士等。

四 电影机构

（一）电影生产、发行和管理机构

1961 年，阿尔及利亚共和国临时政府成立了电影委员会。1963 年，第一家国有电影生产机构——阿尔及利亚新闻电影局成立。1964 年国家电影中心成立，负责审批和进口外国影片，并管理各电影院。1967 年，阿尔及利亚组建了国家电影工贸局，取代了国家电影中心，并负责电影的生产和发行，原来由国家电影中心管理的各电影院交给各市镇政府管理。1974 年，视听艺术联合委员会成立，被纳入国家电影工贸局。

从 1984 年起，阿尔及利亚相继成立了若干国有电影生产企业和发行公司，其中包括国家电影生产企业、国家电影发行公司、国家新闻电影录制社、国家视听艺术产品生产企业、阿尔及利亚电影艺术及电影工业中心等。

政治骚乱、经营管理不善等导致电影产品减少。1998～1999 年，政府关闭了阿尔及利亚电影艺术及电影工业中心、国家视听艺术产品生产企业、国家新闻电影录制社，因为它们没有产生任何利润。电影行业的很多专业人士认为上述措施不够有效，阿尔及利亚的电影已经死亡。当时，阿尔及尔的很多电影院被夜总会和快餐店取代。自政府采取上述措施之后，很多电影专家试图打击盗版和非法视频，但没有取得成功，主要成就是保护了破产公司的电影设备。

21 世纪初，政府在电影产业上似乎提高了认识水平。2004 年，国家电影和视听艺术中心建立，并被赋予人力资源和足够的物资来复兴电影。

为打破阿尔及利亚电影的孤立格局，政府还组织了一些大型文化活动，例如"法国的阿尔及利亚年""阿尔及利亚：阿拉伯文化之都"

"泛非影展"等。这些活动资助了很多私人的和合拍的国产电影，有利于电影的复兴。这些活动并不意味着一个可持续的电影产业的开端，但很多年轻的电影制片人开始出现，加大了政府基金对各种类型电影的支持力度。

（二）电影艺术与技术发展基金

该基金根据 1968 年 11 月 15 日的法令设立。基金的宗旨是：支持电影的制作与发行、支持电影资料的保存、资助电影节等促进电影发展的活动。基金的使用分配如下：80% 被用于电影的制作与发行，12% 被用于电影资料的保存，8% 被用于举办电影节等活动。

1992 年，新闻与文化部专门成立了国家影视项目评判与资助委员会（简称影评委员会），基金的申请、评议、发放至此规范化。候选单位或个人在准备开机前至少 3 个月，将拟拍摄电影的有关材料提交影评委员会，由影评委员会进行评议，决定是否给予资助。给予的资助分期发放，一期发放资助总额的 40%，用于项目的启动，在电影制作方与基金签署协议后发放。二期发放总额的 30%，在正式开拍之前发放。三期发放余下的 30%，在全部拍摄结束之后发放。

五 互联网和新媒体

影响网络信息和通信技术普及率的主要因素在于电脑的费用、互联网的联通性、网站内容的吸引力。为提高普及率，政府采取了许多措施，包括从 2001 年起建设光纤网，为使用宽带技术奠定基础；降低网络接入费用和网络服务商使用的宽带价格；2008 年 1 月批准投资总额为 1 亿欧元的计划，在全国所有的高等院校建立互联网；推动国内主要的网络服务提供商阿尔及利亚电信的私有化进程。

2005 年，网络服务供应商共 30 个。2008 年，全国有 897 个互联网主机。网吧的数量从 2000 年的 100 个跃升至 2008 年的 5000 多个。互联网用户 2000 年为 1 万人，2006 年达到 15 万人，2008 年为 410 万人，2012 年约为 523 万人。在线聊天、寻找工作机会非常普遍。

2014 年，阿尔及利亚电信建立了 LTE 网络，使阿尔及利亚成为北非第一个拥有如此网络的国家。

在互联网普及的背景下，传统媒体（包括广播电视媒体、印刷媒体）发生了一些变化，新媒体开始出现。有的广播电视媒体开始上线。印刷新闻每天在线出版（周五除外）。阿尔及利亚的博客由阿拉伯语、英语或法语书写，涵盖社会、文化和政治话题。2008 年末，出现了 5000 多个博客。

阿尔及利亚没有直接的新闻审查制度，对互联网不做或很少审查。但是，政府规章允许对互联网的接入控制和内容监控，特别是涉及反恐时。

第八章

外　交

第一节　外交政策

阿尔及利亚独立以来，外交政策的总体特征是坚持独立自主、捍卫主权和领土完整以及积极的不结盟。这些特征与阿尔及利亚遭受法国殖民 132 年的历史，阿尔及利亚作为非洲、阿拉伯世界和地中海地区重要国家的战略地位，以及二战以来国际格局的演变有着密切关系。阿尔及利亚独立以来的外交政策可分为四个历史时期：1962～1965 年为反殖亲苏时期、1965～1978 年为积极的不结盟时期、1978～1999 年为缓和收缩期、1999 年以来为地区及国际地位恢复期。综观独立以来的外交政策，阿尔及利亚在地区和国际事务上一直保持理性，成功地游刃于大国和地区国家之间。尽管阿尔及利亚曾因内部动荡遭遇两次外交孤立，但其仍通过采取顺应时势的外交政策，长期保持在非洲、阿拉伯世界及地中海地区的重要地位。

一　外交政策概述

阿尔及利亚独立以来的外交政策可分为四个阶段。其中 1962～1965 年以及 1965～1978 年这两个阶段的外交政策总体方向是一致的，体现出反对殖民主义、亲苏联及社会主义国家、重视非洲及阿拉伯世界以及积极的不结盟的特点。这两个阶段也是独立以来外交政策总体方向的确立期。这两个阶段外交政策的不同点主要体现在两个方面。一是与苏联的关系，前一个阶段的情感色彩相对浓郁，后一个阶段体现了对国家利益的考量；二是

与非洲及阿拉伯世界的关系，前一个阶段两者并重，后一个阶段更重视阿拉伯世界。这种差异与布迈丁在1965年通过政变上台有着直接的联系。这场政变也导致了阿尔及利亚独立以后首次遭遇外交孤立。由于上述两方面的差异，阿尔及利亚的积极不结盟政策在后一个阶段体现得更为明显。

1978～1999年，国际格局和阿尔及利亚内政都发生了重大变化，阿尔及利亚的外交政策也随之发生了调整，意识形态色彩逐渐淡化，趋向缓和。其中1992～1999年，阿尔及利亚陷入内战，陷入第二次外交孤立。1999年以来，曾长期担任阿尔及利亚外交部长的布特弗利卡执政后，积极恢复阿尔及利亚在地区和国际舞台上的地位，阿尔及利亚与西方、非洲、中国的关系都获得了充分发展。

综观阿尔及利亚建国以来的外交政策，阿尔及利亚在外交领域始终保持理性，能够顺应时代的变化而做出相应的政策调整。这使阿尔及利亚始终保持在非洲、阿拉伯世界和地中海地区的战略地位。2010年年底中东变局发生以来，阿尔及利亚一直保持稳定的政局。在未来的非洲、中东地区政治格局中，阿尔及利亚或将扮演更重要的角色。

二 本·贝拉时期的外交政策

本·贝拉时期的外交政策的基本特征是以维护国家独立为核心，确立外交方向。1962年3月，阿尔及利亚与法国签署《埃维昂协议》，摆脱了殖民地身份，走上了独立自主的发展道路。1962～1965年，阿尔及利亚处于本·贝拉执政时期。这一时期，阿尔及利亚独立以来的外交政策框架初具雏形。

（一）反对殖民主义

自1830年法国入侵阿尔及利亚以来，阿尔及利亚人民历经了130多年的法国殖民统治。1919年阿尔及利亚民族主义兴起。此后，阿尔及利亚人民通过近半个世纪的斗争才获得独立。特别是在1954～1962年的8年武装斗争中，阿尔及利亚人民浴血奋战，付出了巨大代价。在这样的背景下，独立后的阿尔及利亚外交政策的第一要务便是反对殖民主义，以捍卫民族解放运动的成果。通过高举反对殖民主义的大旗，独立后的阿尔及利亚开始成为第三世界中的重要国家。

本·贝拉致力于将阿尔及利亚打造成全球解放战士的基地。1962 年，曼德拉来到阿尔及利亚接受游击队训练。1963 年，古巴革命领袖埃内斯托·格瓦拉造访阿尔及利亚。此外，科西嘉、巴斯克、乌拉圭、智利和纳米比亚西南非洲人民组织等均曾应邀前往阿尔及利亚学习战斗技巧。① 有学者认为，本·贝拉外交政策的核心原则是"第三世界团结"，即实现非洲、中东、亚洲和拉美国家间的合作，以削弱发达国家对其政治和经济的影响力。② 值得注意的是，本·贝拉在倡导反殖民主义的过程中高度重视非洲独立和非洲团结。

（二）谋求苏联支持

阿尔及利亚独立之时，美苏争霸正愈演愈烈，东西方两大阵营处于对峙状态。刚刚摆脱法国殖民统治的阿尔及利亚一方面需要巩固革命成果，另一方面急需重建物资。阿尔及利亚选择了亲苏立场，走社会主义道路。事实上，美国与阿尔及利亚的接触早于苏联，但并没有使独立后的阿尔及利亚倒向美国。1962 年 10 月，美国总统肯尼迪在白宫会见了本·贝拉。两天后，本·贝拉飞往古巴，会见卡斯特罗，向他转达了与美国总统会面的内容。他还向古巴伸出援手，表示愿意支持古巴革命。阿尔及利亚甚至为拉美的革命者提供了假身份，允许他们在阿尔及利亚受训。③ 本·贝拉用行动表明了其反西方、反殖民主义的立场。

阿尔及利亚独立后，苏联采取了观望的态度。一方面苏联对本·贝拉的政治倾向没有把握，另一方面苏联顾虑其与法国之间的关系。④ 1962 年

① Alex Duval Smith, *Ahmed Ben Bella*: *Anti-French Activist Who Became the First President of Free Algeria*, http://www.independent.co.uk/news/obituaries/ahmed-ben-bella-antifrench-activist-who-became-the-first-president-of-free-algeria – 7654701. html，访问时间为 2014 年 3 月 10 日。

② Ruudvan Dijk, William Glenn Gray, Svetlana Savranskaya, Jeremi Suri, Qiang Zhai, *Encyclopedia of the Cold War*, Routledge, 2008, p. 75.

③ Robert Anthony Waters Jr., *Historical Dictionary of United States-Africa Relations*, Scarecrow Press, 2009, p. 14.

④ David Ottaway, Marina Ottaway, *Algeria*: *The Politics of a Socialist Revolution*, University of California Press, 1970, p. 157.

古巴导弹危机爆发时，阿尔及利亚曾向美国承诺，不会向苏联开放机场以便其向古巴提供补给。[①] 这种表态可能造成了苏联的迟疑。此外，本·贝拉在国内的地位也尚未稳固。1962～1963年，本·贝拉与原临时政府总理本·赫达之间发生了激烈的权力斗争。此后，本·贝拉又忙于排除领导层中可能对其构成威胁的政治对手。1963年9月，本·贝拉出任总统、总理和总司令三职。[②] 随着本·贝拉地位的巩固，苏联打破了沉默，开始对阿尔及利亚进行援助。1963年，苏联宣布向阿尔及利亚提供价值9000万卢布的贷款。

阿尔及利亚发展与苏联的关系的一个重要动机在于改善人民军的落后装备。阿尔及利亚最初向包括法国和美国在内的西方国家谋求支持，但遭到了拒绝，之后转向苏联。1963年9月底，时任人民军总司令布迈丁前往莫斯科讨论购买军火、安排苏联顾问训练阿尔及利亚军队的事宜。1964年，本·贝拉访问莫斯科，受到了热烈的欢迎。这次访问标志着苏联对阿尔及利亚以及本·贝拉个人的支持。通过这次访问，本·贝拉获得了价值1.15亿卢布的贷款，以及苏联对阿尔及利亚石化、纺织等多个领域的技术支持。[③] 此外，民阵也与苏联建立了联系。

在阿尔及利亚与苏联建立密切联系的同时，美国逐渐将阿尔及利亚划为冷战中的"危险一方"。本·贝拉访问莫斯科后，美国的倾向进一步明朗。1965年6月，美国决定暂停对阿尔及利亚的援助，直到阿尔及利亚政府对美国展示友好姿态。[④] 本·贝拉也强调与法国建立良好的互利合作关系，但对于相对亲法的突尼斯和摩洛哥两个邻国，阿尔及利亚的态度较为冷淡。

---

① Robert Anthony Waters Jr. , *Historical Dictionary of United States-Africa Relations*, Scarecrow Press, 2009, p. 144.

② Martin Stone, *The Agony of Algeria*, Columbia University Press, 1997, p. 47.

③ David Ottaway, Marina Ottaway, *Algeria：The Politics of a Socialist Revolution*, University of California Press, 1970, p. 160.

④ David Ottaway, Marina Ottaway, *Algeria：The Politics of a Socialist Revolution*, University of California Press, 1970, p. 157.

（三）主张阿拉伯民族主义

阿尔及利亚民族解放运动期间，本·贝拉曾前往埃及。他在那里接受了阿拉伯民族主义的思想，并获得了纳赛尔对阿尔及利亚革命的支持。20世纪50~60年代，阿拉伯民族主义盛极一时，取得了很多胜利。1956年的中东战争以纳赛尔的胜利告终，这大大增强了阿拉伯民族主义的感召力。对于当时正处于民族解放战争关键时期的阿尔及利亚而言，阿拉伯民族主义的胜利具有极大的吸引力。阿尔及利亚民族解放运动走的正是阿拉伯民族主义的道路。

本·贝拉强调阿尔及利亚的阿拉伯属性。独立后的阿尔及利亚以阿拉伯和伊斯兰为核心建设民族国家认同。《阿尔及尔宪章》对阿尔及利亚做如下定义："阿尔及利亚是一个阿拉伯－伊斯兰国家。这个定义排除了任何按照人种标准的提法，并驳斥了对阿拉伯影响的任何低估。把阿拉伯世界分成单独的地理上或经济上的单位，并没有能够使由历史、穆斯林文化和共同语言形成的各种统一因素降居次要地位。……阿尔及利亚民族的阿拉伯－伊斯兰的实质构成了抵抗殖民主义消灭阿尔及利亚民族的牢固堡垒。"[①]

三 布迈丁时期的外交政策

布迈丁时期的外交政策的基本特征是以不结盟运动为杠杆谋求第三世界的领导地位。相比前一时期，布迈丁时期的外交政策更为积极主动。布迈丁上台后，阿尔及利亚外交的基本诉求没有改变。摆脱法国控制、巩固民族解放斗争的成果在很大程度上仍是阿尔及利亚外交的重要使命。此外，通过政变上台的布迈丁亟须通过提升阿尔及利亚在国际舞台上的地位巩固国内政权。

布迈丁上台之初，阿尔及利亚的外交曾陷入短期困难，这也是阿尔及利亚首次遭遇外交孤立。阿尔及利亚原定于1965年主办第二届亚非会议。

---

① 《阿尔及利亚民族解放阵线党第一次代表大会文件集（1964年4月16日至21日）》，世界知识出版社，1965，第60~61页。

第二届亚非会议选择在阿尔及尔召开是本·贝拉外交的重要胜利，代表了阿尔及利亚在亚非国家中的地位。但在 1965 年，本·贝拉政权被推翻，布迈丁取而代之。政变直接导致第二届亚非会议被搁浅。第三世界和社会主义阵营国家大多对政变持否定态度。苏联对新政权保持了观望态度。非洲方面，几内亚总统塞古·杜尔表示几内亚与阿尔及利亚的命运休戚相关，对政变感同身受；加纳总统克鲁米·恩克鲁玛因过于震惊，直到政变发生 4 天后才向公众公布消息。[①] 埃及与阿尔及利亚的关系骤然紧张。拉美方面，与阿尔及利亚关系密切的古巴险些与阿尔及利亚断交。

（一）借助苏联力量发展军事及经济，摆脱法国的政治、经济影响

面对外交困境，布迈丁没有倒向西方阵营，而是着力于获得苏联的承认和支持。1965 年 12 月，布迈丁获得了访问苏联的邀请。虽然布迈丁没有获得本·贝拉曾经受到的礼遇，但出访仍然实现了主要目标，"保证了苏联经济军事援助的持续"[②]。根据西方外交官的估计，截至 1966 年底，共有大约 3000 名苏联医生、教师、农学家、工程师和军事顾问在阿尔及利亚工作。[③] 苏联的军事援助逐渐成为阿尔及利亚国家人民军的主要外援。但阿尔及利亚与苏联之间并不是一种依附关系，阿尔及利亚首要的国家利益是维持独立自主。相较本·贝拉时期，布迈丁时期阿苏关系的感情色彩被淡化，两国之间的合作更趋理性，这是双方战略需求的结果，而非主要受到意识形态的驱动。

由于获得了苏联的有力支持，阿尔及利亚拥有了摆脱法国影响的杠杆。尽管阿尔及利亚获得了政治上的独立，但法国在经济、文化、军事上对阿尔及利亚仍保持着强大的影响力。1971 年 2 月，阿尔及利亚收回了法国控制的石油产业。这一事件预示着阿尔及利亚与法国的关系即将改

① David Ottaway, Marina Ottaway, *Algeria：The Politics of a Socialist Revolution*, University of California Press, 1970, p. 230.

② David Ottaway, Marina Ottaway, *Algeria：The Politics of a Socialist Revolution*, University of California Press, 1970, p. 233.

③ David Ottaway, Marina Ottaway, *Algeria：The Politics of a Socialist Revolution*, University of California Press, 1970, p. 234.

变。1975 年，时任法国总统德斯坦访问阿尔及利亚。这是阿尔及利亚独立后，法国总统首次访问阿尔及利亚。访问期间，布迈丁表示阿法关系已翻开新的篇章，"阿尔及利亚可以不再带着痛苦或有所保留地与法国对话"①。此后，阿尔及利亚与法国交往的方式发生了历史性的改变。阿尔及利亚不再是法国的前殖民地附庸，而成为与之平等的交往对象。

（二）高举阿拉伯民族主义旗帜，提升在阿拉伯世界的地位

布迈丁时期的外交政策与本·贝拉时期相比的一个显著变化是，从重视非洲和阿拉伯世界转向更偏重阿拉伯世界，突出阿尔及利亚的阿拉伯属性。非洲革命领袖对布迈丁的疏远是阿尔及利亚更偏重阿拉伯世界的外部原因。布迈丁通过政变上台时，非洲革命领袖大多对其持否定态度，认为布迈丁将领导一个保守的军政府，这令布迈丁感到不满。另外，将本·贝拉的倒台与 1966 年加纳总统恩克鲁玛的倒台相提并论更令布迈丁愤慨。布迈丁甚至指控本·贝拉压制阿尔及利亚的阿拉伯属性以换取自己作为泛非主义领袖的地位。② 布迈丁的成长经历和当时阿尔及利亚的国家认同建设目标是阿尔及利亚更偏重阿拉伯世界的内部因素。布迈丁于 1932 年出生在阿尔及利亚东部盖尔马省的一个贫寒农民家庭，从 14 岁开始学习阿拉伯语，曾在突尼斯宰图纳清真寺求学，1951 年进入埃及爱兹哈尔大学学习。作为坚定的阿拉伯民族主义者，布迈丁在其统治时期强力推进了阿尔及利亚的阿拉伯化进程，以完成阿拉伯伊斯兰国家认同的建设，内政上的需求促进了阿尔及利亚与阿拉伯世界的亲近。

布迈丁成为纳赛尔之后阿拉伯民族主义的领袖人物始于 1967 年。当年 5 月，阿尔及利亚在阿尔及尔召开了"阿拉伯社会主义者研讨会"，与会者探讨了阿拉伯世界的社会主义运动，反对封建主义、殖民主义、新殖民主义和帝国主义的斗争经验。阿尔及利亚在这次大会上初露锋芒，展示了扛起阿拉伯民族主义旗帜的雄心。布迈丁坚定地支持巴勒斯坦人民的事

---

① Bernard Reich, ed., *Political Leaders of the Contemporary Middle East and North Africa: A Biographical Dictionary*, Greenwood Press, 1990, p. 118.

② David Ottaway, Marina Ottaway, *Algeria: The Politics of a Socialist Revolution*, University of California Press, 1970, p. 241.

业，强硬地反对以色列。在第三次中东战争和第四次中东战争期间，阿尔及利亚均派军参战。尽管参与有限，但其积极姿态仍为布迈丁崛起为阿拉伯民族主义的代言人创造了机会，也为他赢得了国内民众的支持。1971年，布迈丁大刀阔斧的石油国有化进程推动了中东地区其他国家的石油国有化，并促成了1973年石油输出国组织的建立。

布迈丁在阿拉伯世界积极作为的同时，对两个邻国突尼斯和摩洛哥采取了比本·贝拉时期更强硬的态度。针对与突尼斯的边境纠纷，布迈丁起初拒绝妥协，但最终两国通过外交途径解决了纠纷。阿尔及利亚与摩洛哥的关系则持续紧张。阿尔及利亚在西撒问题上的态度对其在阿拉伯世界的威望造成了负面影响。

（三）推行积极的不结盟政策

布迈丁时期阿尔及利亚外交政策的亮点是积极的不结盟政策。通过在不结盟运动中的主导作用，阿尔及利亚在布迈丁时代崛起为第三世界的领袖国家。1973年，不结盟运动第四次首脑会议在阿尔及尔举行。这是布迈丁时期阿尔及利亚外交的一个高峰，使他成为发展中国家的领袖。[1]

四 沙德利时期和内战时期的外交政策

沙德利时期和内战时期的外交政策的基本特征是国内政局不稳引发外交收缩。1978年，布迈丁逝世。沙德利继任总统。沙德利时期，全球战略格局发生了重大转折，阿尔及利亚也经历了经济和政治改革的阵痛。进入20世纪80年代后，美苏之间的优势对比发生了变化，美国由守转攻，苏联逐渐陷入困境。1989年东欧剧变，1991年苏联解体，社会主义阵营不复存在。

在阿尔及利亚国内，布迈丁时期推行的工业化和农业社会主义改造非但没有使阿尔及利亚建成独立自主的经济体系，反而造成了经济发展的结构性失衡和经济缺乏活力的状况。沙德利上台时，已经察觉到经济发展中

---

① Bernard Reich, ed., *Political Leaders of the Contemporary Middle East and North Africa: A Biographical Dictionary*, Greenwood Press, 1990, p. 118.

的问题，并试图推行改革。然而改革尚未成功之时，国际石油价格的暴跌使经济彻底陷入了泥潭。综观整个沙德利时代，经济和社会危机一直困扰着阿尔及利亚政府。1983 年国际石油价格暴跌，导致阿尔及利亚的油气收入从 1981 年的 142 亿美元锐减至 1986 年的 73 亿美元。[1] 1988 年，经济增长率跌至 -3.6%。[2] 由于陷入财政危机，政府取消了对粮食和基本生活用品的补贴，粮食价格随即飙升，住房问题越来越严峻，官方公布的失业率上升至 30%。[3] 20 世纪 80 年代末，民阵的统治已摇摇欲坠。

沙德利时期的社会危机主要体现在伊斯兰主义势力的崛起和柏柏尔主义运动的发展。1980 年，阿尔及利亚爆发了"柏柏尔之春"。这场运动不仅是柏柏尔少数族群要求文化和语言权利的运动，作为"独立以来最严重的一次挑战阿尔及利亚政权的群众运动"[4]，它给阿尔及利亚的命运也带来了长远的影响，唤起了阿尔及利亚人对民主、人权和文化多元化的要求。阿尔及利亚占统治地位的意识形态遭到挑战，多元化话题被正式引入政治生活。此后柏柏尔政治力量成为阿尔及利亚的一支反对派力量。1988年，阿尔及利亚爆发了更大规模的暴乱，史称"黑色十月"事件。1988年暴乱是阿尔及利亚独立以来各种社会矛盾的总爆发。在这场运动中，蓄势待发的伊斯兰主义成为阿尔及利亚实力最强的政治反对派。此后，阿尔及利亚开始进行公开化改革，尝试对独立以来的政治经济体制进行调整。鉴于这样的国际和国内形势，沙德利时期阿尔及利亚外交的对抗性日益下降，意识形态色彩逐渐淡化，向务实低调的方向发展。

（一）保持第三世界话语，放弃全球性外交

沙德利上台时做出了延续阿尔及利亚外交传统的姿态。出任总统后，

---

① James D. LeSueur, *Algeria since 1989: Between Terror and Democracy*, Fernwood Publishing Ltd. , 2010, p. 27.

② Frederic Volpi, *Islam and Democracy: The Failure of Dialogue in Algeria*, Pluto Press, 2003, p. 38.

③ James D. LeSueur, *Algeria since 1989: Between Terror and Democracy*, Fernwood Publishing Ltd. , 2010, p. 33.

④ Hugh Roberts, "The Unforeseen Development of the Kabyle Question in Contemporary Algeria," *Government and Opposition*, Volume 17, Issue 3, 1982, p. 312.

他访问了多个阿拉伯国家，之后又访问了马里等 11 个非洲国家。1980 年两伊战争爆发后，阿尔及利亚尝试进行调解。此举是对布迈丁于 1975 年调解两伊之间的边界纠纷，并促成双方签订《阿尔及尔协议》的一种延续。但调解行动因时任阿尔及利亚外交部长穆罕默德·萨迪格·本·叶海亚于 1982 年 5 月意外死于空难戛然而止。[1] 上述两项行动彰显了沙德利继承独立以来阿尔及利亚的地缘政治遗产的决心。

随着时间的推移，阿尔及利亚实际上放弃了全球性外交。1979 年之后，阿尔及利亚仍允许若干个解放运动组织保留在阿尔及利亚的办事处，但支持力度有所减小。与此同时，阿尔及利亚开始对恐怖分子和民族解放战士进行明确的区分。随着冷战的结束，两个超级大国之间的政治空间发生了变化，不结盟运动也失去了原先的杠杆作用。沙德利无法再像布迈丁那样通过不结盟运动使阿尔及利亚成为世界外交舞台上的棋手，阿尔及利亚的第三世界领袖地位也逐渐衰落，开始强调其阿拉伯、非洲和地中海属性。在阿拉伯世界，阿尔及利亚的外交重点转移到周边国家，但仍保持对巴勒斯坦事业的支持。

（二）缓和与西方国家关系，实现与大国关系多样化

在苏联解体之前，阿尔及利亚的对外交往已经多样化，其中尤为重视同美国、法国改善和发展关系。沙德利的重要举措之一是在 1979～1981 年调解了美国驻伊朗大使馆人质危机。通过这一行动，阿美关系解冻。1983 年 9 月，美国副总统乔治·布什访阿，这是阿美复交以后两国高层间的首次访问，阿美关系获得了突破。1981 年，属于法国左翼阵营的密特朗总统访问阿尔及尔。这次访问是两国关系的新起点。此后，阿尔及利亚和法国之间的务实合作发展起来。

（三）改善与马格里布国家的关系

沙德利时期，阿尔及利亚重视与周边国家的外交关系。阿尔及利亚致力于促成马格里布团结，呼吁实现地区经济、政治合作。沙德利首先致力

---

[1] Benjamin Stora, *Algeria*, *1830 – 2000*：*A Short History*, Translated by Jane Marie Todd, Cornell University Press, 2001, p. 188.

于改善与摩洛哥的关系。沙德利还积极发展与利比亚的关系。

　　总体而言，沙德利时期阿尔及利亚外交政策的对抗性明显下降，适应性显著上升。阿尔及利亚与西方国家及周边国家的关系也有所改善。这与这段时间的国际格局以及国内政治经济局势的变化有着密切关系。1988年"黑色十月"事件结束后，阿尔及利亚开始公开化改革，推进民主化进程。1990~1991年，阿尔及利亚举行了地方选举和议会选举。伊阵在大选中胜出，军方采取行动中断了选举。1992年，军方宣布解散议会，建立最高安全委员会。该委员会宣布取消1991年12月选举的结果，建立由5人组成的最高国务委员会，并宣布逮捕伊阵领导人。阿尔及利亚的民主化尝试以灾难性的结局收场。军方以非常方式终结伊阵的胜利后，阿尔及利亚陷入了内战。

　　内战时期，阿尔及利亚外交呈收缩态势，国内冲突和经济局势的恶化使阿尔及利亚无力顾及国际事务。阿尔及利亚由此陷入独立后的第二次外交孤立。这段时间阿尔及利亚外交的重点是防止孤立和外部势力对国内冲突的干涉。军方谋求国际社会对其于1992年取消选举结果、阻止伊阵上台的默许，以及对随后采取的针对伊斯兰武装组织的军事行动的谅解。外交政策的方向是说服西方和阿拉伯世界，唯有军事手段方能解决阿尔及利亚的内乱。[1]

五　布特弗利卡时期的外交政策

　　布特弗利卡时期的外交政策的基本特征是通过平衡地区和国际力量维护独立自主局面。1999年，布特弗利卡当选阿尔及利亚总统，阿尔及利亚外交进入了复苏期。上台伊始，布特弗利卡频频在国际舞台亮相。上台后的1年左右时间里，他一共进行了32次出访。[2] 布特弗利卡强调全方

---

①　Anouar Boukhars, *Algerian Foreign Policy in the Context of the Arab Spring*, http://carnegieendowment.org/2013/01/14/algerian-foreign-policy-in-context-of-arab-spring/flxf#，访问时间为2014年3月15日。

②　Bruce Maddy-Weitzman, *Middle East Contemporary Survey* (*Volume XXIV: 2000*), the Moshe Dayan Center for Middle Eastern and African Studies, Tel Aviv University, p. 164.

位外交，其外交政策积极主动、灵活开放，旨在全面恢复阿尔及利亚在地区和国际舞台上的地位。布特弗利卡上台后的外交攻势，提高了阿尔及利亚在地区和国际舞台上的声望。

（一）积极参与非洲事务，加强与北非阿拉伯国家的关系

非洲成为布特弗利卡时期阿尔及利亚外交攻势的跳板。[1] 布特弗利卡利用担任非统执行主席的契机，调解非洲国家的边界冲突。布特弗利卡还与非洲主要国家的领导人一道积极推进非洲经济外交。此外，布特弗利卡还致力于加强与北非阿拉伯国家之间的关系。

（二）与美国结成反恐盟友

作为经验丰富的外交家，布特弗利卡上台以来在对美外交方面取得了很大成功。阿美关系取得了显著进展，阿尔及利亚成为美国的反恐盟友，以及美国在非洲、阿拉伯世界的重要合作伙伴。

（三）加强与欧洲的合作

布特弗利卡打破外交孤立的一项重要举措是推动阿法关系进入新阶段。布特弗利卡充分利用两国因历史和地理的联系以及因移民而形成的相互交织的关系，为双边关系的发展注入了新的动力。[2] 布特弗利卡高度重视改善与欧盟的关系。2012 年，欧盟外交与安全政策高级代表凯瑟琳·阿什顿将阿尔及利亚称为欧盟的"战略伙伴"[3]。

（四）延续与中国在历史上的友好关系，升级双边关系

中国与阿尔及利亚有着传统的友好关系，一直保持着融洽的关系。布特弗利卡上台后，中阿关系不断升级。2014 年 2 月，中阿同时发表《关于建立全面战略伙伴关系的联合公报》，正式宣布建立中阿全面战略伙伴关系。这是中国同阿拉伯国家建立的第一个全面战略伙伴关系。

---

[1] Martin Welz, *Integrating Africa: Decolonization's Legacies, Sovereignty and the African Union*, Routledge, 2012, p. 73.

[2] Ahmed Aghrout, Mohamed Redha Bougherira, *Algeriain Transition: Reforms and Development Prospects*, Routledge, 2004, p. 190.

[3] *The Report: Algeria 2012*, Oxford Business Group, p. 38.

第二节 与美国的关系

一 本·贝拉和布迈丁时期的阿美关系

阿美两国建交很早，但在两大阵营对立时期，两国关系进展不大。1962 年 9 月，阿美正式建交。1963 年 2 月，美国负责非洲事务的助理国务卿威廉斯访阿，两国发表了《联合公报》，为双边关系的发展奠定了基础。1967 年第三次中东战争爆发，美国在战争中支持以色列，激起了阿拉伯国家的强烈不满。阿尔及利亚宣布断绝与美国的外交关系。1974 年 11 月，双方恢复了外交关系，此后双边贸易发展起来。但是，布迈丁在国内推行社会主义路线，在外交上高举"反帝反殖"的旗帜，在两大阵营对立的背景下，阿美两国关系的发展空间不大。

二 沙德利时期的阿美关系

通过在 1979~1981 年调解美国驻伊朗大使馆人质危机，沙德利向美国发出了友好的信号，同时显示了在中东地区的协调能力。尽管如此，阿美关系仍遇到了一些障碍。其中包括里根政府加紧对摩洛哥的军事援助，以及阿尔及利亚与埃尔帕索天然气公司的谈判失败，导致阿尔及利亚承担了价值 25 亿美元的基础设施建设费用。[①] 20 世纪 80 年代，阿尔及利亚开始审慎的经济自由化改革之后，阿美关系获得了突破。1983 年，时任美国副总统乔治·布什访问阿尔及利亚，他对阿尔及利亚的不结盟政策表示理解。1985 年，沙德利访问华盛顿。阿美关系进入了新的阶段，两国在贸易、投资、文化和教育等领域的合作开展起来。

---

① Robert O. Freedman, *Moscow and the Middle East: Soviet Policy Since the Invasion of Afghanistan*, Cambridge University Press, 1991, p. 101.

三　阿尔及利亚内战时期的阿美关系

美国大力支持阿尔及利亚的民主化进程。1988 年 10 月，阿尔及利亚发生暴乱，美国政府迅速表态支持沙德利政府平息暴乱。1991 年 8 月，美国国务卿贝克就召开中东和会访阿，两国关系发展平稳。但是，1992 年阿尔及利亚军方宣布终止立法选举，使在非洲大力推行"民主政治"的美国大失所望。美国呼吁阿尔及利亚政府与伊斯兰主义者进行对话。伊阵国外议会代表团主席安瓦尔·哈达姆住在美国。1993 年，伊斯兰主义者对世贸中心的炸弹袭击改变了美国的观点。美国仍然呼吁对话，但逐渐开始同情由阿尔及利亚当局发动的体制民主化活动。

1995 年，阿尔及利亚举行首次多党制普选，产生了首位民选总统。美国政府对此高度评价。1996 年 3 月，美国负责近东事务的助理国务卿罗伯特·佩尔特罗对阿尔及利亚进行工作访问，与泽鲁阿勒讨论了阿尔及利亚的政治和经济发展情况，表示美国政府支持阿尔及利亚的经济和政治改革措施，并转交了克林顿总统的信件。同年，美国政府拒绝给予安瓦尔·哈达姆政治避难权，表达了支持阿尔及利亚政府打击恐怖主义的立场。1998 年 3 月，美国副国务卿英迪克访阿，重申了美国政府支持阿尔及利亚的政治、经济改革，以及支持阿尔及利亚政府反对恐怖主义的斗争的立场，并转交了克林顿的一封信。

在推进阿尔及利亚民主化的同时，美国开始对阿尔及利亚进行经贸援助。与此同时，美国石油公司增加了在撒哈拉地区的投资，加紧进入阿尔及利亚的石油工业和马格里布市场。1995 年，美国政府批准了对阿经贸援助计划，计划在 3 年内向阿提供援助用以促进两国间贸易的发展。1997 年，美国多家石油公司先后派团访阿，签订了数十个合作开发油气合同，投资金额为数亿美元。1998 年 3 月，英迪克访阿期间与乌叶海亚总理会谈，表示阿尔及利亚正在进行的政治、经济改革为美国公司参与阿尔及利亚的发展提供了机遇，美国十分高兴参与阿尔及利亚的石油工业开发。同年 9 月，美国国务卿奥尔布赖特向阿尔及利亚政府正式递交了《美国—马格里布合作计划》备忘录。该项合作计划旨在通过美国资本和技术的援助，推动马格里布三国的经济自由化，建立美国—马格里布自由贸易区，加快美国进入这一市场。阿尔及利亚被视为该项计划的关键。

1998 年 10 月，阿尔及利亚海军与美国海军第六舰队进行联合军事演习，美国舰队派出驱逐舰与阿尔及利亚海军共同进行有关海上搜救方面的演练。这是两国多年来首次开展的海上联合军事演习。

四 布特弗利卡时期的阿美关系

布特弗利卡上台后，阿美关系取得了显著进展。首先是政治互信增强。2001 年 6 月，布特弗利卡对美国进行了国事访问，双方达成在油气领域加强合作的意向。"9·11"事件发生后，阿尔及利亚迅速表示了对美国的支持，抓住机遇成为美国的反恐盟友。11 月，布特弗利卡二度访美，与小布什总统就反恐问题进行磋商。此后，由于两国在反对伊斯兰极端主义上的共同观点和阿尔及利亚油气资源的吸引力，阿美双边关系大幅改善。

2010 年年底中东变局发生后，美国驻阿尔及利亚大使亨利·S. 恩舍表达了美国对阿尔及利亚政治改革的信心，并强调了美阿之间的传统友好合作关系以及阿尔及利亚在解决伊朗人质危机和反恐方面做出的贡献。[1]2014 年 4 月，美国国务卿克里表示，"阿尔及利亚是维持马格里布地区、非洲以及阿拉伯世界和平与稳定的一支重要力量"[2]。

阿美两国建立了战略对话机制。2012 年 1 月，阿尔及利亚外交部长梅德西赴美出席 77 国集团主席国交接仪式期间访问华盛顿。2 月，美国国务卿希拉里访阿。4 月、9 月，美国非洲司令部总司令卡特两度访阿。10 月，首轮阿美战略对话在华盛顿举行。2014 年 4 月，美国国务卿克里访阿，将阿美战略对话升格为部长级。2015 年 3 月，阿外长拉马拉访美，与克里共同主持第三轮阿美战略对话。

---

① *President Bouteflika Meets with New U. S. Ambassador Henry S. Ensher*, http：//www. algeria-us. org/algeria-us-relations-overview-mainmenu – 227/987 – president-bouteflika-meets-with-new-us-ambassador-henry-s-ensher. html，访问时间为 2012 年 2 月 24 日。

② 《美国国务卿表示继续支持阿尔及利亚反恐斗争》，新华网，http：//news. xinhuanet. com/world/2014 –04/03/c_ 1110096200. htm，访问时间为 2014 年 4 月 15 日。

其次是经贸合作领域扩大。美国对阿投资集中在石油化工领域。2000年4月，美国阿美拉达·赫斯石油公司与阿尔及利亚国家石油公司签署了两项关于合作开采和勘探石油的合同。一是金额为5.5亿美元的石油开采合同，合同的有效期为25年。二是石油勘探合同。美国投资占阿尔及利亚油气领域外国公司投资的一半以上。在阿美国油气公司的产量约占阿尔及利亚油气生产总量的40%。阿尔及利亚出口原油的约1/3被输往美国。

2000年6月，在第33届阿尔及尔国际博览会上，美国派出30多家公司参展，这是美国企业近10年首次在该博览会上露面。除石油公司外，还有微软等著名跨国公司参展。美国希望对阿投资领域从石油行业扩大到信息、通信、制药、食品和环保等行业。美国助理国务卿伯恩斯2002年底访阿时，表示美国支持阿尔及利亚的经济改革和对外开放，并将按照美国—马格里布经济伙伴关系计划和美国—北非经济援助计划来发展双边经贸关系。

2001~2003年，阿美贸易额呈下降趋势。阿出口美国的商品主要是碳氢产品，进口美国的商品主要是机械设备和粮食及其制品。为推动两国贸易发展，2003年12月，美国国务卿鲍威尔对阿尔及利亚进行访问。双方表示要继续加强两国在多领域的合作关系，将两的经贸关系从石化领域扩大到其他领域，将签署开通两国民用航线的协议，还将签署投资保障协议。美国政府在当年年底做出决定，同意给予阿尔及利亚贸易特惠待遇。

从2004年起阿尔及利亚出口美国的产品享受"美国关税一般特惠制"规定的低关税，阿美贸易由此受益。当年，两国开始商讨签订双边投资协议和双边避免双重征税协议。2004年，阿美贸易额出现较大增长，达到85.3亿美元，其中阿出口美国达73.4亿美元。美国跃居阿第一进口大国，占当年阿出口总额的23.2%，远远超过意大利（占16.7%）、法国（占11.4%）、西班牙（占11.3%）等国。

2004年、2005年，美国是阿尔及利亚最重要的商业客户。

2007年6月，阿美两国签署了民用核能合作协议。2010年4月，外长梅德西代表布特弗利卡总统出席在华盛顿举行的核安全峰会，并会见了美国国务卿希拉里。2015年10月，财政部长本·赫尔法与美国驻阿代表签署了互换税务信息的协定。

2015～2017年，阿美两国的经贸往来减少。衡量进口、出口、贸易平衡、美国投资四项指标，美国贸易代表办公室列明的美国在中东和北非地区的十大重要伙伴为：巴林、埃及、以色列、约旦、科威特、摩洛哥、阿曼、卡塔尔、沙特阿拉伯、阿拉伯联合酋长国（以国名首字母为序）。[①]在美国的贸易伙伴中，阿尔及利亚在中东和北非地区的排名跌出前十位，在马格里布地区被摩洛哥超越。

最后是安全合作深化。阿尔及利亚是阿拉伯、非洲、地中海地区国土面积最大的国家，战略地位重要，在维护地区安全方面具有特殊作用。美国看重这种作用。2000年，阿尔及利亚作为非统主席国成功调解埃塞俄比亚与厄立特里亚的边界冲突。12月，奥尔布赖特出席在阿尔及尔举行的《埃塞俄比亚—厄立特里亚和平协议》签字仪式，高度评价美阿双方在调解非洲地区冲突中的"合作模式"，并表示希望进一步加强与布特弗利卡政府的合作关系，以便更好地合作解决非洲其他地区乃至中东地区的问题。

2002年，美国解除了对阿尔及利亚长达10年的武器禁运。2003年美国入侵伊拉克，布特弗利卡成功地让美国相信，宗教极端势力试图把阿尔及利亚作为训练营，以对抗入侵伊拉克的美军，并以此维持了与美国之间的盟友关系。[②]2005年，阿尔及利亚加入了美国的跨撒哈拉反恐伙伴计划，并参加了美国组织的"燧发枪"系列军事演习。

值得注意的是，在地区安全事务中，阿尔及利亚不仅改善了与美国的关系，还彰显了其在地区安全事务上的领导作用。最为典型的是，阿尔及利亚虽然与美国在北非和萨赫勒地区开展密切的反恐合作，但反对美国设立非洲司令部，主张由非盟的集体安全机制来处理非洲的安全事务。

---

① 美国贸易代表办公室，https://ustr.gov/countries-regions/europe-middle-east/middle-east/north-africa，访问时间为2019年2月6日。

② James D. LeSueur, *Algeria since 1989: Between Terror and Democracy*, Fernwood Publishing Ltd, 2010, pp. 88 – 89.

第三节　与法国的关系

阿法关系在阿尔及利亚对外关系中占有重要地位。阿尔及利亚与法国有 132 年的殖民宗主关系，曾是法国最大的海外省。由于这种历史原因，阿法关系在阿尔及利亚一直是个敏感话题。与此同时，阿尔及利亚对法国在经济、文化等方面的依存度较高。阿法关系的发展也比较曲折。阿尔及利亚政府在处理与法国的关系时，竭力避免政治上的依附，同时延续了与法国之间的其他互利合作。

一　本·贝拉和布迈丁时期的阿法关系

1962 年 7 月，阿尔及利亚摆脱了法国的殖民主义统治，结束了与法国的殖民宗主关系。独立后，阿尔及利亚继续保持与法国的合作关系，原因如下：独立之时，阿尔及利亚的制造业、采矿业、交通运输业等主要经济部门均受到法国金融资本的控制；语言文化深受法国的影响，教育用语和通用语言均为法语，文化艺术以法国文化艺术为主，阿拉伯伊斯兰文化受到严重摧残；居民在两地的迁徙促成了广泛的社会联系。但是，政治上的独立，意味着经济上、文化上的调整成为必然。平等的、互利的、公正的合作是阿尔及利亚重塑阿法关系的重要原则。

1963 年，本·贝拉提出根据阿尔及利亚选择的社会主义道路来调整《埃维昂协议》，并在阿法之间进行互利的、公正的合作。当年，阿尔及利亚与法国签订了航空、航海协定，阿尔及利亚以主权国家的地位明确了法国在其领空、领海的权利和义务，取代了原先的殖民宗主关系。1965 年的《阿尔及尔协议》是阿法优先关系的典型例证，协议保证了法国在油气领域的特许权。

具有强烈阿拉伯民族主义思想的布迈丁，在外交中强调阿尔及利亚与社会主义国家的友好合作关系以及与阿拉伯世界关系的重要性，但阿法关系也是其关注的重点之一。布迈丁在 1968 年明确指出了阿法之间的利益合作关系：法国需要阿尔及利亚的能源，阿尔及利亚需要与法国进行技术和文化合作，大批阿尔及利亚劳动者在法国就业。布迈丁还非常明确地把阿法关系建立在共同的合作利益之上。但因法国在西撒的非殖民化问题上支持摩洛哥和毛里塔尼亚，加之双方的贸易赤字问题，阿尔及利亚改善阿法关系的愿望落空。

二　沙德利时期的阿法关系

1981 年，法国左翼阵营的密特朗当选总统，阿尔及利亚和法国的关系开始缓解。当年 11 月，密特朗访问阿尔及尔。这次访问成为两国关系的新起点。阿尔及利亚成为密特朗谋求"新型南北关系"的样板。① 1982 年 2 月，两国政府签署了为期 20 年的天然气合作协议和为期 10 年的经济合作总协定。1983 年 11 月，沙德利回访法国。这是阿尔及利亚独立后总统首次访法，不仅密切了两国的政治关系，还推动了两国经贸关系的发展。阿法签订了购买两架空客飞机和 5800 辆雷诺轿车的合同，签署了法国在阿尔及尔修建地铁、建立汽车制造厂的协定。

随着时间的推移，阿尔及利亚与法国的关系越来越务实，双方共同关心的问题从宏观的政治概念转向经济合作、移民管理等方面。20 世纪 80 年代，法国大约有 82 万名阿尔及利亚移民，还有 16 万名在法国出生的二代移民。② 这些移民的身份问题是两国磋商的重要领域。由于国际油气市场价格波动，阿法两国在天然气价格上出现分歧，并演变为贸易摩擦。1985 年，由于法国干涉乍得内政，并明确支持摩洛哥、利比亚两国结盟的《乌季达条约》（1984 年），阿法关系恶化。1988 年 5 月，密特朗连任总统，之后积极改善两国关系。法国政府表示提供 9.5 亿法郎作为阿尔及利亚在天然气贸易中的损失赔偿，同意提高天然气价格，并允诺向阿尔及利亚提供 70 亿法郎的财政援助。

---

① 　Martin Stone, *The Agony of Algeria*, Columbia University Press, 1997, p. 121.

② 　Benjamin Stora, *Algeria, 1830 - 2000: A Short History*, Translated by Jane Marie Todd, Cornell University Press, 2001, p. 188.

三 内战时期的阿法关系

阿尔及利亚内战时期，法国介入阿尔及利亚的人权和民主事务。20世纪90年代初，阿尔及利亚受到宗教极端主义的挑战，沙德利被迫下台，国内政局混乱。1992年，阿尔及利亚军方宣布取缔伊阵，取消选举，阿法双边关系由此陷入困境。

法国政府因伊阵未能上台表示庆幸，但又因阿尔及利亚民主化的终结表示忧虑，并以保护人权的名义为伊阵头目提供政治避难。法国政府还以安全为由，撤回在阿尔及利亚的技术合作人员和侨民，关闭所有的领事馆及文化中心，严格限制对阿尔及利亚公民发放入境签证，取消法航往返阿尔及利亚的班机。1992～1995年，法国政府的公开对阿政策是矛盾的，但私下也审慎地提供了一些政治和经济援助。

1995年2月，法国提议欧盟召开关于阿尔及利亚问题的专门会议，以"促进阿尔及利亚局势恢复正常"。阿尔及利亚政府断然拒绝法国的建议，并发表严正声明，表示不会接受对其内部事务的任何干涉。阿尔及利亚召回驻法大使；紧急召见法国驻阿大使，要求其对法国总统的有关言论做出解释；严厉抨击法国政府干涉阿尔及利亚内政的做法。6月，阿尔及利亚航空公司宣布暂停往返阿尔及尔与巴黎的航班。

法国的干涉行为没有成功。在阿尔及利亚的强烈反应下，法国内阁召开会议，提出对阿三项行动准则：法国希望国际社会援助阿尔及利亚，法国将与欧盟协商，继续向阿尔及利亚提供经济援助；法国不允许在其领土上发生威胁安全的非法活动，希望阿尔及利亚能够通过对话，谋求解决困难的办法；法国认为阿尔及利亚问题最终仍由阿尔及利亚人自己谋求政治解决。2月，法国政府发言人正式宣布了这三项准则，试图缓和法阿外交危机。阿尔及利亚政府坚持强硬立场，取消了原定于10月两国领导人在联大会议期间举行会晤的安排。

法国积极采取行动，主动谋求缓和两国之间的关系。1995年11月，泽鲁阿勒当选首任民选总统，法国政府借机大加赞扬阿尔及利亚的"民主进程"，并做出积极改善和发展双边关系的姿态。1996年7月，法国外长德沙雷特对阿尔及利亚进行正式访问，就阿尔及利亚国内形势及国际问题与阿尔及利亚多个层面深入交换了看法。德沙雷特在访问结束时对媒体表示，法国愿意在互相尊重、维护共同利益和加强磋商的基础上与阿尔及利亚发展和加强双边关系，扩大与阿尔及利亚的贸易，增加对阿尔及利亚的投资。1997年4月，两国恢复了首都间的直航。7月，法国外长在地中海论坛期间会见了阿尔及利亚外交部部长，再次就改善两国关系交换了意见。9月，希拉克总统表示，法国不想干涉阿尔及利亚内政，只想与阿尔及利亚发展平稳与合作的关系。

四 布特弗利卡时期的阿法关系

布特弗利卡执政后，阿法两国仍存在矛盾，情感因素仍对两国关系有着深刻的影响，法国殖民阿尔及利亚的历史仍遭诟病。此外，自20世纪60年代以来，法国庇护了大批柏柏尔人组织和柏柏尔激进分子。1995年建立的世界阿马齐格大会、2001年建立的卡比利亚自治运动都将总部设在法国。2010年建立的卡比利亚临时政府也设在法国。处理好阿法关系对阿尔及利亚政局稳定有着特殊意义。

阿法两国首先致力于重建政治互信。1999年6月和7月，法国内政部部长和外长先后访阿，就解决两国现存的问题交换意见并取得进展。法国外长提出两国致力于加强和重启两国在所有领域的合作。两国政府于1999年12月和2000年4月就重新确立合作关系举行了两次会谈，确定了优先发展合作关系的5个方面：加强高等教育领域的合作；加强技术合作以促进阿尔及利亚的经济改革；开展卫生领域的合作；加强对地方整治的援助，尤其是对水资源、城市规划和垃圾治理等方面的援助；开展青年、体育方面的合作。[①]

2000年6月，布特弗利卡对法国进行了国事访问。这是相隔17年后阿尔及利亚总统再次访法。访问期间，布特弗利卡与法国总统希拉克在爱

---

① http://www.diplomatie.fr/actual/dossier/magrheb/cooperation.html，转引自赵慧杰编著《阿尔及利亚》，社会科学文献出版社，2016，第373页。

丽舍宫举行了会谈，并在国民议会发表演讲。他还前往凡尔登，悼念一战期间为法国而战的阿尔及利亚穆斯林。布特弗利卡强调阿尔及利亚需要与法国实现和解，阿法关系应当进入新时代。[①]

法国放宽了对阿尔及利亚发放签证的限制，并逐步恢复了在阿尔及利亚的领事馆和文化中心。2001 年 12 月，希拉克出访阿尔及利亚，成为法国结束殖民主义统治后首位访阿的总统。2002 年年底，两国政府妥善解决了长期存在的债务问题，签署了债务转投资的协定，将 6100 万欧元债务转成法国对阿投资。[②]

双方通过密集的高层互访来不断加深政治互信。2007 年 7 月，法国总统萨科齐访阿，双方探讨了两国能源合作和"地中海联盟"计划，签署了互免外交人员短期签证和在阿共建大学两项协议。2008 年，法国总理、内政部部长、外长相继访阿。2009 年 5 月，阿国民议会议长齐阿里访法。2010 年，法国司法部部长玛丽访阿。2011 年 6 月，法国外长朱佩访阿。

2012 年 7 月，法国总统非洲事务顾问依莲、外长法比尤斯访阿；9 月，法国外交部负责法国侨民和法语国家事务的部长级代表本吉吉、外贸部长布里克访阿；10 月，法国内政部部长瓦尔斯访阿，阿外交部部长级代表梅萨赫勒访法；11 月，法国生产振兴部部长蒙特布赫、前总理、参议院副议长拉法兰访阿；12 月，法国总统奥朗德访阿。

2013 年 3 月，法国国民议会议长巴尔托洛内访阿；12 月，阿总理萨拉勒访法；当月，法国总理埃罗访阿，与萨拉勒共同主持阿法第一届政府间高级别委员会会议。2014 年 6 月，法比尤斯访阿；7 月，阿能源部部长尤素福作为政府代表出席法国举行的纪念一战百年阅兵仪式；12 月，萨拉勒访法。2015 年 4 月，阿外长拉马拉访法；5 月，法比尤斯访阿。6 月，奥朗德对阿进行工作访问；7 月，拉马拉与法尤比斯会谈；8

① Martin Evans, John Phillips, *Algeria: Anger of the Dispossessed*, Yale University Press, 2007, p. 259.

② 新华社阿尔及尔 2002 年 12 月 17 日电。

284

月，法国参议院议长拉尔歇、外交部特别代表比安科分别访阿；10 月，法国环境可持续发展和能源部部长塞戈莱纳·罗亚尔，国民教育、高等教育和科研部部长瓦洛－贝尔卡西姆分别访阿。2016 年 4 月，法国总理瓦尔斯访阿。

2017 年 12 月，新任法国总统马克龙访阿，阿总理乌叶海亚访法。

在政治互信的基础上，两国共同推动建立新型的合作伙伴关系。2003 年 2 月和 12 月，布特弗利卡两度访法。2003 年 3 月，希拉克对阿尔及利亚进行国事访问，两国政府签署了《联合政治声明》，表示两国将致力于发展新型的合作伙伴关系。这是对 1982 年以来双边关系的重新定位。声明内容包括，两国将建立双方首脑年度会晤的定期政治对话机制；加强旨在推进阿尔及利亚改革的双边合作；扩大两国的经贸合作和人员往来等。两国政府还签署了加强在高教科研和文化领域合作的意向书。

两国的贸易和经济技术合作延续了历史上的关系，并有新的发展。法国是阿尔及利亚的主要进口伙伴，也是阿尔及利亚在金融市场和欧盟内部的支持者。阿尔及利亚独立后，法国一直是阿尔及利亚主要的贸易伙伴。虽然两国贸易受政治因素的影响有起有落，但阿法贸易始终排在阿对外贸易的首位，双边贸易从总体上呈增长态势。阿尔及利亚是法国在非洲的第一大出口国，并且多年保持这一地位。从 1998 年起，法国对阿尔及利亚的出口贸易额不断增加。2001 年法国对阿出口占阿进口比重达到 37.3%，是近 10 年来的最高纪录。阿尔及利亚进口法国的产品主要是汽车及其部件和机械设备，接着是消费品和粮食制品。阿尔及利亚出口法国的商品主要是碳氢产品，占其出口法国商品量的 96% 以上。根据 2003 年的数据，阿尔及利亚是法国石油的第五大供应国、天然气的第三大供应国。

1999 年以后，两国的经济技术合作向石油和天然气工业、药品生产、金融服务三大领域集中。2001 年之后，电力成为阿法经济技术合作的又一领域。2011 年 5 月，阿工业、中小企业和促进投资部部长迈哈迪与法国前总理拉法兰共同主持了第一届阿法经济伙伴关系论坛开幕式。

第四节　与欧盟、俄罗斯的关系

一　与欧盟的关系

阿尔及利亚与欧盟关系密切，经贸合作广泛。欧盟是阿尔及利亚最大的贸易伙伴。2001 年 12 月，阿尔及利亚—欧盟准会员计划启动。阿尔及利亚凭借能源优势，与欧洲形成"非对称"关系，在处理与欧盟关系方面拥有较强的主动性。

（一）贸易

布特弗利卡高度重视改善与欧盟的关系。欧盟是阿尔及利亚重要的贸易伙伴。布特弗利卡对欧盟外交的主要目标是减少阿尔及利亚的债务，提升对欧盟的贸易水平，以及吸引欧洲投资。2002 年，阿尔及利亚与欧盟签署了联合协议，并于 2008 年完成了该协议的路线图。根据该协议，阿尔及利亚与欧盟将建立自由贸易区，一些工业产品的关税将被免除，农产品贸易也将放开。[1] 2005 年，阿尔及利亚与欧盟联系国协议正式实施。此外，双方还签署了贸易交流、财政经济合作以及阿尔及利亚在欧劳工享受便利等多项合作协议。

2012 年 8 月，阿尔及利亚与欧盟达成一致，决定将联系国协议关于取消关税的时间表由 2017 年推迟至 2020 年。

（二）能源

阿尔及利亚被称为"欧洲南部的俄罗斯"[2]。欧盟国家需要阿尔及利亚的油气资源。阿尔及利亚是欧洲第三大天然气输出国，法国、意大利、西班牙、葡萄牙、保加利亚、希腊和斯洛文尼亚等欧洲国家都是其客户。

---

[1] Bruce Maddy-Weitzman, *Middle East Contemporary Survey* (*Volume XXIV : 2000*), the Moshe Dayan Center for Middle Eastern and African Studies, Tel Aviv University, p. 168.

[2] Hakim Darbouche, Susi Dennison, A "*Reset*" *with Algeria*: *The Russia to the EU's South*, London, European Councilon Foreign Relations, ECFR/46, December 2011.

2011 年，意大利和葡萄牙 30% ~ 40% 的天然气供应来自阿尔及利亚。[①]
1983 年跨地中海天然气管道开通以来，意大利成为阿尔及利亚的主要贸易伙伴。西班牙是另一个重要的油气客户，自 1995 年以来，也是天然气干线马格里布—欧洲天然气管道的终点。另一条到西班牙的油气管道"地中海天然气"已于 2011 年正式投入运营。

（三）控制非法移民及反恐合作

阿尔及利亚既是欧洲移民的来源国，也是跨撒哈拉移民前往欧洲的中转国，因此，阿尔及利亚成为欧洲移民管理特别是控制非法移民的重要环节。

1992 年以后，由于阿尔及利亚政局不稳，欧盟一度冻结了对阿尔及利亚的经济援助。阿尔及利亚政府采取坚决措施打击恐怖主义活动，获得了欧盟的信任。1993 年，欧盟恢复对阿尔及利亚的财政援助，当年向阿尔及利亚政府提供 1.3 亿埃居的援助款项。1998 年初，阿尔及利亚国内恐怖主义活动有所回升，欧盟表达了支持阿尔及利亚政府反对恐怖主义活动的立场。

阿尔及利亚与欧盟在应对非法移民、反恐等问题上既有合作，也存在分歧。2014 年 5 月、2015 年 6 月，阿外长拉马拉先后赴欧，主持阿欧联合委员会第 8 次、第 9 次会议。9 月，欧盟外交与安全政策高级代表莫盖里尼访问了阿尔及利亚。

二 与俄罗斯的关系

苏联解体之后，阿尔及利亚与俄罗斯的关系开始发展，双方合作的重点包括反恐、经贸合作。1991 年 12 月，阿尔及利亚承认俄罗斯联邦和独联体。1995 年 7 月，阿尔及利亚外长登布里访问俄罗斯。此次访问之后，俄罗斯外长普里马科夫在 1997 年 9 月的一次公开讲话中表示，俄罗斯将加强与阿尔及利亚在反恐方面的合作。

2001 年 4 月，布特弗利卡对俄罗斯进行正式访问，标志着阿尔及利

---

① *The Report：Algeria 2012*，Oxford Business Group，2012，p. 38.

亚与俄罗斯关系的新发展。布特弗利卡与普京举行了会谈，双方签署了战略伙伴关系协定并发表联合声明。声明指出，两国将在经贸、科技、军事技术、打击国际恐怖主义和有组织犯罪等领域加强合作。声明强调，两国建立战略伙伴关系并非针对第三国，而是为了使两国在国际事务中，尤其是在联合国和中东问题上进行更加密切的合作。普京表示，希望加强双边经贸关系，让更多的俄罗斯企业参与阿尔及利亚的工程项目建设。

2003 年 4 月，阿尔及利亚外长阿卜杜勒·阿齐兹·贝勒卡迪姆对俄罗斯进行工作访问。双方外交部长发表联合宣言，称两国的合作伙伴关系自 2001 年 4 月签署战略伙伴关系协定以来已经取得重要进展，两国混合委员会将着重讨论加强两国在经贸领域的合作，并希望两国的经贸合作出现新的前景。2005 年 10 月，两国首届经贸混委会在俄罗斯召开。2006 年 3 月，俄罗斯总统普京访阿，免除了阿尔及利亚 47 亿美元的债务，双方还签署了 35 亿美元的军火合同。2008 年 2 月，布特弗利卡访俄，双方签署了航空合作协议及俄罗斯公司承建阿尔及利亚铁路合同。

2010 年 10 月，俄罗斯总统梅德韦杰夫访阿。2011 年 3 月，俄罗斯外长拉夫罗夫访阿。2012 年 3 月，俄总统特使、外交部负责中东事务的副部长米哈伊尔访阿；11 月，阿外交部部长级代表梅萨赫勒访俄。

2013 年 2 月，拉夫罗夫访阿并进行两国定期政治对话；4 月，俄能源部长诺瓦克访阿；6 月，阿外长梅德西访俄。2014 年 5 月，俄联邦议会议长马特维延科访阿。2015 年 7 月，两国第七届政府间经贸、科技合作混委会在莫斯科召开会议。2017 年 10 月，俄总理梅德韦杰夫访阿。2018 年 1 月，俄联邦安全会议秘书帕特鲁舍夫访阿。

第五节　与中国的关系

中国与阿尔及利亚有着传统的友好关系。在阿尔及利亚民族解放运动时期，中国给阿尔及利亚提供了道义上和军事上的支持。阿尔及利亚独立后，中国一如既往地支持阿尔及利亚。在国内经济相对困难的情况下，中国仍向阿尔及利亚提供了大量援助。1971 年，阿尔及利亚作为提案国之一，帮助中华人民共和国恢复了在联合国的合法权利。无论国际风云如何变化，中国在处理与阿尔及利亚的关系时始终秉持不干涉内政的原则，中阿之间一直保持着融洽的关系。

一　阿中友好关系的建立与巩固：1949～1978 年

1949～1962 年，中国与阿尔及利亚的友好关系建立起来。新中国成立后，迫切需要在美苏对峙的环境中维护国家的独立自主，在平等的基础上建立外交关系。新中国的外交采取了鲜明的反帝国主义立场，并致力于发展与亚非国家的关系。中国对阿尔及利亚民族解放运动的支持可谓顺理成章。此外，中国在这一时期的外交战略为联苏反美。苏联支持阿尔及利亚的民族解放运动。中国对阿尔及利亚民族解放运动的支持符合联苏反美的大战略。但是，中国对阿尔及利亚的支持并非追随苏联的脚步，而是有着独立的战略考量。

自 1956 年以来，中苏之间的同盟关系逐渐走向破裂，但这并没有影响中国对阿尔及利亚的支持。1958 年 9 月 19 日，阿尔及利亚共和国临时政府宣告成立。之后仅 3 天，中国政府就承认了阿尔及利亚共和国临时政府。中国由此成为首个承认阿尔及利亚的非阿拉伯国家。12 月 20 日，中国与阿尔及利亚正式建交。"苏联为了维持和法国的关系，直到 1962 年 3 月《埃维昂协议》签署才承认阿尔及利亚。中苏对待阿尔及利亚态度的不同是社会主义阵营出现裂痕的标志之一。"[①] 从阿尔及利亚的角度看，中国共产党领导中国革命取得胜利对于阿尔及利亚民族解放运动而言是一种鼓舞，向中国寻求支持是阿尔及利亚顺势而为的选择。

1962 年，中国政府并没有因阿尔及利亚与苏联的密切关系而改变对阿尔及利亚的支持。特别是在 1962 年、1963 年两年，两国交往频繁，双方在经济、文化和政治领域的合作逐步发展起来。中国于 1962 年向阿尔

[①] David Ottaway, Marina Ottaway, *Algeria: The Politics of a Socialist Revolution*, University of California Press, 1970, p. 157.

及利亚派出了首位大使曾涛。这段时间中阿关系的主要特征是中国向阿尔及利亚提供援助。双方在国际舞台上都强调反对新老殖民主义、支持亚非国家的民族解放运动、促进亚非国家团结和维护万隆精神。

1962 年，中国于 8 月向阿尔及利亚赠送了 9000 吨小麦、3000 吨建筑用钢材和 21 吨药品，以帮助阿尔及利亚人民在革命战争胜利后重建家园。[①] 9 月，中国政府向阿尔及利亚政府提供了不附带任何条件的长期无息贷款，贷款金额为 2.5 亿法郎。1963 年 4 月，中国向阿尔及利亚派出首支医疗队，这是中国向非洲派遣的第一支医疗队，开创了向亚非发展中国家提供医疗服务以及资金和物资援助的合作模式。当年 9 月，阿尔及尔举办了中国经济建设成就展览会，展示了新中国成立 14 年来在工业和农业方面的建设成果。1963 年 12 月，周恩来总理访问阿尔及利亚，这次访问代表了 20 世纪 60 年代中阿交往的一个高峰。1964 年，阿尔及利亚与中国签订了第一个贸易和支付协定。

1965 年，布迈丁发动政变，取代本·贝拉成为阿尔及利亚最高领导人。政变使阿尔及利亚陷入外交孤立。原本支持本·贝拉的非洲国家和社会主义阵营的国家大多对阿尔及利亚新政权持观望态度。为打破外交孤立，布迈丁着力获得苏联支持。1965 年 12 月，布迈丁获得了访问苏联的邀请。这次出访"保证了苏联经济军事援助的持续"。[②] "布迈丁时代，阿尔及利亚与苏联的关系大大扩展，但他避免出现一种依附关系。"[③] 他曾说："我们既不反对传播阿拉伯主义的人，也不反对阐述社会主义或共产主义的人，不反对非洲统一的拥护者……我们不管付出任何代价都无法容忍的是对我们内部事务的干涉。"[④]

当布迈丁面对外交困境，努力修复阿苏关系之时，中国无条件承认了

---

① 参见《人民日报》1962 年 8 月 22 日第 1 版。

② David Ottaway, Marina Ottaway, *Algeria: The Politics of a Socialist Revolution*, University of California Press, 1970, p. 233.

③ Bernard Reich, ed., *Political Leaders of the Contemporary Middle East and North Africa: A Biographical Dictionary*, Greenwood Press, 1990, p. 117.

④ 1966 年 3 月 6 日布迈丁演讲, David Ottaway, Marina Ottaway, *Algeria: The Politics of a Socialist Revolution*, University of California Press, 1970, p. 230.

阿尔及利亚新政府，成为最早承认布迈丁的三个社会主义国家之一。1967年后，布迈丁逐渐巩固了政权，阿尔及利亚开始走出孤立，在国际舞台上发挥作用。

20 世纪 70 年代是中阿关系发展的一个重要时期。两国之间的交流频繁，在科教文卫和贸易等领域，中阿之间展开了全面合作。在地区事务上，特别是巴勒斯坦问题上，中国与阿尔及利亚保持了一致的立场。阿尔及利亚则对中华人民共和国恢复在联合国的合法席位做出了历史性的贡献。1970 年 11 月，阿尔及利亚驻联合国代表团团长穆罕默德·叶齐德在联大开始辩论恢复中华人民共和国的合法权利问题时，代表 18 个联合提案国首先发言。1971 年 7 月，阿尔巴尼亚、阿尔及利亚等十八国提出提案，要求恢复中华人民共和国在联合国的一切权利。1971 年 10 月，联大以压倒性多数通过了阿尔巴尼亚、阿尔及利亚等国提案。

1962～1978 年，中国在与阿尔及利亚发展双边关系的过程中，始终秉持不干涉内政的原则。无论阿尔及利亚内政发生何种变化，中国始终尊重阿尔及利亚人民的选择，支持阿尔及利亚的发展，保持与阿尔及利亚的友好关系。特别是在中苏关系恶化以及阿苏关系扩展的时代背景下，中国对待阿尔及利亚的态度始终如一。中国的友好姿态也赢得了阿尔及利亚在国际舞台上对中国的支持。1971 年，美国的一份国家情报评估报告将中国与阿尔及利亚关系描述为"远距离的情谊"[①]。双方在这段时间建立起来的互信是当前两国关系进一步发展的坚实历史基础。

二 阿中关系的战略升级：1978 年至今

1978～1999 年，中国与阿尔及利亚的双边关系逐渐转型。1978 年，十一届三中全会做出了否定"以阶级斗争为纲"的理论和实践、把党和国家工作中心转移到经济建设上来、实行改革开放的历史性决策。同样在1978 年，阿尔及利亚新任总统沙德利着手对布迈丁时期的计划经济体制

---

① David H. Shinn, Joshua Eisenman, *China and Africa: A Century of Engagement*, University of Pennsylvania Press, 2012, p. 233.

进行改革。在国际舞台上，阿尔及利亚外交政策的意识形态色彩逐渐淡化，与美国等西方国家的关系开始缓和。

1978 年之后，中阿双方在南南合作的框架内开展合作，两国经贸关系获得了较大的发展。1979 年，阿尔及利亚与中国开始工程承包和劳务合作。1982 年 4 月，邓小平会见沙德利，强调了南南合作的重要性。6 月，中国政府经济综合考察团对阿尔及利亚进行了 18 天的访问考察，同阿尔及利亚政府代表团就两国经济、技术、贸易等方面的合作问题交换了意见。双方还就修建铁路、港口，开办中小企业，发展农业、水利、渔业、卫生事业和住房建设等具体事宜进行了探讨，并为在阿尔及利亚举行中阿经济、贸易和技术合作混合委员会第一次会议做了准备。1985 年 3 月，中阿经济、贸易和技术合作混合委员会在阿尔及尔举行首次会议。这次会议的召开为中国公司在阿尔及利亚承接项目创造了机会。此外，中国改革开放以来经济体制改革的经验也引起了阿尔及利亚的关注。例如，对于中方在建立经济特区、开发区和保税区方面的法律法规、运作办法和成功经验，阿尔及利亚表示愿意向中国学习。1986 年 4 月，阿尔及利亚与中国签署了《易货贸易议定书》，作为两国自 1976 年以来开展现汇贸易的补充协议。

苏联解体后，阿尔及利亚失去了关键的政治、经济和军事盟友。冷战时期不结盟运动的政治空间也随之被压缩。阿尔及利亚基于第三世界领袖国家地位而获得的国际影响力开始减弱。1992～1999 年，阿尔及利亚陷入内战。内战时期，阿尔及利亚外交呈收缩态势。在阿尔及利亚陷入外交孤立时，中阿关系仍持续发展。1996 年 4 月，国家主席江泽民在北京会见阿尔及利亚中小企业部部长阿卜杜勒·卡迪尔·哈米图时表示，中国政府愿与阿尔及利亚政府一道，在和平共处五项原则基础上进一步加强两国在各个领域的友好合作。哈米图表示阿尔及利亚愿与中国建立新型的伙伴关系。10 月，泽鲁阿勒总统对中国进行国事访问。1996 年以后，两国签署了三个重要的经贸协定，为推动双边经贸合作奠定了基础。1997 年 4 月，两国外交部签署了《定期政治磋商协定》。

1999 年以来，中阿全面战略伙伴关系逐步形成。1999 年 10 月，江泽民在访问阿尔及利亚期间提出了构筑面向 21 世纪的中阿关系双方应该继续努力的四个方面。2000 年 10 月,布特弗利卡出席"中非合作论坛——北京 2000 年部长级会议"并对中国进行国事访问。中阿双方领导人在会晤期间达成了建立战略合作关系的共识。2004 年 2 月,国家主席胡锦涛访问阿尔及利亚,双方决定建立战略合作关系。2006 年 11 月,布特弗利卡出席了中非合作论坛北京峰会,并对中国进行了国事访问。在这次访问期间,两国领导人共同签署了关于发展两国战略合作关系的声明。

2014 年 2 月,习近平主席与布特弗利卡总统共同决定,在中阿建交 55 周年和建立战略合作关系 10 周年之际,将双边关系提升至全面战略伙伴关系水平。24 日,中阿同时发表《关于建立全面战略伙伴关系的联合公报》,正式宣布建立中阿全面战略伙伴关系。这是中国同阿拉伯国家建立的第一个全面战略伙伴关系。

2015 年 4 月,习近平主席在北京会见阿尔及利亚总理萨拉勒,推动落实中阿全面战略伙伴关系,特别是两国之间的经贸合作。2017 年 12 月,习近平主席同布特弗利卡总统互致贺电,祝贺阿尔及利亚一号通信卫星在中国西昌发射成功。这是两国航天合作的重大成就,是中国同阿拉伯国家开展航天领域合作的典范。

三 阿中关系的发展方向

中国在阿尔及利亚的利益集中体现在政治、经济和安全三大领域,未来双方应在这三大领域继续开拓,抓住历史机遇,克服潜在挑战,促进中阿全面战略伙伴关系发展。

(一) 加强在非洲、中东地区的政治合作

在政治领域,中阿双方可以在传统友好关系的基础上加强在非洲、中东地区的政治合作。2006 年,中非领导人在中非合作论坛北京峰会上宣布发展中非新型战略伙伴关系。2012 年,中国共产党第十八次全国代表大会提出优先推进西部大开发。2013 年 9 月、10 月,习近平主席在外访期间提出了共建"丝绸之路经济带"和"21 世纪海上丝绸之路"的倡议。向西开放已成为中国对外开放的态势。在这种态势下,中国在非洲、

中东地区的投入将增加。

在中国加强与非洲合作的过程中,阿尔及利亚能够发挥居中协调的积极作用。阿尔及利亚曾强烈呼吁增加中国对非洲国际事务的参与。在1999～2000年担任非洲统一组织主席国期间,阿尔及利亚积极推动了中非合作论坛的建立。[1] 阿尔及利亚的积极作为既有利于进一步扩大自身在非洲的影响,也有利于中国与非洲国家开展全面合作。

中东地区正处于严重的结构性失衡之中,其中阿拉伯世界内部埃及、伊拉克、叙利亚等传统大国力量受到严重削弱,海湾阿拉伯国家开始发挥主导作用。[2] 而海湾国家的总体政治发展水平不高。阿尔及利亚的人口规模、能源资源、科教水平、工业发展程度、政治发展水平和军事实力在中东国家中都处于中上水平,其外交政策长期坚持独立自主的立场,且在历史上曾是阿拉伯民族主义的领袖国家。这些因素使阿尔及利亚有望恢复在中东地区的影响力。其影响力的恢复将有利于中东地区的力量平衡。阿尔及利亚对于中国的尊重主权、不干涉内政等外交原则有较高的认可度。在中国的中东政策中,可适当考虑发挥阿尔及利亚的作用,推动中东地区的多极化趋势。

(二) 保持在贸易、能源、工程承包方面的合作,解决潜在的矛盾

中国是阿尔及利亚最大的进口来源国,阿尔及利亚是中国在非洲、阿拉伯世界最大的工程承包市场之一。从1983年中建公司承包200套住房建设项目开始,中国在阿尔及利亚承接了大量重要的工程建设项目。2004年,中建公司中标胡阿里·布迈丁国际机场改扩建工程。2006年,中信—中铁建联合体中标阿尔及利亚东西高速公路中、西标段,这是中国公司在国际工程承包市场获得的单项合同额最大的项目,也是中国企业实施"走出去"战略的典范。2011年,中建公司中标阿尔及尔大清真寺项目,该清真寺建成之后将成为非洲最大的清真寺,也

① Muhamad S. Olimat, *China and the Middle East: From Silk Road to Arab Spring*, Routledge, 2012, p. 179.
② 吴冰冰:《中东战略格局失衡与中国的中东战略》,《外交评论》2013年第6期。

将是仅次于沙特两圣寺的世界第三大清真寺，其宣礼塔高度将为世界宣礼塔之最。2013 年，中阿双方贸易额突破了 80 亿美元，双方签署的承包合同金额累计达到 450 亿美元。[①] 2017 年 3 月，阿尔及尔大清真寺宣礼塔主体结构正式封顶。

除工程承包外，中阿双方在能源领域的合作也有较大的空间。阿尔及利亚在能源领域的传统合作伙伴主要是英国石油公司、康菲石油公司、壳牌石油公司等西方石油公司。目前中石油、中石化等公司已经在阿尔及利亚开发了一些项目。在未来的合作中，中国公司可能面临来自享有既得利益的西方公司的阻力。

中国在阿尔及利亚庞大的投资规模充分体现在数量可观的华人社区中。2015 年，约有 5 万名中国人生活在阿尔及利亚，构成了非洲、阿拉伯世界最大的华人社区。这些中国人与当地居民总体和平相处，但近年来也出现了一些冲突。这些冲突往往由一些小事引发，但深层次的矛盾在于阿尔及利亚民众对中国劳工政策的不满。中国企业往往从国内自带员工，而阿方则希望中国公司能帮助缓解其居高不下的失业率。[②] 这种状况给中国企业在阿投资带来了新的挑战。中国企业在追求经济利益的同时应该将国家的战略利益纳入考虑范围，加强对海外劳工的管理，帮助中国树立负责任大国的形象，维护中阿之间珍贵的历史友谊。

（三）加强反恐合作

在安全领域，双方可以加强在反恐问题上的合作。自 1992 年以来，阿尔及利亚各种极端组织层出不穷，严重破坏了阿尔及利亚的安全与稳定，阻碍了阿尔及利亚经济、政治的发展。2009 年 6 月，伊斯兰马格里布基地组织突袭阿尔及利亚宪兵车队，导致 24 名宪兵身亡，这支车队当时负责护卫修建东西高速公路阿尔及尔至布尔吉·布阿雷里吉之

---

① 刘玉和：《携手谱写中阿合作共赢新篇章》，《人民日报》（海外版）2014 年 2 月 25 日，第 4 版。

② Muhamad S. Olimat, *China and the Middle East: From Silk Road to Arab Spring*, Routledge, 2012, p. 183.

间标段的中国劳工。[1] 伊斯兰马格里布基地组织的活动不仅对阿尔及利亚的安全构成了挑战，也影响了中国在阿尔及利亚的利益。阿尔及利亚是遏制伊斯兰马格里布基地组织的关键反恐力量。双方应在反恐问题上开展深度合作，以维护共同利益。

第六节　与非洲和阿拉伯世界的关系

一　与非洲国家的关系

阿尔及利亚是非洲的重要国家。阿尔及利亚是反对西方殖民主义统治的典范，是当代非洲民族解放运动的一面旗帜。阿尔及利亚在非洲享有声望和影响力，在非洲事务中发挥着积极的、重要的作用。非洲一直是阿尔及利亚外交的重要基石。

（一）反对殖民主义，推动非洲民族解放

独立后，阿尔及利亚外交政策的第一要务是反对殖民主义。非洲大陆的其他国家亦饱受殖民主义之苦，与阿尔及利亚有着共同的历史遭遇。共同的经历使阿尔及利亚坚定地支持非洲国家的反殖民主义斗争。

1962 年，阿尔及利亚首任总统本·贝拉在联合国大会发表演讲，强调阿尔及利亚在非洲的政治和外交原则是肃清殖民主义势力。[2] 基于这一原则，阿尔及利亚向非洲其他国家的解放运动提供了军事和经济支持，支持安哥拉、莫桑比克、几内亚比绍等国的反葡萄牙殖民主义斗争。阿尔及利亚甚至一度关闭了葡萄牙驻阿尔及尔的领事馆。南非、津巴布韦等国的解放组织均与阿尔及利亚建立了联系。1963 年非洲统一组织建立时，本·贝拉推动了非洲解放委员会的组建，以实现非洲国家在反殖民主义斗争中的合作。阿尔及利亚随后向非洲解放委员会捐赠了 1 亿法郎。

---

① David H. Shinn, Joshua Eisenman, *China and Africa: A Century of Engagement*, University of Pennsylvania Press, 2012, p. 181.

② Marika Sherwood, Hakim Adi, *Pan-African History: Political Figures from Africa and the Diaspora since 1787*, Routledge, 2003, p. 9.

布迈丁曾对本·贝拉四处介入解放斗争的做法嗤之以鼻,[1] 但上台之后,布迈丁仍然做出了延续阿尔及利亚革命传统的姿态,保持了对全球其他地区革命运动的支持。布迈丁政府向反对非洲葡萄牙殖民政权、南罗得西亚(今津巴布韦)、南非的解放运动组织敞开大门,允许它们在阿尔及尔设立代表处。[2] 1965 年,阿尔及利亚政府因南罗得西亚问题与英国政府断交。阿尔及利亚政府还为南非的民族解放运动组织提供训练和军事装备,支持其反对种族隔离主义和殖民主义统治。

(二) 推动非洲团结和非洲一体化事业

1963 年 5 月,阿尔及利亚与埃及、埃塞俄比亚等一批独立的非洲国家共同发起创立了非洲统一组织(简称非统),成为该组织的创始成员国之一,从此投身非洲统一运动。1968 年 9 月,布迈丁作为非统执行主席,主持召开了第 5 次首脑会议,讨论有关非洲的问题并做出决议。

阿尔及利亚是不结盟运动的重要成员国,在不结盟运动的框架内推动非洲的团结与合作。1973 年,布迈丁作为不结盟国家首脑会议主席,主持召开了第 4 届不结盟国家首脑会议。这次会议不仅通过了一系列决议,还提出了有关建立国际经济新秩序的具体设想,以及"'穷国'和'小国'团结起来,打倒帝国主义、殖民主义、种族主义、犹太复国主义和霸权主义"的口号。这是一次"小国"在国际舞台上发出声音的会议,也是非洲国家团结一致的会议。

1999 年布特弗利卡上台后,着手解决阿尔及利亚 8 年内战导致的外交困境,非洲是其首要的外交对象。当年 7 月,阿尔及利亚主办了非洲统一组织第 35 届首脑会议,布特弗利卡当选执行主席。在他任职期间,阿尔及利亚调解了埃塞俄比亚与厄立特里亚之间的冲突,促成了两国 2000 年 6 月的停火和 12 月的全面和平协议。

---

[1] Bernard Reich, ed. , *Political Leaders of the Contemporary Middle East and North Africa*:*A Biographical Dictionary*, Greenwood Press, 1990, p. 117.

[2] Helen Chapan Metz, ed. , *Algeria*:*A Country Study*, GPO for the Library of Congress, 1994, http://countrystudies. us/algeria/156. htm, 访问时间为 2014 年 3 月 12 日。

（三） 推动非洲的和平、安全与发展

阿尔及利亚积极解决非洲国家的边界冲突和内战。为创造良好的发展环境，阿尔及利亚积极解决与其邻国的边界问题。1983 年，阿尔及利亚先后与尼日尔、马里、突尼斯、毛里塔尼亚和平解决了边界纠纷，分别签署了边界协定。1979 年，乍得内战再起，阿尔及利亚积极参与非洲国家调解乍得内战的行动，坚持乍得问题必须由乍得人自己解决的主张，呼吁放弃使乍得问题国际化的任何倡议。2000 年，阿尔及利亚成功调解埃塞俄比亚与厄立特里亚的边界冲突，促使冲突双方签署了和平协议。

阿尔及利亚积极组织了萨赫勒—撒哈拉地区的反恐协作。阿尔及利亚拥有非洲大陆最庞大的国防预算、强大的军事投放能力和训练有素的反恐专家。[①] 在 2010 年 3 月召开的萨赫勒—撒哈拉地区国家部长级会议和 2011 年 5 月召开的萨赫勒地区四国部长级会议中，阿尔及利亚都扮演了领导者与协调人的角色。萨赫勒地区四国阿尔及利亚、毛里塔尼亚、尼日尔、马里建立的联合军事参谋团，以阿尔及利亚南部的塔曼拉塞特为基地。

阿尔及利亚促进非洲国家合作自强。1980 年 3 月，阿尔及利亚、马里、尼日尔、利比亚、乍得、毛里塔尼亚 6 国领导人举行撒哈拉国家首脑会议，签署了多边合作协议。当年，阿尔及利亚政府首次把与第三世界的合作列入国家预算。沙德利在 1981 年 3～4 月出访非洲 11 国，提出了"非洲人的非洲"的思想，指出非洲面临的主要敌人是不发达、贫困、愚昧和疾病。除了与第三世界的合作预算之外，阿尔及利亚政府还从本国的发展资金中提出一部分，作为对非洲国家的发展援助基金。在非洲国家中，阿尔及利亚与南非的经贸合作最为显著，取得了重要成效。

20 世纪末，经济全球化迅猛发展，非洲国家合作自强的意识日益增强。布特弗利卡与非洲主要国家的领导人南非总统姆贝基、尼日利亚总统

---

① Anouar Boukhars, *Algerian Foreign Policy in the Context of the Arab Spring*, http://carnegieendowment.org/2013/01/14/algerian-foreign-policy-in-context-of-arab-spring/flxf#，访问时间为 2014 年 3 月 15 日。

奥巴桑乔一道积极推进非洲经济外交。他们就像"三驾马车",在非洲和国际场合推广"非洲复兴"概念。① 这种构想最终推动了非洲发展新伙伴计划。第 37 届非统首脑会议通过了《非洲发展新伙伴计划》,这是 21 世纪非洲发展的纲领性文件。2003 年 6 月,布特弗利卡出席在法国埃维昂举行的八国集团与《非洲发展新伙伴计划》创始国首脑会议,积极争取发达国家对该计划的支持。

二 与阿拉伯国家的关系

独立以来,阿尔及利亚在阿拉伯世界保持着持续的影响力。阿尔及利亚的阿拉伯属性,是其积极参与阿拉伯世界事务、发展与阿拉伯国家关系的基础。这一属性并没有被长期的法国殖民主义统治和法国语言文化的影响所抹杀。本·贝拉和布迈丁都强调回归与融入阿拉伯世界。20 世纪 60年代末至 70 年代,阿尔及利亚是阿拉伯民族主义的旗手,在阿拉伯事务中发挥着重要作用。2010 年年底中东变局发生以来,阿尔及利亚经受住了动荡的考验,至今仍保持政局的相对稳定。这为阿尔及利亚再次成为在阿拉伯世界和中东地区具有较大影响力的国家创造了可能性。

(一) 坚决支持巴勒斯坦人民的正义斗争

阿尔及利亚政府一贯支持巴勒斯坦人民维护民族权利的正义斗争,其基本立场包括:强调巴勒斯坦解放组织是巴勒斯坦人民的唯一合法代表,以色列必须撤出包括耶路撒冷在内的所有被占领土,恢复巴勒斯坦人民的民族权利,支持巴勒斯坦人民建立以耶路撒冷为首都的独立国家。阿尔及利亚政府多次向巴勒斯坦解放组织提供道义、财政、军事等方面的援助,是巴勒斯坦人民强有力的支持者。

本着阿拉伯世界团结一致的精神,本·贝拉政府在巴勒斯坦问题上采取了坚定的反犹太主义立场。布迈丁将阿尔及利亚与巴勒斯坦人民的事业联系起来,采取了强硬的反以色列态度,并与美国断绝了外交关系。第四

---

① Ahmed Aghrout, Mohamed Redha Bougherira, *Algeriain Transition*: *Reforms and Development Prospects*, Routledge, 2004, p. 190.

次中东战争结束后，布迈丁运用其不结盟运动领袖的地位为巴勒斯坦谋求国际支持，说服多个不结盟国家与以色列断交。布迈丁在提升巴勒斯坦在联合国的地位方面发挥了关键作用，促成了 1974 年阿拉法特在联合国大会的演讲。

沙德利持续支持巴勒斯坦解放组织。巴勒斯坦的吉哈德组织、巴勒斯坦解放阵线和艾布·尼达尔组织均与阿尔及利亚有联系。虽然阿尔及利亚无力帮助巴勒斯坦解放组织抵御 1982 年以色列入侵黎巴嫩，沙德利还是接纳了 1000 ~ 2000 名从贝鲁特撤出的游击队员。① 1983 年 2 月，阿拉法特访问阿尔及利亚，阿尔及利亚政府坚定支持巴解组织继续开展斗争，对处于困境中的巴解组织给予了极大帮助。当月，巴勒斯坦全国委员会第 16 届会议在阿尔及尔召开。

1988 年 11 月，巴勒斯坦全国委员会第 19 次特别会议在阿尔及尔举行。正是这次会议通过了巴勒斯坦《独立宣言》，其中宣布：接受联合国第 181 号决议，建立以耶路撒冷为首都的巴勒斯坦国。发表《独立宣言》是维护巴勒斯坦民族权利的重要举措，与阿尔及利亚政府的大力支持是分不开的。

布特弗利卡执政以来，阿尔及利亚政府支持巴勒斯坦、叙利亚、黎巴嫩收复失地的斗争，谴责以色列对巴勒斯坦的侵略行径，批评以色列当局蔑视国际法的顽固立场使中东和平进程受阻，并威胁到地区的和平与稳定。2004 年 11 月阿拉法特去世后，阿尔及利亚进行了为期 3 天的哀悼。

阿尔及利亚支持中东和平倡议，强烈谴责以色列针对巴勒斯坦平民的暴行和以军在加沙的暴行，认为中东和平倡议是实现本地区公正、全面、持久和平的合适机制。

（二）坚决维护阿拉伯民族的利益

20 世纪 60 年代末至 70 年代，阿尔及利亚是阿拉伯民族主义的领袖国家，是纳赛尔时代的埃及之后阿拉伯民族主义的又一堡垒，对阿拉伯世

---

① Helen Chapan Metz, ed., *Algeria: A Country Study*, GPO for the Library of Congress, 1994, http://countrystudies.us/algeria/156.htm，访问时间为 2014 年 3 月 12 日。

界的以色列政策具有重要影响。

在第三次中东战争、第四次中东战争中，阿尔及利亚都坚定不移地站在阿拉伯一方。1967 年 6 月，第三次中东战争爆发。布迈丁号召阿尔及利亚人民投身反对犹太复国主义者的战斗，以"保卫社会主义革命，反对帝国主义侵略"。[1] 战争期间，阿尔及利亚向埃及派出了 50 多架飞机，以及小规模的步兵和炮兵参与战斗。[2] 为抗议美国支持以色列，阿尔及利亚不惜与美国断交。苏联在战争期间未表现出坚决支持阿拉伯国家的立场，遭到布迈丁的激烈批评。1968 年 9 月，布迈丁利用担任非统执行主席的契机，促使非统第 5 次首脑会议对以色列入侵阿拉伯领土进行讨论，并提出以色列必须从阿拉伯领土上撤走。

20 世纪 70 年代初，阿尔及利亚实现了石油国有化，推动了中东地区其他国家的石油国有化进程。1973 年第四次中东战争期间，阿尔及利亚派出空军作战部队增援苏伊士运河的埃及军队，并向叙利亚派出了两支医疗队。阿尔及利亚还同阿拉伯产油国一起开展石油禁运。

1978 年，埃及与以色列单独媾和，阿尔及利亚政府反应强烈，组成了阿拉伯拒绝阵线，谴责萨达特背叛阿拉伯民族解放事业，批评美国破坏阿拉伯国家的团结和巴勒斯坦解放事业。9 月，阿拉伯拒绝阵线举行首脑会议，布迈丁在会上表示，《戴维营协议》破坏了中东地区的战略均势，给阿拉伯民族解放事业带来了很大的危害。会议做出了制裁埃及的决议。会后，阿拉伯拒绝阵线国家发表了联合公报，谴责美国的帝国主义政策。

（三）坚决反对宗教极端主义

阿尔及利亚是抵御宗教极端主义的堡垒。阿尔及利亚在内战时期深受宗教极端主义之害。在开启民族和解进程以后，仍然受到各种恐怖活动的困扰。从反对为释放人质向恐怖组织支付赎金的坚定立场，到动用特

---

[1] David Ottaway, Marina Ottaway, *Algeria：The Politics of a Socialist Revolution*, University of California Press, 1970, p. 247.

[2] Helen Chapan Metz, ed., *Algeria：A Country Study*, GPO for the Library of Congress, 1994, http：//countrystudies. us/algeria/156. htm，访问时间为 2014 年 3 月 12 日。

种部队解救人质的果断行动，阿尔及利亚对极端主义和恐怖主义的态度清晰了然。"9·11"事件发生后，阿尔及利亚的地缘政治抱负有所增强，成功地将自己打造成北非反恐的关键力量。

目前，伊斯兰马格里布基地组织以阿尔及利亚南部、马里东北部的山区为中心开展活动。伊斯兰马格里布基地组织的目标是推翻阿尔及利亚政府，以伊斯兰教法统治阿尔及利亚，在整个北非和西非建立伊斯兰哈里发国。该组织的总部设在阿尔及利亚，活动范围包括突尼斯、利比亚和马里北部。这对地区和国际安全局势构成了严重挑战。萨赫勒—撒哈拉地区也因此成为全球恐怖主义活动的中心地区之一。阿尔及利亚对于伊斯兰马格里布基地组织的极端主义活动予以坚决打击，成为北非反恐的前沿阵地。

（四）具备成为中东五大国之外的一支地区力量的潜力

阿尔及利亚曾是阿拉伯民族主义的领袖国家。1980年后，随着经济发展迟滞和伊斯兰主义、柏柏尔主义等社会运动的兴起，阿尔及利亚的国力下降，地区影响力也逐渐下降。1988年"黑色十月"事件后，阿尔及利亚的国内局势进一步恶化，1992年内战爆发。1999年布特弗利卡上台后，阿尔及利亚的政治秩序开始恢复。作为参加过民族解放战争的资深领导人和老牌外交家，布特弗利卡在内政、外交上的举措可圈可点。阿尔及利亚的地区地位开始稳步恢复。随着中东地区格局的变化，阿尔及利亚的稳定十分有利于其在未来的中东地区事务中发挥更大的作用。

苏丹分裂后，阿尔及利亚成为阿拉伯世界和中东地区国土面积最大的国家。中东五大国中的两个阿拉伯国家之一埃及的政局目前尚未稳定。另一大国沙特虽然保持了政权稳定，但其王室继承问题日益凸显。此外，沙特外交对美国高度依赖，构成了对其地区影响力的不利因素。中东变局向纵深发展之后，地区国家面临未来发展道路的选择，世俗主义、伊斯兰主义、民族主义、威权主义、自由民主制等意识形态相互作用。在这样的背景下，阿尔及利亚1980年以来选择国家发展道路，处理意识形态纷争和国内危机，并最终形成当前行之有效的政治体制和经济发展道路的经验，有可能对地区国家产生影响。

三 与马格里布国家的关系

马格里布国家既属于非洲国家，又属于阿拉伯国家，具有非洲、阿拉伯世界的双重特征。阿尔及利亚与马格里布国家的关系，除了具有阿尔及利亚与非洲国家关系、阿拉伯国家关系的一般特征之外，还具有其独特性。这种独特性的表现，即围绕阿拉伯马格里布联盟（Union of the Arab Maghreb，UMA，简称马格里布联盟、马盟）而发生的与摩洛哥、突尼斯等国家的关系。阿尔及利亚和摩洛哥是马格里布国家之间最早签署睦邻友好合作条约的，但两国关系的发展最为曲折。阿尔及利亚与突尼斯的关系发展最为平稳。阿尔及利亚与利比亚总体上保持睦邻友好的关系。

（一）马格里布联盟建立之前的地区国家关系

阿尔及利亚是马格里布地区的大国。与其他马格里布国家发展团结合作关系，是阿尔及利亚的既定目标之一。马格里布统一是马格里布地区人民和国家长期以来的理想。马格里布联盟的最早设想形成于20世纪60年代。1964年，阿尔及利亚与突尼斯、摩洛哥、利比亚举行经济合作会议，之后又与突尼斯、摩洛哥举行首脑会议，商讨建立经济联盟的框架和原则。1965年，阿尔及利亚与突尼斯、摩洛哥、利比亚再次举行会议，讨论马格里布地区的工业发展问题。由于当时两大阵营对立，地区国家领导人的政治倾向各异，加之本·贝拉时期阿尔及利亚与突尼斯产生了边境纠纷，与摩洛哥因边境纠纷发生局部冲突，组建联盟的计划未能落实。

布迈丁对突尼斯和摩洛哥采取了比本·贝拉更强硬的态度。针对与突尼斯的边境纠纷，布迈丁起初拒绝妥协，但最终两国通过外交途径解决了边境纠纷。由此，阿尔及利亚先后与摩洛哥（1969年1月）、利比亚（1969年1月）、突尼斯（1970年1月）签订了《友好、睦邻和合作条约》。阿尔及利亚还在地区事务中发挥积极作用，调解地区国家间争端，促成了摩洛哥与毛里塔尼亚两国的相互承认，并签订了《友好、互助、睦邻关系条约》（1970年）。

　　但是，布迈丁时期，阿尔及利亚和摩洛哥在西撒（Western Sahara）问题上产生了分歧。在西撒的非殖民化过程中，1975 年 12 月的《马德里协议》（Madrid Accords），将原殖民地领土在摩洛哥和毛里塔尼亚两国之间进行了分割。此举离间了阿、摩两国之间的关系。阿尔及利亚进而认为摩洛哥具有"领土野心"，并开始支持波利萨里奥阵线（Polisario Front，西撒独立阵线）。该阵线是萨拉威人（Sahrawi）的政治军事组织，谋求西撒独立。1976 年 2 月之后，阿尔及利亚开始支持阿拉伯萨拉威民主共和国（SADR）。尽管阿尔及利亚强调其对民族解放运动的传统支持，但声称其目标仍是实现国际社会所承认的民族自决公投。波利萨里奥阵线也持相同立场。

　　摩洛哥主张对西撒领土的主权。阿尔及利亚不支持这种主张，表示西撒地区未来的归属是阿尔及利亚的关键利益。争议的实质原因在于，摩洛哥一旦获得西撒地区，其领土将延伸到阿尔及利亚在撒哈拉的领土。阿尔及利亚因而采取了支持波利萨里奥阵线的立场。突尼斯和摩洛哥均转向美国寻求支持，这进一步加剧了阿尔及利亚与摩洛哥之间关系的紧张。在整个 20 世纪 70 年代，阿尔及利亚与摩洛哥的关系受到西撒问题的困扰，影响了联盟的建立。

　　沙德利时期，阿尔及利亚致力于促成马格里布国家团结，呼吁实现地区经济、政治合作。他首先致力于改善与摩洛哥的关系。自 20 世纪 80 年代以来，阿尔及利亚对待摩洛哥的态度有所软化，双方进行了一些高层接触。1981 年，时任阿尔及利亚外长塔利布·易卜拉希米（Taleb Ibrahimi）建议和平解决西撒问题。1983 年哈桑国王和沙德利会面，阿尔及利亚向摩洛哥提出一些经济援助条件。但双方的和解没有取得实质性进展。1984 年两国关系再度恶化。随着阿尔及利亚与突尼斯、毛里塔尼亚等国家关系的发展，摩洛哥展现出竞争态势，积极推进与利比亚的关系。阿尔及利亚因此加大了对波利萨里奥阵线的支持力度，推动阿拉伯萨拉威民主共和国加入了非洲统一组织。到了 20 世纪 80 年代末，阿尔及利亚的政治经济局势恶化，对西撒问题的影响力有所下降。阿尔及利亚和摩洛哥的关系得到了改善。此外，沙德利还积极发展与利比亚的关系，试图将利比亚拉入 1983 年阿尔及利亚与突尼斯、毛里塔尼亚签署的友好协议。[①] 在协议中，阿尔及利亚与突尼斯、毛里塔尼亚分别进行合作，并取得了成功。

（二）马格里布联盟的建立与中止

在沙德利与哈桑二世多次会谈后，阿摩关系在 1988 年恢复，双方达成和解。同年，阿尔及利亚与摩洛哥、突尼斯、利比亚、毛里塔尼亚在阿尔及尔举行 5 国首脑会议，就建立马格里布联盟的目标、方式、途径交换意见，最终达成共识。1989 年 2 月，马格里布联盟正式宣告成立。在阿尔及利亚的积极推动和地区各国的共同努力下，马格里布国家的多边合作进入一个新的发展时期。

马盟从成立至 1994 年，共召开了 6 次首脑会议，提出了建立自由贸易区、关税同盟、马格里布共同市场等框架协议。由于阿尔及利亚内战的溢出效应，阿摩两国边界在 1994 年关闭。另外，阿尔及利亚与摩洛哥在西撒问题上的分歧依旧严重，也影响了马盟的运作。1995 年，摩洛哥拒绝担任马盟下届轮值主席国。自 1996 年起，马盟的活动基本停止。由此，阿尔及利亚从 1994 年至今一直担任马盟轮值主席国。

（三）马格里布联盟的复苏

布特弗利卡执政后，开始重新推动马盟的运作。2000 年，布特弗利卡以及阿尔及利亚高级官员对周边国家进行了一系列访问。3～4 月，突尼斯外交部长、国防部长先后访问阿尔及利亚，双方探讨了在反恐领域的军事合作；在 4 月于开罗举行的非洲—欧洲首脑会议期间，布特弗利卡与突尼斯总统本·阿里进行了会谈；6 月，布特弗利卡访问突尼斯。阿尔及利亚与突尼斯的关系强化。

阿尔及利亚与利比亚的关系也明显改善。2000 年 10 月，布特弗利卡访问的黎波里，双方签署了合作协议。布特弗利卡还呼吁联合国解除对利比亚的制裁。

[①] Bernard Reich, ed., *Political Leaders of the Contemporary Middle East and North Africa: A Biographical Dictionary*, Greenwood Press, 1990, p. 96.

阿尔及利亚

2000 年 2 月 17 日，在马格里布联盟成立 11 周年纪念日，布特弗利卡向穆罕默德六世国王发出了友好的信号，表示阿尔及利亚已"做好准备"，"下定决心"巩固与摩洛哥之间的"兄弟关系"和合作。① 但由于在西撒问题上的分歧，阿尔及利亚与摩洛哥的关系没有取得更大的进展。当年，马盟外交部长理事会、后续工作委员会、部长专门委员会和咨询委员会先后召开了会议，但马盟首脑会议未能召开。2001 年 7 月召开的第 37 次后续工作委员会决定加速马格里布一体化进程。同时，元首委员会（马盟最高决策机构）也通过了一项行动计划，呼吁各国加强经济合作，确保马盟与欧盟之间的自由贸易区能够在 2010 年如期启动。

2003 年，阿尔及利亚与马盟其他 4 国就加强双边和多边合作交换了意见。当年 2 月，阿尔及利亚外交部长在访摩期间，再次呼吁马盟国家积极行动起来，尽快召开马盟首脑会议，共同致力于推动马格里布国家的发展。2005 年在阿尔及利亚召开的阿盟多边会议上，布特弗利卡也向穆罕默德六世国王展现出了友好姿态。在阿尔及尔峰会上，布特弗利卡与穆罕默德六世国王进行了热情友好的讨论，为马盟的复兴与地区的和解注入了希望。

但是，阿摩双方在西撒问题上的争议难以解决。联合国试图组织民族自决公投，但这一努力屡遭失败。许多人将这一僵局归因于摩洛哥而不是阿拉伯萨拉威民主共和国。2000 年，美国前国务卿、联合国特使詹姆斯·贝克提出了贝克计划，提议萨拉威人在摩洛哥之下自治 4~5 年，直至民族自决公投能够举行。波利萨里奥阵线拒绝了这一提议，但在 2003 年 7 月接受了该提议的修正版。修正版允许在自决投票之前萨拉威人扮演更多的管理角色，并允许摩洛哥定居者参加公投投票。摩洛哥反对这一修正版。西撒的前途仍然悬而未决。

进入 2018 年，仍有十多万名西撒萨拉威难民居住在阿尔及利亚西南部廷杜夫由阿方资助的难民营里。地区一体化仍是马格里布人民心中的一个难以实现的理想。

---

① Bruce Maddy-Weitzman, *Middle East Contemporary Survey* (*Volume* XXIV : 2000), the Moshe Dayan Center for Middle Eastern and African Studies, Tel Aviv University, p. 166.

大事记

前 2000 年前后	腓尼基人开始迁徙之旅。
前 218 ～ 前 201 年	第二次布匿战争发生。
前 203 年	马西里亚人在罗马的支持下击败马赛西里亚人，其首领马西尼萨建立了努米底亚王国。
前 146 年	罗马灭亡迦太基，罗马人统治北非的历史由此开启。
前 118 年	朱古达成为努米底亚人的领袖。
前 46 年	努米底亚成为罗马帝国非洲行省的一部分。
253 ～ 260 年	柏柏尔人掀起大规模起义，动摇了罗马帝国的根基。
395 年	罗马帝国分裂，柏柏尔人开始谋求独立。
429 年	该撒里克率汪达尔人和阿兰人从西班牙半岛渡海迁往北非，攻占了恺撒摩尔塔尼和努米底亚。
439 年	汪达尔人占领迦太基城，以该地为首府建立了汪达尔王国。
533 ～ 534 年	拜占庭皇帝查士丁尼派兵攻打迦太基，汪达尔王国灭亡。
647 年	哈里发奥斯曼下令征服非洲，派阿卜杜拉·本·艾比·萨尔哈率领精锐部队进

	入北非。
670 年	欧格白·本·纳菲阿向阿尔及利亚、摩洛哥进军。
674 年	艾布·穆哈吉尔·迪纳尔率军西征北非。
681 年	欧格白·本·纳菲阿再次担任统帅，负责征服北非。
698 年	哈桑·本·努阿曼占领拜占庭帝国阿非利加省首府迦太基，在宾泽特击败了拜占庭人与柏柏尔人的联军。
705 年	穆萨·本·努赛尔就任易弗里基叶总督，马格里布地区逐渐成为阿拉伯伊斯兰帝国的一部分。
740 年	北非的哈瓦利吉派发起反对伍麦叶王朝的大起义。
776 年	阿尔及利亚的伊巴德派部落拥立阿卜杜·拉赫曼·本·鲁斯塔姆为伊玛目，建立了鲁斯塔姆王朝。
909 年	鲁斯塔姆王朝被什叶派法蒂玛王朝消灭。
943～946 年	艾布·叶齐德组织柏柏尔人发动伊巴德派起义，战败之后，马格里布的伊巴德派彻底衰落。
973 年	法蒂玛王朝向东迁都开罗，齐里王朝建立，名义上效忠法蒂玛王朝。
1015 年	哈马德·本·布卢金建立哈马德王朝。
1042 年	拉姆图纳部落首领叶海亚·本·欧麦尔与阿卜杜拉·本·雅辛结成同盟，穆拉比兑运动开启。
1090 年	穆拉比兑人攻克格拉纳达，横跨非、欧两洲的柏柏尔帝国穆拉比兑王朝建立。

1122 年	艾布·阿卜杜拉·穆罕默德·本·图马尔特自称"马赫迪"。
1125 年	艾布·阿卜杜拉·穆罕默德·本·图马尔特在廷迈勒山建立穆瓦希德派乌玛，发起了推翻穆拉比兑王朝的运动。
1130 年	艾布·阿卜杜拉·穆罕默德·本·图马尔特去世，扎纳塔人阿卜杜·穆敏·本·阿里继任。
1145 年	阿卜杜·穆敏·本·阿里率军攻克穆拉比兑王朝首都马拉喀什，穆瓦希德王朝建立。
1236 年	叶格米拉斯宣布脱离穆瓦希德王朝，建立阿卜杜·瓦德王朝。
1505～1510 年	西班牙人占领奥兰、贝贾亚等沿海港口城市。
1519 年	奥斯曼土耳其苏丹塞利姆一世授予海伊尔丁贝勒贝伊称号，阿尔及利亚成为奥斯曼土耳其帝国的一部分。
1659 年	驻阿尔及尔的土耳其近卫军司令篡夺了阿尔及利亚最高权力。
1671 年	海盗首领暗杀了执政的土耳其近卫军司令，另立"德伊"。
1711 年	奥斯曼土耳其帝国授予德伊帕夏头衔，以彰显其对阿尔及利亚的宗主权。
1827 年	法国领事皮埃尔·德瓦尔在参加德伊举办的节日庆典活动时受到"扇击"，之后法国对阿尔及利亚实施了 3 年的封锁。
1830 年	法军远征阿尔及利亚，奥斯曼土耳其统治下的阿尔及利亚省不复存在。

1832 年	阿卜杜·卡德尔·本·穆哈伊丁在阿尔及利亚西部地区人民的拥戴下成为埃米尔，阿尔及利亚埃米尔国成立。
1837 年	《塔夫纳条约》签订，承认了阿尔及利亚埃米尔国。
1844 年	法军在阿尔及利亚建立阿拉伯迪万，之后其更名为阿拉伯局。
1846 年	法军开始远征卡比利亚。
1847 年	阿卜杜·卡德尔·本·穆哈伊丁在摩洛哥与阿尔及利亚边境被法军彻底击败。
1848 年	阿尔及利亚被认定为法国的一部分，法国政府在阿尔及利亚实施类似于法国本土的省区制。
1851～1857 年	卡比利亚山区柏柏尔人爆发大起义，反抗法国殖民侵略者。
1857 年	拿破仑三世建立阿尔及利亚殖民地部，统一管理所有在阿尔及利亚运转的政府机构。
1865 年	法国元老院颁布法令给予阿尔及利亚穆斯林法国公民资格，但阿尔及利亚穆斯林并没有因此获得完整的公民权。
1871 年	穆罕默德·穆格拉尼在君士坦丁发动反法起义。
1881 年	法国将阿尔及尔、奥兰和君士坦丁纳入法国本土。
1892 年	阿尔及利亚青年改革运动开始与法方接触，提出政治主张。
1902 年	阿尔及利亚的疆界正式确立。
1909 年	阿尔及尔大学建立。

1919 年	《乔纳特法》颁布，穆斯林可以担任公职。
1926 年	梅萨利·哈吉在法国建立北非之星。
1931 年	阿尔及利亚的伊斯兰改革派建立乌莱玛协会。
1937 年	北非之星被法国殖民当局解散，其领导人梅萨利·哈吉建立了阿尔及利亚人民党。
1943 年	阿尔及利亚人民党发布由费尔哈特·阿巴斯起草的《阿尔及利亚人民宣言》，提出了阿尔及利亚独立的主张。
1945 年	法国殖民当局制造了君士坦丁大屠杀，这一事件之后，阿尔及利亚民族独立武装斗争开始酝酿。
1946 年	梅萨利·哈吉组建的争取民主自由胜利党，取代了之前的阿尔及利亚人民党。
1953 年	本·贝拉、穆罕默德·布迪亚夫、侯赛因·阿亚特·艾哈迈德等"专门机构"的骨干组建了团结与行动委员会。
1954 年	阿尔及利亚独立战争的第一枪在奥雷斯山区打响，团结与行动委员会发表《告阿尔及利亚人民和阿尔及利亚民族事业战士宣言》并更名为民族解放阵线。
1956 年	苏马姆会议召开。
1958 年	阿尔及利亚全国革命委员会在开罗举行会议，宣布成立阿尔及利亚共和国临时政府。
1961 年	本·赫达出任临时政府总理。
1962 年 3 月	阿尔及利亚与法国签署《埃维昂协议》，

	双方同意停火。
1962 年 6 月	民族解放阵线发表《的黎波里纲领》，确认要走社会主义道路。
1962 年 7 月	阿尔及利亚正式宣告独立，国家人民军正式成立。
1963 年 4 月	中国向阿尔及利亚派出首支医疗队，这是中国向非洲派遣的第一支医疗队，开创了中国向亚非发展中国家提供医疗服务以及资金和物资援助的合作模式。
1963 年 9 月	阿尔及利亚举行独立之后的首次全民公决，通过了首部宪法，艾哈迈德·本·贝拉出任首任总统。
1963 年 9 月	侯赛因·阿亚特·艾哈迈德建立了阿尔及利亚第一个柏柏尔主义政党——社会主义力量阵线。
1963 年 10 月	阿摩边境战争（又称金沙战争）爆发。
1963 年 12 月	政府对金融机构进行国有化，建立中央银行，成立国家石油公司。
1964 年	民族解放阵线大会发布《阿尔及尔宪章》，这是阿尔及利亚在后殖民时代的纲领性文件。
1965 年	胡阿里·布迈丁发动政变，推翻了艾哈迈德·本·贝拉政府，成为阿尔及利亚第二任总统。
1971 年 2 月	胡阿里·布迈丁领导阿尔及利亚实现了油气产业国有化。
1971 年 7 月	阿尔巴尼亚、阿尔及利亚等十八国提出提案，要求恢复中华人民共和国在联合国的一切合法权利。

1971 年 10 月	联合国大会以压倒性多数通过了阿尔巴尼亚、阿尔及利亚等国的提案。
1972 ~ 1975 年	阿尔及利亚进行土地改革。
1973 年 9 月	不结盟运动第四次首脑会议在阿尔及尔举行。
1973 年 10 月	阿尔及利亚派出 1 支 MiG – 21 飞行中队、1 个装甲旅、1 个摩托化团参加第四次中东战争,这是阿尔及利亚向国外派兵规模最大的一次。
1975 年	法国总统德斯坦访问阿尔及利亚,这是阿尔及利亚独立后法国总统首次访阿。
1976 年 6 月	民族解放阵线发布《国民宪章》,宪章把阿尔及利亚定义为社会主义伊斯兰国家。
1976 年 11 月	阿尔及利亚全民公决,通过了第二部宪法。
1979 年	沙德利·本·杰迪德出任阿尔及利亚第三任总统。
1980 年	阿尔及利亚的经济体制开始向市场经济体制过渡。
1980 年 3 ~ 6 月	"柏柏尔之春"爆发,要求政府承认阿尔及利亚的柏柏尔属性。
1983 年 9 月	美国副总统乔治·布什访阿,这是阿美复交以后美国高官首次访阿。
1983 年 11 月	沙德利回访法国,这是阿尔及利亚独立后总统首次访法。
1984 年	《家庭法》历经三次搁置之后被通过。
1987 年	阿尔及利亚颁布首部《结社法》。
1988 年 10 月	阿尔及利亚开始进行公开化改革,开放

党禁。

1988 年 11 月	巴勒斯坦全国委员会第 19 次特别会议在阿尔及尔举行，会议通过了《巴勒斯坦独立宣言》。
1989 年 2 月	阿尔及利亚全民公决通过新宪法，终结了民族解放阵线对权力的垄断。
1989 年 2 月	马格里布联盟正式宣告成立。
1989 年 3 月	军队高层集体退出民族解放阵线中央委员会。
1989 年 9 月	阿尔及利亚不同伊斯兰主义流派联合起来，建立了伊斯兰拯救阵线。
1990 年	阿尔及利亚开始全面实行市场经济体制。
1990 年 2 月	国民议会通过《阿拉伯化法》，规定 20 世纪 90 年代末在官方程序和文件以及教育机构中全部使用阿拉伯语。
1990 年 6 月	伊斯兰拯救阵线在地方选举中获胜。
1991 年	伊斯兰拯救阵线在议会选举中获胜，民族解放阵线丧失了执政党地位。
1992 年	军方宣布国家进入紧急状态，取缔伊斯兰拯救阵线并抓捕其主要领袖，公开化改革以失败告终。
1992~1999 年	阿尔及利亚发生内战。
1995 年 9 月	世界阿马齐格大会建立。
1995 年 11 月	泽鲁阿勒当选总统，重启民主化进程。
1999 年	布特弗利卡首次当选阿尔及利亚总统。
2001 年	卡比利亚地区发生"黑色春天"事件，当地民众要求在宪法中确立柏柏尔语的官方地位。
2002 年	议会两院联席会议审议并通过了布特弗

利卡提出的宪法修正案，确定柏柏尔语（塔马齐格特语）为民族语言之一而非官方语言。

2003 年	柏柏尔语被允许作为教学语言。
2005 年	作家阿西娅·杰巴尔当选法兰西学院院士，成为法兰西学院首位阿拉伯女院士和第 5 位女院士。
2006 年	中信—中铁建联合体中标东西高速公路中、西标段，这是中国公司在国际工程承包市场获得的单项合同金额最大的项目。
2008 年	议会两院投票赞成修宪，删除了宪法第 74 条关于总统任期的限制。
2014 年 2 月	中阿同时发表《关于建立全面战略伙伴关系的联合公报》，正式宣布建立中阿全面战略伙伴关系，这是中国同阿拉伯国家建立的第一个全面战略伙伴关系。
2014 年 4 月	布特弗利卡第三次当选阿尔及利亚总统。
2016 年	阿尔及利亚通过宪法修正案，恢复了总统的任期限制（最多连任两届，每届任期为五年）。
2019 年 4 月	布特弗利卡总统宣布辞职。
2019 年 12 月	特本当选阿尔及利亚新一届总统。

索　引

新版《列国志》总书目

亚洲

阿富汗

阿拉伯联合酋长国

阿曼

阿塞拜疆

巴基斯坦

巴勒斯坦

巴林

不丹

朝鲜

东帝汶

菲律宾

格鲁吉亚

哈萨克斯坦

韩国

吉尔吉斯斯坦

柬埔寨

卡塔尔

科威特

老挝

黎巴嫩

马尔代夫

马来西亚

蒙古国

孟加拉国

缅甸

尼泊尔

日本

沙特阿拉伯

斯里兰卡

塔吉克斯坦

泰国

土耳其

土库曼斯坦

文莱

乌兹别克斯坦

新加坡

叙利亚

亚美尼亚

也门

伊拉克

伊朗

以色列

印度

印度尼西亚

约旦

越南

非洲

阿尔及利亚
埃及
埃塞俄比亚
安哥拉
贝宁
博茨瓦纳
布基纳法索
布隆迪
赤道几内亚
多哥
厄立特里亚
佛得角
冈比亚
刚果
刚果民主共和国
吉布提
几内亚
几内亚比绍
加纳
加蓬
津巴布韦
喀麦隆
科摩罗
科特迪瓦
肯尼亚
莱索托
利比里亚
利比亚
卢旺达

马达加斯加
马拉维
马里
毛里求斯
毛里塔尼亚
摩洛哥
莫桑比克
纳米比亚
南非
南苏丹
尼日尔
尼日利亚
塞拉利昂
塞内加尔
塞舌尔
圣多美和普林西比
斯威士兰
苏丹
索马里
坦桑尼亚
突尼斯
乌干达
赞比亚
乍得
中非

欧洲

阿尔巴尼亚
爱尔兰
爱沙尼亚
安道尔

奥地利

白俄罗斯

保加利亚

北马其顿

比利时

冰岛

波斯尼亚和黑塞哥维那

波兰

丹麦

德国

俄罗斯

法国

梵蒂冈

芬兰

荷兰

黑山

捷克

克罗地亚

拉脱维亚

立陶宛

列支敦士登

卢森堡

罗马尼亚

马耳他

摩尔多瓦

摩纳哥

挪威

葡萄牙

瑞典

瑞士

塞尔维亚

塞浦路斯

圣马力诺

斯洛伐克

斯洛文尼亚

乌克兰

西班牙

希腊

匈牙利

意大利

英国

美洲

阿根廷

安提瓜和巴布达

巴巴多斯

巴哈马

巴拉圭

巴拿马

巴西

玻利维亚

伯利兹

多米尼加

多米尼克

厄瓜多尔

哥伦比亚

哥斯达黎加

格林纳达

古巴

圭亚那

海地

洪都拉斯

加拿大

美国

秘鲁

墨西哥

尼加拉瓜

萨尔瓦多

圣基茨和尼维斯

圣卢西亚

圣文森特和格林纳丁斯

苏里南

特立尼达和多巴哥

危地马拉

委内瑞拉

乌拉圭

牙买加

智利

大洋洲

澳大利亚

巴布亚新几内亚

斐济

基里巴斯

库克群岛

马绍尔群岛

密克罗尼西亚

瑙鲁

纽埃

帕劳

萨摩亚

所罗门群岛

汤加

图瓦卢

瓦努阿图

新西兰

国别区域与全球治理数据平台

www.crggcn.com

　　"国别区域与全球治理数据平台"（Countries，Regions and Global Governance，CRGG）是社会科学文献出版社重点打造的学术型数字产品，对接国别区域这一重点新兴学科，围绕国别研究、区域研究、国际组织、全球智库等领域，全方位整合基础信息、一手资料、科研成果，文献量达30余万篇。该产品已建设成为国别区域与全球治理数据资源与研究成果整合发布平台，可提供包括资源获取、科研技术服务、成果发布与传播等在内的多层次、全方位的学术服务。

　　从国别区域和全球治理研究角度出发，"国别区域与全球治理数据平台"下设国别研究数据库、区域研究数据库、国际组织数据库、全球智库数据库、学术专题数据库和学术资讯数据库6大数据库。在资源类型方面，除专题图书、智库报告和学术论文外，平台还包括数据图表、档案文件和学术资讯。在文献检索方面，平台支持全文检索、高级检索，并可按照相关度和出版时间进行排序。

　　"国别区域与全球治理数据平台"应用广泛。针对高校及国别区域科研机构，平台可提供专业的知识服务，通过丰富的研究参考资料和学术服务推动国别区域研究的学科建设与发展，提升智库学术科研及政策建言能力；针对政府及外事机构，平台可提供资政参考，为相关国际事务决策提供理论依据与资讯支持，切实服务国家对外战略。

数据库体验卡服务指南

※100元数据库体验卡，可在"国别区域与全球治理数据平台"充值和使用

充值卡使用说明：
第1步 刮开附赠充值卡的涂层；
第2步 登录国别区域与全球治理数据平台（www.crggcn.com），注册账号；
第3步 登录并进入"会员中心"→"在线充值"→"充值卡充值"，充值成功后即可使用。

声明

最终解释权归社会科学文献出版社所有

客服QQ：671079496
客服邮箱：crgg@ssap.cn

欢迎登录社会科学文献出版社官网（www.ssap.com.cn）和国别区域与全球治理数据平台（www.crggcn.com）了解更多信息

卡号：5534149165066515
密码：

图书在版编目（CIP）数据

阿尔及利亚 / 黄慧编著. -- 2 版. -- 北京：社会
科学文献出版社，2020.6（2022.3 重印）
（列国志：新版）
ISBN 978 - 7 - 5201 - 6689 - 8

Ⅰ. ①阿…　Ⅱ. ①黄…　Ⅲ. ①阿尔及利亚 - 概况
Ⅳ. ①K941.5

中国版本图书馆 CIP 数据核字（2020）第 088222 号

·列国志（新版）·
阿尔及利亚（Algeria）

编　著 / 黄　慧

出 版 人 / 王利民
组稿编辑 / 高明秀
责任编辑 / 王小艳
文稿编辑 / 王春梅
责任印制 / 王京美

出　　版 / 社会科学文献出版社·当代世界出版分社（010）59367004
　　　　　　地址：北京市北三环中路甲 29 号院华龙大厦　邮编：100029
　　　　　　网址：www.ssap.com.cn
发　　行 / 社会科学文献出版社（010）59367028
印　　装 / 三河市尚艺印装有限公司

规　　格 / 开　本：787mm × 1092mm　1/16
　　　　　　印　张：22.5　插页：1　字　数：333 千字
版　　次 / 2020 年 6 月第 2 版　2022 年 3 月第 2 次印刷
书　　号 / ISBN 978 - 7 - 5201 - 6689 - 8
定　　价 / 98.00 元

读者服务电话：4008918866